概説
中華圏の戦後史

中村元哉・森川裕貫・関智英・家永真幸［著］

東京大学出版会

A Concise Postwar History of
Mainland China, Hong Kong, Macau and Taiwan

Motoya NAKAMURA, Hiroki MORIKAWA,
Tomohide SEKI, and Masaki IENAGA

University of Tokyo Press, 2022
ISBN 978-4-13-022028-6

目　次

凡　　例

・中華民国と中華人民共和国は，原則，民国と人民共和国と記す．
・中国国民党と中国共産党は，原則，国民党と共産党と記す．
・○○党第□次全国代表大会は，○○党第□回大会と記す．
・○○党第□届中央（執行）委員会第△次全体会議（日本語訳：○○党第□期中央委員会第△回
　全体会議）は，○○党第□期△中全会と記す．
・全国人民代表大会の略称は全国人大とし，第□届全国人民代表大会は第□期全国人大と記す．
・「新中国」・「建国」は，史料名・文献名などの固有名詞や特殊な意味で使われている場合にのみ，
　そのように記した．
・〔　〕は，本書で引用した日本語訳を補った箇所を示す．また，既存の日本語訳に誤りがあった
　場合には修正し，原文を読みやすくするために改行を加えた．
・漢字は常用漢字を原則としつつも，一部の固有名詞についてはその限りではない．

まえがき
──日本社会の隣人，中華圏を知ろう！

中村元哉

中華圏とは何か

本書は，中華圏*1 と呼ばれる大陸中国，香港，マカオ（澳門），台湾の地域的関係性を第二次世界大戦終結（1945 年）後の，いわゆる戦後の歴史として読み解くことを主眼とする．なぜ中華圏なのか，そして，なぜその戦後史に注目するのかは，下記の理由による．

日本社会にとって，中華圏とのつながりが完全に途切れた時代は，数千年の歴史を振り返ってみても，ほとんど無かった．そうした中華圏の人びとが日本について無理解ならば，日本で生活する人びとの多くも不快に感じることだろう．それならば，逆に問おう．日本で生活する私たちは，隣人のことを知り尽くしているのだろうか．いや，そもそも，知ろうと努力しているのだろうか．日本と中華圏とのつながりがこれだけ深いことは歴史がすでに証明している．世界のデジタル化とオンライン化が進んだとしても，日本と中華圏の関係性が 2020 年代以降に突如として遮断されるはずがない．だからこそ，私たちは，相手への不平不満を募らせる前に，虚心坦懐に相手のことをまず知ってみてはどうだろうか．そうすれば，相手も心を開いてくれて，未来志向型の関係が築かれるのではないか．

もし本書を手に取って下さった「あなた」が，日本の地方都市の背後に広がる田園地帯で職人をしていたとしても，丹精込めて作ったかけがえのないモノが中華圏の人びとに購入

*1　大中華圏とも呼ばれ，一般には，中国語圏を広域的に示す地域概念である．日本や欧米に点在する中華街を含むこともある．しかし，本書は，大陸中国，香港，マカオ，台湾を意味する「両岸四地」とほぼ同等の意味で使用する．

図1 中華圏の地図

されたり，中華圏の人びとと SNS 等を通じて直接やりとり
をしたりする機会は，今後もますます増えることだろう．筆
者とも少なからぬ縁のある三重県松阪市は，かつて豪商の町
として栄え，朱印船貿易の時代（豊臣秀吉や徳川家康の時代）
からベトナムと交易することで松阪木綿を発展させてきた．
何世紀も前から世界に開かれてきた松阪とその周辺の村落が，
21 世紀の今日，外国人観光客が大挙する伊勢神宮への通り
道であることからしても，外国の一部である中華圏とのつな
がりが遮断されるとは到底考えられない．

　まして，本書を手に取って下さっている「あなた」が地方
の中核都市で生活しているとすれば，首都圏の人たちと一緒
になって新しい日本文化を創造し発信する存在となっている
以上，無意識のうちに，ほぼ自動的に中華圏と接触している

ことになる．なぜなら，「定食」，「刺身」から「可愛」（かわいい），「売萌」（漫画の登場人物のように可愛くみせる），「宅男／宅女」（オタク）まで，「あなた」の身近にあるモノや言葉が現代中国語に次々と採り入れられているからである*1．あるいは，松阪に最も近い地方の中核都市名古屋市の近郊はカレーハウス CoCo 壱番屋の発祥地として知られるが，同店は中華圏の香港で人気を博している．

　日本と中華圏のつながりは，書き出すときりがない．だからこそ，日本で暮らす私たちは，中華圏のことをもっと貪欲に知ってもいいのではないか．それは，中華圏のことを一種の教養として知るという意味であり，私たちが日常を生きることとほとんど同義だということである．

　しかし，それでも，次のような冷ややかな反応があるかもしれない．ここまでの説明はオンライン化による人的交流が盛んになる以前の 2010 年代までしか通用しないことであって，他地域の内情を知ることが一種の教養であり続けることは，デジタル化によって関連情報をますます得られやすくなった 2020 年代以降には成立し得ない，と．

　そのような疑問を抱いた「あなた」に，是非尋ねてみたい．なぜオンライン化とデジタル化が進んだ 2021 年に，大陸中国で事業を展開している某日系現地法人が 100 万元（約 1800 万円）もの罰金を科されることになったのだろうか．その理由は，新製品の発売日が七夕の日（7 月 7 日）に設定されていたからにほかならない．この日は，大陸中国の人びとにとっては，日中戦争が勃発した盧溝橋事件の日として記憶されている*2．この日系企業は現地でも相当なブランド力をもっているが，なぜそのような日にわざわざ新製品の PR をしようとしたのだろうか．そんなことをすれば，現地の人びとが不快に感じることは容易に想像できたはずである．最終的に，この企業は，国家の尊厳や利益を損ねることを禁じた広告法に違反したとして，罰金を科せられた．

*1　中国は，近代化した明治期以降の日本から，漢字概念を採り入れた．憲法，議会，権利，社会などの概念は「和製漢語」であり，現代中国語を構成する上で必要不可欠な単語となった．このような漢字の連鎖反応は，今日も続いている．

*2　この日以外にも，7 月 1 日（中国共産党結党），9 月 18 日（満洲事変勃発）など教養として知っておくべき近現代史の日付がある．

結局，オンライン化やデジタル化が進んだとしても，それを使いこなす各個人の教養力が試され続けることに変わりはない．たとえ「あなた」が中華圏の人びとと直接取引することが無かったとしても，「あなた」の言動がオンライン上のさまざまな結びつきを介して瞬時に伝わる時代に入ったからこそ，相手のことを想像することがますます必要になっている．中華圏のことを何も知ろうとせずに偏見と誤解を増幅させるのではなく，中華圏のことを客観的に是々非々で認識してみてはどうだろうか．

本書は，中華圏の何千年もの歴史をすべて知らなければならない，とは主張しない．せめて現在の理解に直結する中国近現代史と呼ばれる時代，つまり 20 世紀以降の清朝，中華民国（民国），中華人民共和国（人民共和国）という変遷のなかでも，とりわけ，現在の中華圏の複雑な関係性の出発点にもなった第二次世界大戦終結後の戦後[*1] を中心に知ってはどうだろうか，ということである．

このように戦後にフォーカスする姿勢は，20 世紀前半の日本のアジア諸国に対する戦争責任を前提とした上で，約80 年の戦後のあゆみを歴史化して総括したい，という意欲のあらわれでもある——日中両国の官民の共同研究[*2] も，歴史の論理と国際政治の構造から，それを否定していない——．戦前と戦中の歴史を受けとめつつ未来志向型の戦後理解を日本と中華圏で広げるためにも，まずは日本から戦後の中華圏を客観的に知ってはどうだろうか．幸いにして日本は，中華圏内部の政治的対立から距離を置きながら，中華圏の戦後史を学問として自由に論じられる立場にある．

日本の鏡としての中華圏の戦後史

実は，このような意図をもとに中華圏の戦後史を知ることは，日本の今後を考える上でも有益である．どういうことだろうか．

*1 海外の終戦記念日は，日本が降伏文書に調印した 1945 年 9 月 2 日（ないしは 3 日）が主流である．日本のように同年 8 月 15 日とするのは，むしろ稀である．

*2 北岡伸一・歩平編(2014)，高原明生ほか編（2012-2014），波多野澄雄・中村元哉編(2018)，同編（2020）など．なお，側注の文献情報は巻末の文献案内を参照のこと．

中国の最後の王朝となった清朝は，中華帝国と形容される「伝統」的な統治システムによって，民族，言語，宗教などの多様性をしなやかに包み込んできた．ところが，欧米諸国のさまざまな「近代」が東アジアにもち込まれるようになると，清朝は「近代」国民国家としての明確な統一性をもつ中国へと変容せざるを得なくなり，その後，民国および人民共和国の時代が切り拓かれることになった．

　「近代」のすべてを西洋文明と捉えて，それとの対比で「伝統」を中華文明とみなすことは西洋中心主義の誤りを免れ得ないが，それらを相対化する作業は豊かな専門書[*1]に譲ることにしたい．さしあたり，一つの民族が一つの国家に対応するという近代国民国家（近代国家）の仕組みは西洋に由来するという最低限の前提の下，次のことを確認しておきたい．それは，清朝期のような多様性や近代国家中国としての統一性は，戦後の中華圏の複雑さ，とりわけ台湾海峡をはさむ中国の分断（1949 年）によって基本的に維持し難くなった，という事実である．

*1　岸本美緒（2021）に詳しい．

　だからこそ，現在の中華圏は，「一国二制度」[*2]や「一つの中国」[*3]をめぐって，かくも揺れ動いているわけである．日本の多くの人たちは，中国共産党がこの動揺を抑え込むために強権を発動し，それに対して香港や台湾が抵抗している，と観察していることだろう．たとえば，香港国家安全維持法（2020 年）をめぐる香港情勢に対して，大陸中国は独裁政治を拡張しようとし，香港と台湾は民主政治を重視しようとしているという理解が広く定着している．しかし，この二項対立の理解が無条件に成立するかどうかを考えることはもちろん重要だが，それぞれの地域はどのような歴史を経て現在の地点に達したのだろうか．また，その過程にあらわれた独裁や民主へと向かう政治的ないしは社会的な力学とは，そもそもどのようなものだったのだろうか．

　このように思考をはりめぐらせることは，実質的には世界

*2　第三章 149 頁参照．

*3　台湾は中国の不可分の領土であり，中国は一つである，という主張．中国共産党は，国共内戦に勝利（1949 年）したことから，この立場を堅持している．ただし，中国国民党も，台湾に一時的に撤退したにすぎず，中国の再統一を放棄していない，との主張を公式には撤回していない．

の文明のあり方を問うことと同義である．私たちは，日本の目と鼻の先で発生している中華圏の動向を通じて，個人と社会と国家のあり方，たとえば，デジタル化時代の情報技術（Information Technology/IT）や人工知能（Artificial Intelligence/AI）の利便性とその監視力の関係性を慎重に見定めながら，自由と権力のあり方を考えざるを得ない状況に置かれている*1．日本で生活する私たちは，中華圏に対して客観的な態度で臨みながら，ここから読み取れる教訓を，今後の自分たちの個人と社会と国家のあり方に活かさなければならない．

IT と AI の時代の教養書兼講義用教科書

　しかし，読者の方々がここまでの説明に納得して下さったとしても，それでも，もう一つ答えておかなければならないことがある．それは，紙媒体の教科書が IT と AI の時代においてなぜ必要なのか，という疑問についてである．

　21 世紀以降の世界は，IT を加速度的に発展させ，高速で大容量の通信を可能にする第 5 世代移動通信システム（5G）を整備した．5G 時代の到来により，インターネットでつながる対象が人からモノへと拡大し（Internet of Things/IoT），社会のあり方が大きく変わろうとしている．加えて，AI の発達も目覚ましい．AI とバーチャルリアリティーを接続するユーチューバーが登場し，その代表格であるキズナアイなども一時期脚光を浴び，この分野の技術革新はますます進むものと思われる——ただしキャラクターが女性に偏重しすぎていることは，ジェンダー*2 の視角などから，問題視されている——．

　こうして世界は，いまや，根底から大きく変わろうとしている．その巨大な変化は，巨大すぎるがゆえに，一人ひとりには自覚的に常に意識されてきたわけではなかったが，コロナウイルスの世界的な流行（2020 年），いわゆるパンデミックによって，一気に身近なものとして感じられるようになった．

*1　2010 年代以降の中国は，IT と AI を駆使して，社会の利便性を高めつつある．しかし，それは，個人に対する究極の統制手段にもなりかねない（第二章 101 頁参照）．今後の中国が先進国を超えるのか，それとも監視社会を世界にもたらすのかが争点になりつつある．詳細は，梶谷懐・高口康太（2019）および伊藤亜聖（2020）を参照のこと．

*2　「コラム 4　中華圏のジェンダー」参照．

これまで社会の発展を基礎づけてきた教養と呼ばれる人文社会科学の知の継承と発展も，今後は IT（5G 以降の XG）や AI を効率よく活用して，高度な専門性を身につけた一部のエリート専業研究者と日に日に性能を向上させる AI に任せればよい，という考えが徐々に広がっていくのかもしれない．

　しかし，何らかの誤った情報や認識が意図的に拡散され，それらを十分に制御できないまま人類の知性が磨かれるとすれば，IT や AI とは隔離された場所で，確かな根拠——本書各節で取り上げる図版や史資料など——に基づいて，人文社会科学者として信ずる良識を示しておくことは，10 年後，20 年後の社会において大きな意味をもつのではないか．その時に，かりに XG によるバーチャル教育が誤った情報を含むネット教材を利用していたとしても，本書の内容を代替の教材として即座に活用できれば，私たちは速効的に社会的責任を果たし続けることになるのではないか．

　そうした意図を込めて編集された本書は，大学の学部生を中心に高校生から一般の方々を対象にした教養書である．本書は，確かな先行研究に依拠しているが，読みやすさを優先して，出典を注や巻末に記すことをあえて控えた[*1]．また，私たちは，本書を構成するにあたって，読者の方々が興味をもったトピックから読み進められるようにも配慮した．さらに，序章と終章を除く各章の各節を講義 1 回分として扱えるようにも工夫し，序章と終章を対話型の講義形式で活用すれば，全 13 回から全 14 回の半期用教科書としても使用できるようにした．

　それでは，この約半世紀の間に蓄積されてきた民国史研究[*2]から，20 世紀前半の近代国家としての中国の時代性を整理し，第二次世界大戦で戦勝国となった中国がどのように民国から人民共和国へと移行したのかを概観しよう．

*1　本書は，最新の学術成果（日本語・中国語・英語）を部分的に吸収しているとはいえ，主に文献案内に列挙した史資料や文献に依拠している．

*2　野澤豊編（1995），川島真・中村元哉編（2019）．

序章　近代国家中国のあゆみ
——変革の時代（1900 年代—40 年代）

1. 文明と近代と革命という時代性

中華文明の動揺

　20 世紀前半の中国は，それまでの中華文明*1 が揺さぶられ，自らの文明をどのように再生するのかを問われた時代だった．裏返していえば，グローバル規模で展開された，近代のさまざまなタイプとしての西洋文明をどのように受容するのか，という時代だった．そして，この文明と近代の時代は，近代国家としての中国を君主国（王朝）の清朝から共和国の民国へと変化させた辛亥革命（1911 年），その民国の中央政府を北京政府（1912-28 年）から国民政府（1928-48 年〔1948 年からは中華民国政府〕）へと変化させた国民革命（1926-28 年）という具合に，革命の時代と並行して進んだ（図1）．もし暴力を

*1　中華文明の語源の一つが黄河文明という用語である．その黄河文明は「四大文明」（近代の日本で創造され，中国語となった概念でもある）の一つに数えられているが，「四大文明」という理解の仕方が根本から問われている．

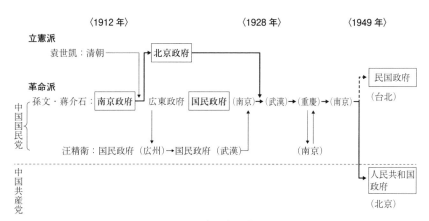

図1　中央政府の変遷

9

ともなう革命に戦争が含まれるならば，20世紀前半の中国は満洲事変（1931年）や日中戦争（1937-45年）を経験したことから，革命的状況が延々と続いた時代だった，ともいえる．

混沌とした時代

まず，文明という時代性は，何を意味するのだろうか．

それは，自らが育んだ文明の規範や秩序が解体されて新たに生まれ変わろうとしたことを指している．中国は，自らの文明とは異なる別の文明との接触によって，内政面では従来の価値観に対して批判的意識を抱くようになり，外交面では大国としてのプライドと帝国主義による圧迫[1]のジレンマに苦しみながら民族意識を高揚させ，近代的な統一国家の樹立を求めるようになった．

つぎに，近代という時代性は，何を意味するのだろうか．

それは，さまざまな西洋文明——たとえばイギリス型の議院内閣制，フランス型の共和制，アメリカ（合衆国）型の大統領制，ソ連（ロシア）型のソビエト[2]制——を模倣したことを指している．その際にモデルとなった国々は，往々にして植民地を拡大していた．このため中国は，その帝国主義の侵略性に抵抗しながら，慎重に模倣しなければならなかった．また，国内で「封建」勢力とも呼ばれた既得権益者たちは，近代化を推し進めようとする外国勢力と結託して自己の利益のみを拡大していると批判されることがあった．このため中国は，そうした「封建」勢力の欺瞞性を排除しながら，効果的に模倣しなければならなかった．

こうした状況下で，それでも近代の西洋文明を全面的に受け入れようとした主張が近代化論（⇨史料解読1，20頁）であり，それに抗おうとした主張が「反帝反封建」論だった．しかし，実際の状況は，このように単純に割り切れるものではなかった．当時の政治家や知識人たちは，第一次世界大戦中の新文化運動[3]以来，「新旧」と「中外」をめぐって活発な

<aside>
*1 第一次世界大戦時の欧米諸国は，自由や人権，民主政治を重んじる立場をとりながらも，他方で，既存の植民地を手放そうとしなかった．たとえば，イギリスとインドの関係が典型である．

*2 ロシア語で「会議」を意味する．事実上の一党独裁体制下での「会議」であり，通常の議会制とは異なる．

*3 上海で創刊された『青年雑誌』（1915年，のちの『新青年』）を中心にして広がった反伝統の運動で，個人の自由を含む近代西洋思想を積極的に受容した．この運動は，ロシア革命（1917年）後に，陳独秀らの共産主義者と胡適らの自由主義者によって二分された．
</aside>

論戦を繰り広げ，無数の選択肢を提示した．つまり，中国の政治家や知識人たちは，さまざまなタイプの西洋文明に対してさまざまに接近し，近代に対して無数の反応を示したのである．たとえば，「保守的」とされる主張は，中国的な近代化論の変型だともいえるし，「革命的」とされる主張は，「反近代の近代」のあらわれだともいえる．こうして向かうべき近代とその先にある新たな文明が幾通りにも構想されたのである．

序-①　1930年代の中国におけるモダンガール

　それでは，中国における実際の近代化の進展具合は，どうだったのだろうか．それに対する答えは，「一定程度進んだ」というものである．北京政府期には近代外交が展開され，経済も軽工業を中心に発展し，国民政府期には中央財政が確立されて，デパートやモダンガール（⇨序-①）もニューヨークやパリ，東京と同じように上海などでもみられるようになった．20世紀前半のアジアを「停滞していた」とみなす西洋中心のグローバルヒストリーは，明らかに限界に達している．

　最後に，革命という時代性は，何を意味するのだろうか．

　それは，文明の再建や近代の受容をめぐって漸進的な改革を重ねるのではなく，疲弊した弱者の不満を社会的背景としながら，専横的に振る舞う政府

序-②　五四運動

を暴力によって転覆しようとしたことを指す．その典型的な事例は，中国国民党（国民党）による国民革命とほぼ同時期に始まった，中国共産党（共産党）による社会主義の実現を目ざした革命運動であろう．この革命運動は，共産党の解釈によれば，五四運動（1919年，⇨序-②）[1]を起源とし，最終的には，労働者や農民からなる無産階級が資産階級を打倒して，民国から人民共和国へと政権を移行させた，いわゆる

*1　第一次世界大戦後のパリ講和会議で，山東の旧ドイツ権益が日本に引き継がれることに憤慨した学生らが天安門に集結し，調印拒否を求めた運動（1919年5月4日）．しかし，当時の中央政府である北京政府は，この運動の直前に調印拒否の方針を固めていた．

「中国革命」（1949 年）として結実した．ここで注意しておきたいことは，この革命の時代性が日中戦争をはじめとする帝国主義からの侵略性を含む国際政治の展開と連動していたことであり，「中国革命」は主権国家を確立するための一種の中国流の近代的反応だった，ということである．もちろん，「中国革命」が 20 世紀前半のグローバルな共時的構造のなかで国家権力を過度に強化してしまったことは，20 世紀前半の中国で発展しつつあった自由主義を最終的に抑圧することになり，これは「中国革命」の明らかな限界だった．

つまり，20 世紀前半の中国とは，文明と近代と革命を三本柱として，自由主義（リベラリズム），民族・国家主義（ナショナリズム），社会主義といったさまざまな主義を混在させた時代だった．こうした時代性のなかで，第二次世界大戦終結直後の国民党の 蔣 介石*1 を中心とする国民政府は，共和国としての中国をどのように再建し発展させようとしたのだろうか．

蔣介石
*1 1887-1975．日本
の陸軍士官学校の予備
学校に留学．辛亥革命
参加のため帰国し，孫
文の遺志を継いで国民
党の指導者になった．

2. 第二次世界大戦後の風景——出発点としての 1945 年

憲政と革命の二大主旋律

20 世紀前半の近代国家中国は，さまざまな混乱に遭遇したとはいえ，巨視的にみれば，緩やかな発展基調にあった．その大部分の歴史を占める民国史を政治史および思想史から俯瞰した場合，最も注目すべき流れは，文明化と近代化の実践形態である憲政の展開と，その憲政が制度化しようとしたリベラリズムやナショナリズムに対抗する革命の発動だった．文明と近代と革命という三本柱は，政治と思想という観点からみれば，憲政と革命という二大主旋律に置き換えられる．

さらに，既述したように，革命を広義に解釈して戦争を含めるとするならば，多くの日本人が意外に思うはずの歴史事実が隠されている．それは，満洲事変後に憲法を制定する動

きが一気に加速し，日中戦争期に憲政を求める運動が対日抗戦を徹底していた蔣介石政権（重慶国民政府）の下で発生したこと，さらには，対日協力を基調とした汪精衛（汪兆銘）政権も共和国としての中国の正統性をめぐって憲政を掲げざるを得なくなったことである．しかし，これらは，第三勢力[*1]の一部から支持されたとはいえ，全般的には国民党中心の動きだったことから，共産党の反発を買った．その結果として，共産党は，人民民主主義の中国版である毛沢東[*2]の新民主主義論[*3]（1940 年）をベースにした聯合政府論（1945 年）を，国民党主導の憲政に対する代案として提示した．

このように，20 世紀前半の中国における憲政と革命という二大主旋律は，日本（日中戦争）とも深くかかわりあいながら推移した．このうち，憲政史にかかわる主要な出来事をまとめると，以下のようになる．

憲法（準じるものも含む）の歴史

憲法大綱（1908 年）

中華民国臨時約法〔旧約法〕（1912 年）

中華民国約法〔新約法〕（1914 年）

中華民国憲法〔曹錕憲法〕（1923 年）

中華民国訓政時期約法（1931 年）

中華民国憲法草案〔五五憲草〕（1936 年）

中華民国憲法（1946 年〔制定〕，1947 年〔公布・施行〕-現在〔台湾〕）

代表機関の歴史

（諮議局（1909-12 年）[**]

資政院（1910-12 年）[*]

臨時参議院（1912-13 年）[*]

第一期国会〔衆議院と参議院の二院制，旧国会〕（1913-14 年）[**]

政治会議（1913-14 年）

参政院（1914-16 年）

復活した第一期国会（1916-17 年）

第二期国会〔新国会〕（1918-20 年）[**]

[*1] 中国青年党，中国国家社会党（のちの中国民主社会党），救国会など，国共両党以外の諸勢力を指す総称．第三勢力は，戦中に組織された統一建国同志会を基盤に，中国民主政団同盟（1941 年），のちの中国民主同盟（民盟，1944 年）を結成した．

[*2] 1893-1976．1921 年に共産党に入党．

[*3] 中国の革命を新民主主義革命と社会主義革命の 2 段階に分ける考え方．新民主主義の段階では，労働者，農民，民族資本などから成る聯合政府が想定された．つまり，毛沢東は，革命の第 1 段階では，資本主義経済のすべてを否定したわけではなかった．

〈未召集〉第三期国会（1921）**〔一部の地域で選挙を実施〕

再復活した第一期国会（1922-24 年）

（〈未召集〉国民代表会議（1926 年）*〔一部の地域で前年から選挙を実施〕）

訓政期立法院（1928-48 年）

〈召集延期〉**国民大会**（1937 年）**〔第一段階の選挙はほぼ完了〕

国民参政会（1938-48 年）

政治協商会議（1946 年）

制憲国民大会〔憲法制定のための国民大会〕（1946 年）〔1937 年選出の代表含む〕

行憲国民大会〔憲政実行のための国民大会〕（1948-2005 年〔停止〕）**

憲政期立法院（1948 年-現在〔台湾〕）**

（憲政期監察院（1948 年-現在〔台湾〕）*〔間接選挙制は 1992 年に廃止〕）

※＝間接選挙制または職能代表制による選出を含む

※※＝※のうち直接選挙制（複式制を含む）による選出も含む

・太字は選挙制に基づく立法機関＝議会
・（　）は選挙史にとって重要な事項

戦勝国としての中国

　蔣介石を中心とする国民政府は，民主国家アメリカを中心とする戦勝国の一員として，そして，過渡的な一党独裁（訓政）から民主政治（憲政）へと移行するとした孫文*1の遺志を引き継いで，戦後の中国で憲政を実施すべく準備を開始し

序-③　中山陵

*1　1866-1925．民国の創始者．写真は，彼が眠る南京の中山陵（⇨序-③）．

た．この国民党の戦後構想は，戦前の憲法制定活動と戦中の憲政運動との対話を通じて 1943年秋に正式に決定された．しかし，その後に共産党が国民党の憲政に対抗する聯合政府論を打ち出したことによって，国共両党は政治面で全面対決することになった．国共両党は，戦後に何度か話し合いを重ねたものの，その政治的な溝を埋められず，結局，国共内戦と呼ばれる軍事的な対立へと向かった（1946 年）．日中戦争を「惨勝」で乗りきった中

国（⇨序-④）は，憲政と革命をめぐって，ますます混迷を深めた．

　中華民国憲法（図2）は，中国憲法史において，立憲主義に最も貫かれたリベラル・デモクラシーを制度化した憲法だった．自由と権利は憲法で直接保障され，権力分立型の議会政治が制度化され，国民大会（⇨序-⑤）および立法院は直接選挙で，監察院は間接選挙で代表を選出した（1947-48年）．しかし，公平性を欠いた選挙は，むしろリベラリズムとナショナリズムをめぐって国内の分裂の度合いを深めてしまい，その両者の調和は中華民国憲法の下でも達成されなかった．

序-④　日中戦争の勝利

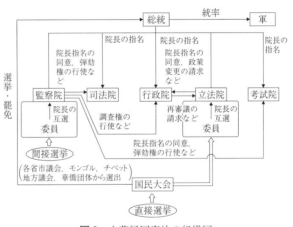

図2　中華民国憲法の組織図

　ここで忘れてはならないのは，戦前からの流れである．

　戦後の東アジアは，「帝国」日本の瓦解によって，民族の解放と独立を実現したが，その内部にはナショナリズムを分断させる新たな要因が発生していた．たとえば，日本の植民地支配から解放された東北（旧満洲）や台湾は，中国の人びとからすれば，日本に「奴隷化」された地域のように映った．だからこそ，中国の外部からは中華民族としての結束が強化されつつあるようにみえても，その内部では心情的な摩擦が至る所で発生し，台湾では本省人 *1 が外省人に虐殺される二・二八事

序-⑤　国民大会

*1　第四章168頁参照.

件*1（1947 年）が引き起こされた.

　では，東北や台湾を除いた地域は，戦中に抗日で一致団結
し，それゆえに戦後も盤石な連帯感を形成できたのだろうか.
実は，必ずしもそうではなかった.

　たとえば，もともと沿海部に住んでいた人びとで戦中に蒋
介石政権とともに奥地で徹底抗戦した人びとは，終戦直後に
元の場所に戻ると，戦中も現地に残り続けた同胞に対して，
複雑な心情を抱いた. 一方，現地に残り続けた人びとも単純
ではなかった. 日本の支配に怯えながら懸命に抵抗した人た
ち，それとは正反対に積極的に日本に協力した利己的な人た
ち，その中間をいくようなグレーゾーンの人たちという具合
にさまざまなタイプが存在し，これらの人びとのなかでも溝
が生じていた. そうした社会情勢の下，戦後の国民政府は，
戦中に蒋介石にしたがって奥地で戦い抜いた人びとを，汪精
衛政権下にとどまった人びとよりも優遇した. さらには，国
民党の要人や国民政府の高官らは，重慶をはじめとする奥地
の主要都市から旧日本軍占領地域に戻ってくると，同地に残
されていた資産を優先的もしくは恣意的に接収するなどした.
そのため，現地に残って苦境を耐え抜いた人びとは，蒋介石
の国民政府に対する不信感を強めていった.

　もともと中国の民族や言語は多様であり，そうした多様性
が戦後に上手く統合されないまま，これらの戦後特有の現象
が新たに追加されてしまった. さらに，不運なことに，国共
内戦という政治的亀裂が事態をますます混乱させた. 近代国
家国家中国の基盤となる中華ナショナリズムは，終戦直後におい
て，かくも複雑だった. この複雑さには，東北に残された中
国残留邦人*2 などの問題も含まれる.

　さらに，香港とマカオは，戦前と同様にイギリスとポルト
ガルの統治下にあり，とりわけ香港には，反体制派の中国民
主同盟（民盟）や共産党などの関係者が集結して，国民党を
批判した. ちなみに，戦中に汪精衛政権に加担した人びとは，

*2　孤児となって中
国の養父母に育てられ
たり，やむなく中国に
残ったりした人たちの
こと. 残留孤児（敗戦
当時 12 歳以下）と残
留婦人（敗戦当時 13
歳以上で「自らの意
思」で残ったとされた
女性たち）のうち，約
6700 名 が 1994 年以
降に永住帰国した.

戦後に民族の裏切り者（「漢奸」）のレッテルを貼られ，裁判で処刑されたり，外部に避難したりしたが，その逃避先の一つが香港だった．このほか，国民党内には主流派の蔣介石に反発する李宗仁[*1]のグループ（広西派）や雲南の龍雲[*2]のグループなどが存在し，それら国民党内の反蔣勢力が香港へと移動して，1950年代以降，旧汪精衛派と連携することもあった．この連携には，中華民国憲法による憲政を支持した中国青年党（青年党）や中国民主社会党（民社党）の関係者で香港に難を逃れていた政治家や現代儒家[*3]らが加わって，新たな第三勢力を結集しようとする動きが1950年代の香港で強まった．

　このように，近代国家としての中国は，終戦直後の中華圏で新たに生じた問題群への対応にも迫られることになった．1945年は，中国にとっても無視できない分岐点の一つであり，中華圏の新たな出発点として位置づけられる．

*1　1890-1969，のちに香港から渡米し，1960年代に大陸中国に戻った．

*2　1884-1962，香港から北京に移動し，大陸中国に残った．

*3　一般に「新儒家」として知られ，儒教哲学の再構築を試みた知識人を指す．共産党が反封建反伝統の立場をとったことから，その多くが，人民共和国成立以降，香港や台湾などに移住した．第三章138頁参照．

3. 中国国民党から中国共産党への政権交代

戦勝国中国の苦悩

　以上のように戦後の中国は，戦後の日本と比較すると，混沌とした状況のなかで出発することになった．

　むろん，中国社会は，満洲事変以来の断続的な日本との戦い，とりわけ8年間の日中戦争で極度に疲弊していたこともあり，戦時の緊張感から解放された一種の反動として，娯楽を求める雰囲気を一気に強めた．事実，戦後には多様な言論活動や文化活動が展開され，ハリウッド映画をはじめとするアメリカ文化（⇨序-⑥）も上海を中心に人気を博した．この背景には，戦後の国民政府がアメリカの自由貿易の方針にしたがって経済を自由化したことがあった．

序-⑥　1940年代後半にアメリカ文化を伝播させた『西風』

しかし，国民政府は，中華ナショナリズムをめぐる分断と財政の逼迫（ひっぱく）した状況を受けて，やがて自由と統制の間で右往左往することになり，社会や経済を再び統制した．その際，共産党は，そうした混乱を米ソ冷戦の下で利用して，革命を成し遂げようとした．

　要するに，こういうことである．国民党（国民政府）は，いくら自由から統制へとシフトしたとしても，民主国家アメリカのリベラル・デモクラシーの戦後潮流に合致した憲政の看板を降ろすわけにはいかず，共産党は，そうした国民党のジレンマが表出された政治空間のなかで，国民党に見切りをつけたソ連に接近しながら内戦を有利に展開し，「中国革命」を達成しようとした，ということである．

憲政から革命へ

　では，なぜ共産党は勝利できたのだろうか．

　戦後の国共内戦は，もともと国民党（国民政府）に有利に展開していた．だからこそ，国民政府は，中華民国憲法施行後に国民大会[*1]と立法院の直接選挙を実施し，国民政府という訓政段階の自らの呼称を憲政段階に相応しい中華民国政府（中華民国総統府）へと改称して，民選の国民大会で蒋介石を初代総統に選出した（1948年）．しかし，内戦下で実施された国政選挙は，民意を十分に汲み取れなかったことから，かえって憲政の権威を失墜させた．加えて，総統の独裁権限を認める反乱鎮定（ちんてい）動員時期臨時条項[*2]（「動員戡乱（かんらん）時期臨時条款」）が制定されたことにより，憲政の理念は骨抜きにされ，社会の失望感が広がった．さらに，その直後には，軍事費の増大と経済自由化政策の失敗にともなうハイパーインフレを解決するための幣制改革が断行されたが，効果はなかった．このような国民党の失政が，共産党に有利に働いた．

　しかし，共産党も手をこまねいていたわけではなかった．共産党による積極的な働きかけも，同党が勝利した一因だっ

*1　1947年の国民大会代表は，地域代表，特殊代表，職能（職業）代表で構成され，全体の約1割を女性枠に充てた．ただし，地域代表が国民党に偏っていたため，その当選を一部無効にして，青年党と民社党の代表に振りわけた．このことが，選挙の正当性と憲政の権威を失墜させた．

*2　その後の台湾で独裁政治を生み出すことになった．第四章170頁参照．

た．それは，国民政府に批判的な政治勢力を結集したことである．その代表的な批判勢力だった民盟は，憲政に参加した青年党および民社党と袂を分かった後，国民政府によって解散へと追い込まれた．そこで共産党は，民盟に援助の手を差し伸べ，民盟の香港での活動再開に尽力した（1948年）．もともと共産党は，民盟をはじめとする第三勢力の内部に二重党籍者を送り込んでおり，そうした人的パイプを活かしながら，国民党および中華民国政府に批判的な勢力を香港から東北各地へと移動させて，政治情勢を自らに有利なものへと作り変えていった．民族資本などと呼ばれた民間の商工業者に対しても，長期にわたって新民主主義を維持し，民間を保護するとのメッセージを発して，商工業者の社会主義化に対する警戒心を解きほぐしていった．

　もちろん，共産党が農村において土地革命*¹を一定程度成功させたことも見落としてはならない．共産党の土地改革は，それが急進的な場合には，農民の支持を失ったため，共産党自身が後に主張したほどには成果を上げられたわけではなかったが，それでも土地を分配された一般農民や小作農は共産党を支持し，兵員を提供することにも協力した．社会的弱者として絶望の淵に立たされていた人びとからすれば，共産党は平等を実現してくれる最後の砦だった．

　こうした要因が重なり合って，共産党の軍隊（人民解放軍*²）は，国民党の憲政の失墜と反比例するかのように，内戦で攻勢に転じた．三大戦役と呼ばれる「遼瀋戦役」，「淮海戦役」，「平津戦役」を通じて，共産党の軍事的勝利がほぼ明らかになると，士気の低下した国民党側の軍隊は次々と人民解放軍に寝返った．北平（北京）に無血入城した人民解放軍*³は，南京，上海，杭州を占領し，共産党の毛沢東は，北京で中華人民共和国政府（以下，人民共和国政府）の成立を宣言した（1949年10月1日，⇨序-⑦）．第三勢力の多くも，新民主主義に淡い期待を抱いて共産党の新政権に協力し，共産党の認め

*1　共産党は，五四指示（1946年）などによって，戦中の対日協力者だった地主の土地を没収し，小作農らに分配した．しかし，土地法大綱（1947年）では，対日協力者ではなかった地主や富農の土地まで没収する急進的な動きが発生し，かえって混乱した．

*2　「コラム1　人民解放軍の歴史」参照．

*3　この時の映像が残されているが，当時の状況がそのまま撮影されたわけではなく，共産党のイメージアップのために，のちに撮り直されたとされている．

る範囲の「民主」（以下「　」略）を体現する諸党派（民主党派）として存続することになった．他方で，中華民国政府（以下，民国政府〔第四章では便宜的に国府または華〕）は大陸中国での統治地域をほとんど失って，台湾へと移った（1949 年 12 月 7 日）．以後，双方が各々の論理で中国の統一を争う，事実上の内戦状態が続くことになった．

　以上の民国史の動向からもわかるように，人民共和国は厳しい船出を強いられることになった．

序-⑦　中華人民共和国政府
　　　の成立を宣言

史料解読 1　胡適「近代西洋文明に対する吾人の態度」

〈解説〉

　自由主義者の胡適は，民国期を代表する近代化論者でもあった．胡は，西洋文明を物質的（唯物的），東洋文明を精神的とみなして，その両者の優劣を論じることに反対した．彼は，西洋文明が両方を兼ね備えているからこそ，それを積極的に採り入れるべきだ，と主張した．この日本語論文（『改造——現代支那号　夏季増刊』第 8 巻第 8 号，1926 年 7 月／一部改訳）は，すぐさま中国語に翻訳され，その後の中国の文明論と近代化論に大きな影響を及ぼした．日本語版がオリジナルであったことが大変に興味深い．

　現代に於いて最も根拠のない且つ最も有害な妄言は，実に西洋文明を貶譏して唯物的（Materialistic）と為し，東方文明を尊崇して精神的（Spiritual）と為すことである．〔中略〕これまで東方民族は西洋民族の圧迫を受けたので，往々かような弁解的見解を以て，自らを慰めて来たものである．然るに，最近数年来，欧洲大戦〔第一次世界大戦〕の影響として一部の西洋人は近世の科学的文化に対して一種の嫌悪的反感を抱く様になり，従って西洋の学者の中にも東方の精神文明を崇拝するような議論を為す者を時々耳にするのである．

この種の議論は本来ただ一時の病的心理に出づるものであるにも拘らず，たまたまこれが東方民族の誇大狂に投合し，茲に東方の旧勢力は少なからざる気焔を挙ぐるに至ったのである．〔中略〕

　東方文明の最大の特色は「足ることを知る」にあり，西洋文明の最大の特色は「足ることを知らざる」にある．〔中略〕〔「足ることを知らざる」の精神をもととする西洋文明は，〕斯くの如く充分に人間の聡明と智慧とを運用し真理を尋求して，以て人間の心霊を解放し，自然を征服して，以て人間の用に供し，物質的環境を改造し，社会的政治的制度を改革し，〔こうして〕人類最大多数の最大幸福を謀る．斯くの如き文明こそ，応に能く人類の精神的要求を満足せしめ得るものである．斯くの如き文明こそ，精神文明であり，真正の理想主義的（Idealistic）文明である．〔つまり，西洋文明は，〕断じて〔単なる〕唯物的文明ではないのだ．

第一章　大陸中国
――建設と混乱の時代（1950 年代―70 年代）

1. 毛沢東体制の始動と展開

毛沢東という存在

　中国（人民共和国）を象徴する建造物の一つが北京の天安門である。この天安門には，よく知られているように，毛沢東の巨大な肖像が掲げられている。さらに，毛沢東の肖像は，現在発行されている人民共和国の紙幣にも印刷されている[*1]。毛が死去して 40 年以上経た今日においてもなお，彼の存在感は人民共和国において依然として大きい。最近では，共産党結党 100 周年の記念式典に党総書記の 習 近平（しゅうきんぺい）が毛沢東を想起させる人民服（中山装）の出で立ちで登場し，話題となった（⇨1-①）。今でさえこれだけの影響力を残しているのだから，かつて毛沢東が人民共和国を領導（指導）[*2]していた時期には，彼の存在感はいっそう巨大だったといえるだろう。

　とはいえ，一人の人間の能力には限界がある。生前の毛沢東が人民共和国のすべてに関与し，すべてを思い通りに操っていたわけではなかった。しかし，それでも毛は， 劉 少奇（りゅうしょうき）[*3]らに対して「今後，中央の名義による文書と電報は，すべて自分が見てから発出できる。そうでなければ無効である。注意されたい」と通達して（1953 年），自らに情報を最大限に集約しようとした。人民共和国のあゆみ，とりわけ重大な出来事の帰趨は，毛の意向に大きく左右された。

*1　電子決済の普及により，実際に使用される頻度は大幅に減少している。

*2　「領導」という中国語は，指導とは異なり，強制力をともなった指揮命令を意味する。しかし，以下では読みやすさに配慮して，共産党による「領導」は指導と表現する。

*3　1898-1969。毛沢東を支えて共産党の発展に大きく貢献し，人民共和国成立後は中央人民政府副主席や国家主席など要職を歴任した。しかし，文化大革命（文革）で悲惨な最期を遂げた。

1-①　中国共産党結党 100 周年の記念式典における習近平

1-② 長江を訪れた毛沢東

　毛沢東は，このような性向から，しばしば独裁者だったとイメージされている．実際，毛は自分の権力が脅かされることを極度に警戒し，多数の人びとを死に追いやった．また，彼は，多くの人びとが飢餓に苦しむなかにあっても，常に贅沢な食事に囲まれ，北京の住まいにはプールを併設して趣味の水泳を楽しみ（⇨1-②），全国にも複数の別荘を所有するなど，庶民とはかけ離れた暮らしをしていた．確かに独裁者と呼ぶにふさわしい一面を持ち合わせていたのである．

　しかし，毛沢東が権力や贅沢にただ溺れただけの人物だったと捉えるのは正しくない．彼の言動からは，人口の大部分を占める農村部の農民や都市部の労働者など，貧しく弱い立場にあった人びと（無産階級）への深い関心がうかがわれる．さらに毛は，無産階級の人びとが資産階級との闘争に勝利し，平等が実現することを切望していた．無産階級の人びとも，毛のこうした一面を支持していた．彼は時に，自らが築き上げてきた共産党という組織の破壊や，自らもその一員だったはずの知識人に対する弾圧をも厭わなかった．それにもかかわらず，彼が権力を掌握し，巨大な影響力を行使し続けられたのは，貧しく弱い立場にあった人びとに寄り添おうとしたからだった．

人民共和国の理念

　毛沢東が率いた共産党は，1949 年 10 月，人民共和国を樹立した．人民共和国成立直前の 9 月に開催された中国人民政治協商会議[*1] は，中国人民政治協商会議共同綱領を採択し，「新民主主義すなわち人民民主主義を中華人民共和国の政治的基礎とする」と宣言した．共産党のなかでも，とりわけ毛沢東は，社会主義への早期移行を望んだ．しかし，それには

一定の時間が必要であると判断し，まずは新民主主義（人民民主主義）の段階に移行することにした．

　ここでいう新民主主義とは，共産党が資本家の活動を制限付きで認めながら「労働者階級，農民階級，小資産階級，民族資産階級およびその他の愛国的民主人士」による統一戦線の政権樹立を目ざす段階のことである．成立当初の人民共和国は，「労働者階級が指導し，労農同盟を基礎」とするとの前提の下，共産党が政権を中核的に運営しつつも，共産党以外の党派や知識人が幅広く協力する体制をつくり上げようとした．

　事実，こうした共産党の姿勢は，新政権の人員構成に如実にあらわれていた．中央人民政府主席に就任したのは毛沢東だったが，毛に次ぐ副主席6名のうち3名は共産党外の人士が選出された．日本の内閣に相当する政務院の総理には周恩来[*1]が就いたが，4名の副総理のうち2名は党外人士であり[*2]，副総理に次ぐ政務委員21名のうち11名も党外人士によって占められた．さらに，新政権の各種機関で実務を担った職員も，イデオロギーの大転換を図る上で重要だった外交や宣伝部門を除けば，民国期から継続して雇用された者が多かった．

共産党の優位

　上述のような協力体制があったものの，人民共和国の中心があくまで共産党だったことも事実である．このことは，共産党と政府（国家）との関係からもわかる．

　1949年11月，党グループ（「党組」）と呼ばれる組織を中央人民政府に設置することが決定された．党グループは，政務院を皮切りに，地方機関，大衆組織，国有企業などにも次々に設置されていき，党による指導を隅々まで貫徹させる上で，重要な役割を担うようになった．この党グループと対の関係にあったのが，党の行政担当機構（「対口部」）[*3]だった．共

*1　1898-1976．政務院が国務院に改組されてからも総理を担当した．

*2　郭沫若副総理は実際には1927年に共産党に入党していたが，この事実は当時公表されていなかった．そのため，彼も党外人士の一人とみなされた．

*3　1955年から党に設置された．党の「対口部」は各種の国家機関や行政機構に対応しており，党による政府への指導がより直接的なものとなった．

産党以外の勢力は，これら2つの組織を持ち得なかったため，共産党の優位はますます明らかになった．

　共産党と政府は，党が政府よりも上位に位置するという前提の下で，密接に結びついた．何事も，党の指導と了解なしには決められなくなった．

　さらに，共産党は，民主集中制という組織原理を採用した．民主集中制とは，大衆や下級の党員から幅広く意見を汲み取って問題を把握し，それらに対処する際には，党の上層部がトップダウンで下級組織に命令を下す仕組みである．ただし，実際には，前者の民主の側面はないがしろにされ，後者の集中の側面のみが機能することになった．

　では，党の上層部は，どのように組織されたのだろうか．

　共産党の最高指導機関は，全国代表大会である．ただし，この全国代表大会は不定期にしか開催されないため[*1]，同大会から選出されたメンバーによって構成される中央委員会が大会閉会中の最高指導機関である，と定められた．しかし，この中央委員会も，常時開催されるわけではなかった．そのため，そこからさらに絞り込まれた中央政治局，とりわけその常務委員会[*2]が，中央委員会の職務を代行するとされた（1956年の党規約）．

　以上が，党規約上の仕組みである．しかし，中央委員会主席に生涯とどまった毛沢東は，中央工作会議など党規約にはなかった会議を開催して政策を決定したため，中央政治局常務委員会は十分には機能しなかった．常務委員会が活性化するのは，毛の死後に集団指導体制が整えられてからであった[*3]．

　共産党の優位は，党の事実上の指揮下に置かれた人民解放軍という存在にもあらわれていた[*4]．人民解放軍は，当初，中央人民政府人民革命軍事委員会の統率下にあり，形式的には国家の軍隊だった[*5]．ところが，同委員会の主席は毛沢東であり，この軍隊が共産党とともに発展したことから，党外

*1　1945年の党規約では3年に1度，1956年の党規約では5年に1度の開催と定められたが，実際にはそのようには開催されなかった．なお，1977年以降は，5年に1度の開催が順守されている．

*2　1945年から1956年までは常務委員会が設置されておらず，党の中央書記処が常務委員会の職務を事実上代行した．

*3　第二章79頁参照．

*4　「コラム1　人民解放軍の歴史」参照．

*5　1958年に開催された党中央軍事委員会で，人民解放軍の統帥権が同委員会にあることが明確にされた．そのため，この装いも放棄された．

勢力が人民解放軍に関与する余地はほとんどなくなり，党が軍隊を保有するかのような状態になった．

　成立初期の人民共和国では，軍政合一の方針の下，東北，華北，華東，西北，中南，西南の６つの大行政区が設置され，それぞれに立法や行政などの権限が付与された．そのなかで，人民解放軍は，軍隊であると同時に地方行政の担い手という性格を併せもつことになった．また，大行政区の各部の部長（中央政府における閣僚レベルに相当）および大行政区が所轄する省長の人事は，大行政区が中央に推薦することになった*1．その結果，軍政合一の大行政区は，あたかも独立王国のような様相を呈し，場合によっては，党中央にも挑戦し得るような存在となった．

民族区域自治の成立

　共産党を中心とする政治の仕組みは，少数民族に対する政策からも読み取れる．

　共産党の少数民族に対する政策は，1949 年以前においては，それほど抑圧的なものではなかった．たとえば，毛沢東は，各民族の自決権を容認し，その前提下で連邦国家を形成すればよいとの考えを示したこともあった*2．しかし，このような構想は，政治協商会議共同綱領で明確に否定された．同綱領は，単一制国家の下に少数民族を統合し，その枠組みのなかで，少数民族が集住する地域では区域自治を認めるとした．少数民族は，区域自治の下，その言語，文字，風俗，習慣，宗教を維持できたが，それらはあくまでも共産党の指導下で許された範囲にすぎず，各民族の自治の内実は非常に窮屈なものだった．

　区域自治は，民族区域自治実施要綱（1952 年）や中華人民共和国憲法（1954 年）*3 で制度化された．ちなみに，人民共和国成立後に民族の認定作業（「民族識別工作」）が進められ，1964 年までに 53 の少数民族が認定され，それぞれに区域自

*1　大行政区の下には，省のほかに，行署区・直轄市が置かれた．大行政区の廃止と 1954 年憲法により，全国は省・直轄市・自治区に分けられ，省と自治区は自治州・県・自治県・市に，県と自治県は郷・民族郷・鎮に分けられた．また直轄市や規模の大きな市は区に分けられた．

*2　類似の構想は毛沢東の「聯合政府論」（1945 年４月）にみられる．

*3　54 年憲法とも表記される．なお，中華人民共和国憲法は 1975 年，1978 年，1982 年に全面改正され，それらは 75 年憲法，78 年憲法，82 年憲法としばしば表記される．

*1 1965 年と 1979 年
に 1 つずつ追加され,
現在では 55 の少数民
族が認定されている.

治が認められた*1.

人民共和国初期の中ソ関係

共産党にとって大きな課題だったのが外交である. 毛沢東
は, 人民共和国成立以前の 1949 年春から夏にかけて, 「向ソ
一辺倒」（ソ連を盟主とする社会主義陣営に属する方針）,「新規
まき直し」（民国期の歴代政府が築いてきた外交関係の一新）,「部
屋をきれいさっぱり掃除してから客を迎え入れる」（中国に浸
透する帝国主義勢力の一掃）との三大外交方針を提示した.

なかでも重視されたのが,「向ソ一辺倒」という言葉に象
徴されたソ連との関係だった. 中国共産党は, レーニンが創
設したコミンテルンの指導下で結成され, ソ連とは一貫して
深い関係にあった. ただし, その強い結びつきの内実は相当
に複雑で, スターリン麾下のコミンテルンと中国共産党との
間には摩擦や対立も無数に存在した*2. また, ソ連は, 日中
戦争終結とほぼ同時に, 自らに有利な内容を含んだ中ソ友好
同盟条約*3 を国民政府と締結し（1945 年）, 必ずしも共産党
を支持したわけではなかった.

*2 共産党の初代指
導者だった陳独秀は,
コミンテルンとの対立
が主因となって, 党を
追われた.

*3 ソ連による大連
港や旅順港の租借およ
び長春鉄道の中国との
共同管理など, ソ連に
有利な内容が含まれて
いた.

しかし, ソ連は中国共産党が内戦下の東北で支配を確立す
ることを黙認し, さらに東北の鉄道網を修復するために 300
名あまりの技術者を派遣するなど, 共産党を暗に支援するよ
うになった. 劉少奇（⇨1-③*4）が 1949 年半ばにソ
連を訪問すると, スターリンは, 劉の求めに応じて,
中国の今後の発展にとって不可欠となるソ連の専門
家たちを中国に派遣すると約束した. 事実, 劉はソ
連から 200 名以上の専門家を引き連れて帰国した.

1-③ 劉少奇と妻の王光美

*4 のちの文化大革命
では, 夫妻ともに厳し
く批判された.

人民共和国成立後の 1949 年 12 月には, 毛沢東が
モスクワを訪問した. 毛にとって初めての外遊とな
ったこの訪ソは, 劉少奇のそれとは対照的に, 非常
に険しいものとなった. 毛は新たな中ソ関係の構築を期待し
てスターリンとの会談に臨んだが, スターリンは中ソ友好同

盟条約で得た利権の保持に固執したため，両者の交渉は難航した．毛のモスクワ滞在は，1950年2月まで及ぶことになった（⇨1-④^{*1}）.

1-④　スターリンの肖像（右）

こうして苦労の末に締結されたのが，中ソ友好同盟相互援助条約だった．中国は，3億ドル相当の借款供与を得られたが，ソ連が長春鉄道を利用する際に関税を事実上課さないこと，東北と新疆においては中ソ両国民以外の外国人の経済活動を認めないことなど，中国にとって自国の主権が侵害されるような内容も呑まざるを得なかった．毛沢東が「二つの「植民地」すなわち新疆と東北が存在する」とのちに述べたように，中国は大きな不満を抱くことになった.

*1　スターリンの肖像は中ソ友好を宣伝するために盛んに用いられた．1-④左は毛沢東の肖像.

さらに，中国がソ連からの専門家を迎え入れた際に，劉少奇の訪ソの際には提示されなかった金銭面での負担が求められるなど，中国の負担は増すばかりだった．もっとも，専門家をソ連から熱心に迎え入れようとする中国の姿勢に変化はなく，ソ連の専門家も中国に対する助言や指導に力を惜しまなかった.

朝鮮戦争の衝撃

1950年6月に勃発した朝鮮戦争は，中国に大きな変化をもたらした．北朝鮮の指導者金日成は，ソ連に対して，戦争の準備段階から詳細に報告して理解と援助を求めた．ところが，中国に対しては，戦争勃発の直前になってようやく毛沢東に報告した程度だった．中国は，当初，蚊帳の外に置かれたわけである．毛は，この扱いに大いに不満をもったが，隣接する朝鮮半島の有事を座視するわけにもいかなかった^{*2}.

北朝鮮はソウルを速やかに陥落させるなど，当初戦争を有利に進めた．しかし，アメリカが第7艦隊を台湾に派遣し，さらにアメリカ軍が北朝鮮軍と戦闘を開始すると，中国もこ

*2　中国の歴代王朝は朝貢を求めるなど朝鮮を臣下として扱った．こうした意識は毛沢東にも根強く，朝鮮戦争を含めた中国・北朝鮮関係を大きく規定していたとの指摘が近年なされている.

れに反応せざるを得なくなり，約25万人規模の東北辺防軍を組織して，事態の急変に備えた．9月に入り，アメリカを中心とする国連軍が仁川に上陸すると，それまでの戦況が一変して，北朝鮮軍は中朝国境に追い詰められた．共産党の指導者たちは参戦をめぐって何度も激論を戦わせたが，最終的には毛沢東が参戦を決断し，中国人民志願軍が10月に中朝国境の鴨緑江を越えた．中朝軍は，ソウルを再び占拠するなど一時は優位だったが，国連軍の巻き返しにあってソウルを奪還され，北緯38度線付近まで押し返された．その後は戦局が膠着し，1953年1月にアメリカ大統領がトルーマンからアイゼンハワーに交代し，同年3月にスターリンが死去したことを受けて，同年7月に休戦協定が結ばれた[*1]．

*1　2022年現在に至るまで終戦はしていない．

　朝鮮戦争は中国に大きな負担を強いた．中国は最大時130万人を派兵し，休戦までの約3年間に36万人もの死傷者を出した．毛沢東の長男毛岸英（もうがんえい）も戦死した．西側諸国による中国向け輸出も厳しく制限され，戦略物資のみならず，民生物資でも軍事に転用され得る品目は輸出規制の対象になった．

　戦時中の中国では，アメリカを罵倒する勇ましいスローガンや論説が連日メディアを賑わせた[*2]．だが，その一方で，アメリカが原子爆弾を使用するのではないかという噂や，中国が第三次世界大戦に巻き込まれるといった恐怖心が社会の不安を煽った．さらに，物価が各都市で高騰したことで，人びとの日常生活は大きな痛手をこうむった．

*2　アメリカ文化に対する排撃が進んだ．あわせて，「コラム2　人民共和国期の映画史」も参照のこと．

台湾と香港

　朝鮮戦争は，台湾（民国）との関係をも変化させた．共産党は，朝鮮戦争勃発以前，台湾をはじめ国民党の勢力下にあった大陸沿岸に位置する島嶼のすべてを数年以内に占領（「解放」）する計画を立てていた．しかし，その計画は，朝鮮半島に戦力を割かざるを得なくなったこと，第7艦隊の派遣に象徴されるアメリカの台湾への関与によって頓挫した．

中国（人民共和国）は，朝鮮戦争休戦後の1954年から1955年にかけて再び軍事行動を活発化させ，第一次台湾海峡危機と呼ばれる事態を引き起こした．中国は，第7艦隊との衝突を慎重に回避しながら，浙江省大陳列島の「解放」に成功した（1955年2月）．その後，米中大使級会談[*1]がスイスのジュネーヴで開催され（同年8月），台湾海峡をめぐる危機はいったん収束した．

　ところが，1958年，福建省金門島をめぐって第二次台湾海峡危機が発生した．中国は金門島の武力による「解放」を目ざして激しい砲火を浴びせたが，再びアメリカの介入を招き，その意図は挫かれた．これ以降，中国は，金門島および馬祖島の「解放」を断念し，その一方で，自らと台湾を同等に扱おうとする西側諸国の試みを断固として拒否するようになった[*2]．

　台湾との間には上記のような摩擦があったのに対し，中国の香港政策は，台湾政策とは前提が大きく異なっていた．人民共和国成立直後，人民解放軍は香港と境界を接する深圳まで到達していたが，香港への侵入をあえて控えた．主な理由は，共産党がイギリスによる香港統治という現状を容認しつつ，外貨の供給源や貿易の窓口として香港を利用しようとしたからだった[*3]．

統制の強化

　共産党は，朝鮮戦争勃発から約半年後に，反革命鎮圧運動を都市から農村にわたって広範囲に展開し，共産党の革命に反対する「反革命人士」や社会主義に反対する「反動」派を弾圧した．この運動は，遊民，売春婦，アヘンに対する取り締まりと同時に進行したことから，社会不安の解消にもつながった．しかし，この過程で，約150万もの人びとが逮捕され，そのうち50万人が処刑された．

　続いて，汚職と浪費と官僚主義に反対する三反運動が主に

*1　米中大使級会談は，のちにポーランドのワルシャワに場所を移し，中断を挟みながらも，1973年2月まで延べ136回開催された．国交のない米中双方にとって，貴重な意見交換の場となった．

*2　第四章175頁参照．

*3　第三章134頁参照．

共産党員を対象にして展開され（1951年），さらに，贈賄や脱税，スパイ行為，手抜き工事，公共財産の窃盗に反対する五反運動が主に民間企業を対象にして展開された（1952年）．これらの運動を通じて，共産党の社会統制は確実に強化されていった．

しかし，これらの取り組みには明らかな行きすぎがみられた．三反運動と五反運動では，批判対象者が批判闘争の場に集った衆人の圧力により自白を強要されたり，司法手続きを経ずに摘発されたりする事例が多発した．こうした行きすぎは，専門家や官僚，民間企業経営者，知識人といった，国家の運営や発展に不可欠な人材から積極性や自発性を削いでいった．

さらに注意すべきは，これらの運動と並行して，大行政区の位置づけが変更されるなど，党中央，とくに毛沢東の権力が強化されていったことである．大行政区は，国家計画委員会*1の成立と同時に，政務院の出先機関に格下げされ，権限を縮小させられた（1952年）．国家計画委員会の主席には，東北で党・政・軍を掌握していた高崗*2が充てられた．加えてほぼ同時期に，毛は，大行政区の有力幹部だった饒漱石*3（華東），鄧子恢*4（中南），鄧小平*5（西南），習仲勲（⇨1-⑤）*6（西北）を中央に呼び戻した．こうした措置は，地方に対する中央からの統制の強化であると同時に，中央の職務を分担させることで，劉少奇や周恩来の勢力を削ぐ狙いもあった．これら一連の措置によって，毛沢東は誰よりも強大な政治力を手にした．その後，真相は不明だが，高崗は饒漱石とともに反党分裂活動をおこなったとして失脚した（1954年）．大行政区も廃止され（同年），毛に挑戦し得る地方勢力は消滅した．

続いて，多くの知識人を標的とする反革命粛清運動（「粛

1-⑤　習仲勲（右端）

*1　5か年計画などの長期経済計画を策定し，中央・地方の経済・計画部門を指揮する機関．

*2　1905-54．中央人民政府副主席でもあった．

*3　1903-75．華東の党・政・軍のトップから中央組織部長に転出．

*4　1896-1972．中央への配置換えの後，副総理を務め農業政策を担当．

*5　第二章75頁参照．

*6　1913-2002．中央への配置換えの後，中央宣伝部長や副総理などの要職を歴任．習近平の実父としても知られる．1-⑤は，息子の近平（左端），遠平．

反」）が開始され（1955年），約53万人が何らかの処分を受けた．この運動は，共産党に対する抵抗力や異議申し立ての意欲を社会から奪い，やがて到来する急進的な社会主義化を予感させるものとなった．

人民共和国初期の社会の状況

こうした運動によって統制の対象とされた社会は，そもそも人民共和国成立後，どのような状況に置かれていたのだろうか．農村部と都市部では事情が異なるため，分けて考える必要がある．

農村部では，土地改革法（1950年）により，農民への土地の分配が進んだ．それまでの共産党による土地改革は，富農への激しい弾圧によって農村に混乱をもたらしていた．その反省に立って，土地改革法は富農に対して穏健的な方針を示した．しかし，朝鮮戦争を契機にこの方針は有名無実化し，富農の土地は暴力で収奪され，貧農への土地分配が進んだ．この過程で，本来は富農とされるべきではない自作農の土地が没収されたり，中小規模の地主が裁判を経ぬまま農民に殴殺されたりする事例が発生し，農業生産に悪影響が及んだ．

都市部では，「単位」制度が導入された[*1]．「単位」とは英語圏では "work unit" と表記され，都市部住民が労働のために所属する組織のことを意味する．たとえば，会社員であれば，所属している会社が「単位」となる．この「単位」は，個人に対する労働管理はもちろんのこと，結婚，転職，転居，旅行といった日常生活をも管理したため，人びとはそのつど，証明書や紹介状を発行してもらわなければならなかった．また，「単位」は住宅や医療，年金などの社会保障を実施する基盤でもあったため，都市住民が「単位」を離れて生活することは不可能だった．この「単位」を管理するのは，それぞれの「単位」に設けられた共産党支部であり，都市住民は党の強力な管理下に置かれた．

*1 その起源は国民政府期にさかのぼる．

「単位」の管理には，「檔案」（一般には行政文書を指す）と呼ばれる身上記録が利用された[1]．「檔案」は共産党の人事部門によって管理され，出身家庭や階級，学業成績，賞罰，業務能力評価，日常生活態度など個人のあらゆる情報が記録され，それらは就職，転職，昇進および共産党への入党などの際に審査の対象となった．本人が「檔案」の内容を確認することは許されず，何が記録されているのかが不明なため，人びとは党の視線を常に意識することになった．かりに事実の誤認や恣意的な評価が含まれていたとしても，その訂正はきわめて困難であり，人びとはますます周囲を気にして行動せざるを得なくなった．

このように事情を大きく異にする農村部と都市部の住民は，戸口（戸籍）登記条例（1958年）により戸籍制度の管理下に置かれた．都市の戸籍をもつ者は社会福祉など都市の各種サービスを享受できる一方，それをもたない農民は都市への流入を厳格に制限された．都市の労働力需要を上回る農民が，都市に押し寄せる[2]ことを防ぐための措置だが，農村と都市の格差を固定化し，場合によっては拡大させるという負の作用も生んだ．

社会に対するきめ細かなコントロールは，かつて民国期の国民党（国民政府）も試みていたが，実現には程遠い状況だった．共産党は，そのような国民党の失敗を反省材料としながら統制の実施に乗り出し，朝鮮戦争を一つの契機にして社会への統制を強めたのだった．

社会主義の実現をめぐって

共産党の統制が社会に及び始めると，毛沢東は，1953年6月の中央政治局会議において，今後10年ないし15年で社会主義化を実現するとの新たな見通しを示した．1954年，共産党第7期4中全会は，社会主義化を強行する「過渡期の総路線」を採択した．

社会主義を早期に実現するため，民間企業[*1]の国営化が急速に進められた．また，農村では農業の急進的な集団化が押し進められ，土地改革によって生まれた多くの自作農が初級合作社や高級合作社に組み込まれた．合作社とは一種の協同組合で，初級合作社は20から30戸規模，高級合作社は200から300戸規模の農家で構成された．

1954年，第1期全国人大は中華人民共和国憲法（54年憲法）を採択した．その序言は，人民共和国が社会主義建設を目ざす過渡期に位置することを確認した．社会主義化路線は憲法にまで明記されたのである．

では，54年憲法によって定められた国家の権力構造について整理しておこう．

国家の最高権力機関は，全国人民代表大会（全国人大[*2]）である．当時，全国人大は共産党員が3分の2以上を占めており，実質的には党の決定を追認するだけの機関だった．全国人大はソ連の制度を模倣したものだったが，ソビエト連邦最高会議には直接選挙による代議員の選出を通じて民意を一定程度反映させる仕組みがあったのに対して，全国人大の代表は間接選挙によって選出された．さらに，この間接選挙の候補者の大半は共産党によって決定されていたことから，全国人大はソビエト連邦最高会議ほど民意を吸収できたわけではなかった．両者の構成の仕組みは，そもそも異なっていた．

54年憲法は，全国人大を上記のように定めたのに加え，国家主席[*3]と副主席というポストを新設し，さらに行政機構として，それまでの政務院に代わって国務院を設置した．国家主席は，表1のように有力な共産党員によって独占され，国務院の総理および副総理も，人民共和国成立当初とは異なって，すべて共産党員で占められるようになった．

国家の権力機関が以上のように54年憲法で再編されたのと前後して，経済面では第1次5か年計画が実行に移された

表1 歴代国家主席一覧

国家主席	在任期間
毛沢東	1954–59 年
劉少奇	1959–68 年
李先念[*4]	1983–88 年
楊尚昆[*5]	1988–93 年
江沢民	1993–2003 年
胡錦濤	2003–13 年
習近平	2013 年–現在

*1　人民共和国の成立前後に，外国企業も含めた多くの民間企業が国外や香港もしくは台湾に拠点を移し始めた．ちなみに，改革開放期に入ると，これらの企業の一部が大陸中国に戻ることもあった．

*2　日本語では「全人代」と略されることが多い．任期は4年，毎年1回会議を開催すると定められたが，実際には守られなかった．

*3　国家主席は，国務院メンバーの任免権を有し，全国の武装力を統率するなどの職権を有した．劉少奇の失脚後空席の期間を経て75年憲法で廃止された後，82年憲法で復活したが，その職権は限定された．第二章79頁参照．

*4　1909–92．国家主席に就任する以前は，副総理を長く務めた．

*5　1907–98．人民共和国成立以前から党と軍の実務を担ったが，文革で失脚した．鄧小平が復権すると，鄧を支えて要職を歴任した．

1-⑥　中国訪問時のフルシチョフ（右）

*1　1950年代前半の
ソ連化の度合いは分野
によって異なっていた
上に過大には見積れな
い，ということが近年
明らかになりつつある．
選挙制（本章35頁参
照）に加えて，民族自
治のあり方（本章27
頁参照），急進的な社
会主義化のロジックで
さえそうである．日本
でも研究の進展がまた
れる．

*2　この講演の内容
が公式に公開されたの
は毛沢東死後の1976
年12月のことだった．

*3　1906-96．20年近
くにわたって中央宣伝
部長を務めた．

（1953年）．この計画は，ソ連の専門家の技術協力と助言を得ながら重化学工業を中心に進められ，「ソ連の今日は，我われの明日である」とのスローガンの下，急進的な社会主義化が目ざされた*1．しかし，この急進化はさまざまな弊害をもたらし，かえって経済発展の足かせとなった．

　経済面での急進政策は，政治面での個人独裁の強化をめぐる問題とも複雑に絡みながら展開していった．1956年2月，ソ連でフルシチョフ（⇨1-⑥）がスターリン批判をおこなうと，スターリンの政治姿勢を評価してきた中国共産党はそれに大きな衝撃を受けた．共産党第8回大会（1956年9月）は，中国が社会主義への移行を基本的に完了したことを宣言するとともに，個人崇拝には反対しながら自らに権力を集中させる政治制度（民主集中制）の正しさを強調して，「人民民主主義独裁はプロレタリア独裁」だとも表明した．

　他方で，共産党は，この前後の時期に，経済や社会の立て直しを図ろうとする柔軟な姿勢もみせていた．毛沢東は，「十大関係論」（1956年4月）という講演で，中央に権限を性急に集中しすぎたあまり，投資が非効率となり収益も低下したとして，工業と農業，重工業と軽工業の均衡を保ちながら，共産党と共産党以外の民主党派との協力および相互監督が大切だ，と訴えた*2．そして，この方針に即座に応えたのが，共産党の宣伝部門だった．中央宣伝部長の陸定一*3は，百花斉放・百家争鳴（「双百」）に関する講演をおこない，党の統制下で萎縮を強いられていた知識人に対して，独立した思考と言論の自由を発揮するように訴えた（同年5月）．なぜなら，理想とする国家像をめぐりソ連との間で緊張が生じ始めたなかで，ソ連モデルからの脱却と均衡のとれた経済発展を

実現するためには，知識人の力が必要だったからである．毛も，「人民内部の矛盾を正しく処理する方法について」（1957年2月）で，「双百」の推進を後押しした．

しかし，中国政治は一筋縄ではいかない．実は，毛沢東はこのような穏健路線には，内心では大いに不満だった．毛が理想としたのは急進的な社会主義路線だったからである．そのため，彼は知識人から予想外の共産党批判を受けると，突如それを逆手にとって，反右派闘争を呼びかけた（1957年6月）．その結果，知識人は次々と弾圧され，政治体制や経済政策をめぐる問題に柔軟に対応しようとしたさまざまな調整は，先送りにされてしまった．

「双百」と反右派闘争のうねりは，少数民族地域にも及んだ．少数民族の幹部は，「双百」の下，共産党の民族政策が漢族を優先しすぎていると訴えたが，これはかえって「地方民族主義」のあらわれとして糾弾された．とりわけ，新疆ウイグル自治区では，多くの少数民族の幹部が失脚した．

外交の新機軸

米中対立は，朝鮮戦争によって決定的となった．アメリカは，東南アジア条約機構（SEATO，1954年9月）を主導して，同地域での社会主義勢力の拡大を阻止すると同時に，台湾との間で米華相互防衛条約を調印（同年12月）[*1] して，中国に対する包囲網を着実に形成していった．これに対して，中国は，前年のスターリンの死去を受けて，社会主義圏における自らの立ち位置を見直さざるを得なくなっていた．中国は，周辺の国際環境が厳しさを増すなかで，アジア・アフリカ諸国との連帯を重視するようになった．

インドを訪問した周恩来は，ネルーとの会談を通じて，平和五原則[*2] を盛り込んだ共同声明を発表した（1954年6月）．この原則の理念は，インドネシアのバンドンで開催されたアジア・アフリカ会議（1955年4月，⇨1-⑦）でも採用され，米

*1　第四章 175 頁参照.

*2　領土・主権の相互尊重，相互不可侵，相互内政不干渉，平等互恵，平和共存を指す.

1-⑦ アジア・アフリカ会議での周恩来
（左）とネルー（右）

*1　中国（人民共和国）は中華民国国籍法を踏襲し、華僑が現地と中国双方の国籍を有することを容認したが、こうした方針は、共産党が華僑を通じて現地に社会主義革命を起こそうとしているとの疑念を他国に抱かせた.

ソとは一線を画す勢力によって重視された. 当時、一部の東南アジア諸国は、華僑の二重国籍を容認する中国に対して強い警戒心を抱いていた*1. これに対し、アジア・アフリカ会議に赴いた周恩来は、二重国籍を容認しない方針を新たに打ち出すなど、中国に対する反発を丁寧に解きほぐした. 結果的に、中国はアジア・アフリカ会議を通じて自らの立場を強化することに成功した.

中ソ関係は、1950年代半ばの時点ではまだ良好だった. フルシチョフ第一書記やブルガーニン首相らソ連首脳が、1954年の国慶節（人民共和国が成立した10月1日）に参加するために訪中した際には、旅順口の海軍基地からソ連軍を撤退させること、大連や新疆の中ソ合弁会社のソ連の持株を中国に譲渡することなどが取り決められた. これらの措置は、中ソ友好同盟相互援助条約の締結時と比べて、ソ連が中国を対等に扱おうとしたことを意味した.

しかし、これで両国間の摩擦がすべて解消されたわけではなかった. とくに、フルシチョフのスターリン批判（1956年2月）は中国に衝撃を与え、毛沢東はソ連の動向を警戒するようになった. それでも、中ソ間の亀裂は直ちに表面化したわけではなく、スターリン批判によって引き起こされたポーランド（同年6月）やハンガリー（同年10月）の暴動に対してソ連が武力介入すると、中国はそれを表向きには支持した. しかし、中国は、平和五原則が社会主義国間でも適用されるべきだと主張し、社会主義国間で自らの利益を優先しがちなソ連に対して、釘を刺すことも忘れなかった. 中ソ間にもともと内在していた矛盾は、徐々に拡大していった.

「大躍進」の虚と実

過渡期の総路線はさまざまな歪みを生み出しており、それ

らは是正されるべきものだった. ところが, 共産党第8回大
会第2回会議 (1958年)[*1] は, 工業の年成長率を26-32%,
農業の年成長率を13-16%とする著しく高い目標を設定し,
中国を社会主義化へと突き動かしていった. その背景には,
毛沢東が最短約15年でイギリスに追いつき追い越すとの目
標を示したことがあった (1957年). こうし
て「大躍進」(⇨1-⑧) が始まった.

　中国は, 工業面の目標を達成するために,
ソ連などの諸外国から大量の機械を輸入した.
また, 鉄鋼の増産を速やかに実現するために,
「土法高炉」と呼ばれる簡易な溶鉱炉の建設
を全国に呼びかけて, 専門技術をもたない人
びとに鉄鋼の生産を奨励した. 他方, 農業成
長のための重要な手段として位置づけられた
のが, 人民公社だった. 人民公社 (⇨1-⑨)
とは合作社を合併して大規模化した組織のこ
とで, 1958年9月末までに, 全農家の9割
が人民公社に加入した. 人民公社は, 同じ公
社に属する農民の土地や農機具を共同所有と
し, 労働力と生産手段を統一的, 合理的, 効
果的に使用することで, 農作物の急速な増産
の実現を目ざした. また,「深耕密植」とい
う方法も推奨され, 地面を深く耕して苗をぎ
っしり植え込むことで, 多くの収穫が上げら
れると期待された.

1-⑧　大躍進

　これらの措置を講じた結果, 毛沢東ら党中
央のもとには, 鉄鋼の増産が予想以上のペー
スで実現し, 多くの人民公社が大豊作に沸い

1-⑨　人民公社の食事風景

ているといった報告が続々と届けられた. 共産党中央機関紙
『人民日報』[*2] をはじめとするメディアも,「大躍進」の成功　　*2 本章59頁参照.
を連日伝えた.

「大躍進」の成功の興奮が冷めやらぬなか，北京では人民大会堂，北京駅，釣魚台国賓館をはじめとする大型建造物（「十大建築」）が１年も経たないうちに完成し，地方の各都市でも競技場，博物館，ホテルなどが次々に建設された．毛沢東ら共産党指導者のための豪華な別荘も，各地に建てられた．ソ連の建築技術を駆使した湖南省滴水洞の毛の別荘は，その代表的存在だった[1].

ところが，このように国内を熱気に包んだ「大躍進」は，実のところ虚像に近かった．「深耕密植」は，現実には農作物の成長を妨げただけだった．また，「土法高炉」は，使い物にならない粗悪な鉄鋼製品を大量に生み出す一方，その増産に多くの農民が動員された結果，農業生産力がかえって低下してしまった．食糧の欠乏は大量の餓死者を生み出し，人肉が食されるという事態さえも生まれた．

こうした悲惨な実態は毛沢東の耳にも早くから届けられていたが，毛はそれらに真摯に向き合おうとしなかった．しかし，悪化する一方の深刻な実状が党中央で徐々に認識され始め，混乱を招いたことに対する批判が噴出すると，毛は国家主席の座を劉少奇に譲り渡した（1959年4月）.

ところが，党内でなお権威を維持していた毛沢東は，それでも抜本的な軌道修正には応じようとしなかった．そのため，中国は，多くの餓死者が出ているにもかかわらず，貴重な食糧をソ連や東欧諸国に対する負債の支払いに充てたり，アルバニアやアジア・アフリカの発展途上国に対して輸出したりするなどの行動をとり続けた．毛沢東は，危機的な国内状況にあったにもかかわらず，その限られた資源を国内に振り向けようとしなかった．

こうした毛沢東の姿勢に対して，当時国防部長だった彭徳懐[2]は，廬山会議の場で個人的な手紙を送るというきわめて慎重

1-⑩　彭徳懐（左）と毛沢東

な手段により，毛を諫めようとした（1959年7月）．郷里の湖南省を視察した彭は，人びとが飢餓に苦しむ状況を目の当たりにして強い危機感を覚え，「大躍進」の成果を一部に認めつつも，自身を含めた多くの同志が極左的な過ちを犯してしまったことを問題視して，軌道修正を暗に迫ったのだった．

　これに不満を覚えた毛沢東は，受け取った私信を彭徳懐による「意見書」として会議の参加者に配布した．参加者の多くは，「意見書」の言い方には問題を感じたようだが，内容そのものには概ね肯定的な反応を示した．すると毛は，ますます反発を強め，この「意見書」を反党文書と決めつけると，彭およびその賛同者を「彭徳懐反党集団」と断罪し，彼らの職務を解いてしまった．

　その結果，「大躍進」の軌道修正はいっそう遅れることになった．「大躍進」による死者数については諸説あるが，約3年間に3000万から4500万の人命が犠牲になったと推計されている．

中ソ対立と日中関係の変化

　国内では「大躍進」が混乱を引き起こしていた頃，外交面ではもともと良好だったインドやソ連との関係がいずれも悪化した．

　インドとの関係を悪化させたのは，チベット問題だった．中国は，1951年にチベットと十七条協定を交わし，チベットの政治制度を変更せず，チベット固有の宗教信仰や風俗習慣を尊重すると約束していた*1．しかし，急進的な社会主義化が波及するなか，この取り決めがないがしろにされると，チベットでは大規模な動乱が発生した（1959年）．この時，チベットが独立を宣言すると，共産党は武力で応じた．チベットの宗教指導者ダライ・ラマ14世は，この過程でラサを脱出し，インドに亡命した．その後，チベットを擁護するインドとそれに反発する中国との間で小規模な衝突が繰り返さ

*1　十七条協定は人民解放軍のチベット進駐の下で取り決められた．そのため，不満を抱いたチベットの人びとは少なくなく，人民会議事件（1952年）などの抵抗運動が発生した．

れ，最終的に中国がインド軍を敗走させた（1962 年）．両国の友好関係はこれで崩壊した．

ソ連との関係は，中ソ国防新技術に関する協定（1957 年）が結ばれた時点では，ソ連が中国にロケット技術，航空技術，原爆サンプル，原爆製造のための技術資料の提供を約束するなど，まだ良好だった．しかし，その翌年にフルシチョフが訪中すると，ソ連は，自国の原子力潜水艦に供する長波レーダーの観測所を中国に設置することを要求し，あわせて原子力潜水艦を主軸とする海軍の共同運営を中国に提案した．これに対して毛沢東は，中国の主権を侵害する内容だと激怒した．ソ連はこれに先の協定の破棄通告で応じ（1959 年），核兵器開発のための援助を打ち切った．

中ソ間で対立が発生したことは，当初は外部に伏せられていた．しかし，1960 年 4 月，『紅旗』[*1]編集部が「レーニン主義万歳」を発表し，帝国主義の核の脅威に屈してはならないとする主張を展開してソ連の平和共存路線に冷や水を浴びせると[*2]，中ソ対立は世界に知れ渡るようになった．ソ連は，中国に派遣していた専門家の引き揚げを決定し，中国に対する科学技術援助を停止した[*3]．

ソ連との関係悪化は，自力更生と呼ばれる，いわば資源や技術を外国に依存することなく何事も自力で建設しようとするマインドへと中国を向かわせた．たとえば，1964 年頃から実行された三線建設という政策では，経済開発と国防の目的を兼ね，鉱工業や軍需工業を内陸部に順次移転することが目ざされた．ここでいう三線とは，主に内陸の山間部を指し，三線建設の主眼は敵の侵入を容易に許さない地域を開発することにあった[*4]．もっとも，山間部に大規模な工場を建設し稼働させるのはあまりにも非効率であり，着工後に中止されるケースも少なくなかった．

では，この時期の日中関係は，どのように推移したのだろうか．

*1　共産党を代表する理論誌．1958 年 6 月に毛沢東の肝いりで創刊され，党の方針を提示する最も権威ある雑誌となった．1988 年 6 月に停刊．

*2　その後，中国は，米英ソによる部分的核実験停止条約の署名（1963 年）をソ連の「アメリカ帝国主義に対する降伏」だと非難した．

*3　ソ連は中国に，1949-53 年には 5000 人あまり，1954-58 年には 11000 人あまり，1959-60 年には 2000 人未満の専門家を派遣していた．

*4　重化学工業の拠点を内陸部に建設することは，日中戦争時に重慶の国民政府が実践済みであり，政策当局者や知識人たちにはなじみ深いものだった．

日本は，台湾（民国）との間に日華平和条約を締結して，国交を樹立した（1952年）．中国（人民共和国）はアメリカ主導のサンフランシスコ講和会議（1951年）と同様に猛反発し，この一連の対立過程が戦後の日中関係の出発点となった．しかし，その後，日中間では4度にわたり貿易協定が結ばれ，細々と維持された民間貿易や文化交流は，次第に拡大の傾向をみせ始めた．長崎国旗事件（1958年）[*1]で関係は一時大きく冷え込んだが，池田勇人内閣総理大臣（首相）が対中関係の修復に乗り出した結果，「貿易の発展と積み上げ方式によって，両国関係の正常化を図る」という合意の下，日中間で長期総合貿易に関する覚書が交わされた．いわゆるLT貿易[*2]の開始である（1962年）．

1960年代の中国外交では，ド・ゴール政権下のフランスと国交を樹立したことも大きな事件だった（1964年）．フランスは，核開発を独自に進めていたことから，部分的核実験停止条約には未加盟で，指導者のド・ゴールも，アメリカへの盲目的追随に批判的だった．そのため，中仏両国は共通の利益を見出しやすかった．

*1 日本の若者が長崎のデパートで中国旗（五星紅旗）を引きずり下ろしたが，日本が人民共和国を正式に承認していないという理由で，長崎地検は軽微な罪として処分するにとどめた．そのため，日中双方の交流がほぼ全面的に停止した．

*2 Lは廖承志（1907-83．共産党における知日派の代表的人物として，対日外交の実務を主導），Tは高碕達之助（1885-1964．経済界から政界に転じ，通産大臣などを歴任）の頭文字である．

図版解説 1 政治運動に動員された人びと

〈解説〉
　広大な版図と膨大な人口を抱える中国社会の統制は容易ではなく，歴代の支配者にとって頭痛の種であり続けた．この問題がかなりの程度解決されたのは，人民共和国期に入ってからだった．共産党は，農業集団化や「単位」制度の導入などによって，国民一人ひとりを詳細に把握し

ていった.

　この過程で重要だったのは，各種の政治運動だった．写真は，1950年代初頭の土地改革の風景である．富農と認定された人物が，他の村人の視線にさらされながら，銃口を向けられて，ひざまずいている．こうした政治運動に人びとを絶えず駆り立てることは，共産党にとって不可欠なことだった．なぜなら，政治運動を繰り返すことは，共産党およびその頂点に君臨する毛沢東の存在を人びとに身近なものとして感じさせると同時に，この身近さによって党に常に監視されているという恐怖心を人びとに植え付けることになるからである．党の権力は，このようにして社会の隅々まで浸透していった．

史料解読2　日本人が観察した「大躍進」

〈解説〉

　日中の国交が正常化される以前，日本から中国への渡航者が皆無だったわけではなかった．日本の政治家や知識人たちは，たびたび訪中団を結成して，中国を訪れた．ここに紹介するのは，訪中（1958年9-10月）した団員たちの座談会記録である．原文は，風見章・蠟山芳朗・岡田春夫・大谷省三「座談会：追いつき追いこす——躍進する中国の現状を見て」（『世界』第157号，1959年1月）である．引用にあたっては，村上衛「大躍進と日本人「知中派」」（石川禎浩編『毛沢東に関する人文学的研究』京都大学人文科学研究所，2020年，223頁）を参考にした．

　この訪中団は，湖北省麻城県の「深耕密植」の現場を視察し，その成功に目を見張っている．この手法の「成功」は実際には中国側の演出によるもので，麻城県は当時深刻な食糧不足に苦しんでいた．しかし，この記録を残した日本人に限らず，社会主義に魅了された一部の日本の政治家や知識人たちは，革命を成し遂げた毛沢東への畏敬の念，日中戦争に起因する中国への贖罪意識などから，社会主義を推し進める中国を手放しで賞賛する傾向にあった．

　なお，日本人の訪中記録は，公益財団法人東洋文庫のプロジェクトで整理されている．次のサイトも併せて参照されたい．http://www.tbcas.jp/ja/index.html

──────────────────────────────

　大谷〔省三（東京農工大教授）〕：〔前略〕この試験田の収穫高については，皆

うそだ，うそだと騒ぐ．私も見るまで信じられなかったのですが，本物を見た今ではいくらうそだといわれても何ともなりません．

　お前は収穫に立ち会っていないから，ごまかされたのだという人があるかもしれませんが，とてもごまかしなどききません．新聞に麻城県のあのたんぼは大体何万斤とれる見込みだということが出るわけです．そこで各地方の連中が見学にくる，栽培過程から見学にくる．収穫の時にも皆寄り集まって注目している．衆人環視のうちに収穫をやる．それを片っ端から秤量し，そろばん係がそろばんに入れていく．最後にしめて何万斤というのですから，うそがつけるはずがない．

　蠟山〔芳朗（共同通信社）〕：とにかく実際にみてうなってしまった．

　岡田〔春夫（社会党衆議院議員）〕：うそでないことは私も保障します．私の見たのは，違う場所ですが，反当たり 300 俵獲れたところです．まだ収穫前でした．穂の部分は寝ておりましたが，その上に乗れというのです．私は22 貫〔≒82.5 kg〕ある．ところが乗ったらちゃんと乗れるのです．地面にボトンと落ちない．本当にうそでない，天地神明に誓ってもいいよ（笑声）．

2. 毛沢東体制の動揺と終焉

調整政策の推進と反発

「大躍進」の惨禍からなかなか抜け出せなかった共産党は，第 8 期 9 中全会（1961 年）で，経済政策の調整へとようやく舵を切った．さらに，「大躍進」を総括する会議が共産党中央拡大工作会議（1962 年 1-2 月）として開催された．この会議は県レベルの指導者らが数多く参加したことから，七千人大会とも言われている．この会議で毛沢東は，「大躍進」に対する現場からの不満を前に，自己批判を余儀なくされた．こうして劉少奇や鄧小平らによって調整政策の基本方針が定められ，具体的な措置が講じられた．

　調整政策の下，農業生産の回復と振興を図るために，人民公社の規模が縮小され，市場経済も小規模ではあったが復活した．事実上各地で広がっていた個別農家の生産請負制（「包

産到戸」）*1 を本格的に導入するか否かも，検討されるようになった．都市部では商品流通に対する規制緩和が進み，企業では出来高賃金が認められるようになった．その結果，農工業の生産は増大していった．しかし，市場経済の恩恵に与れない人びとも多くあらわれ，格差拡大による社会の亀裂も深まった．

毛沢東は，こうした現実路線に大いに不満をもった．毛は，調整政策にともなう一連の措置を，社会主義から資本主義への退行だと理解した．これを許容できない毛は，共産党第8期10中全会（1962年9月）で，資産階級が復活を企んでいるため階級闘争の継続が必要だと訴え，劉少奇らを牽制した．

「大躍進」による混乱と調整政策による格差拡大は，社会の不正や腐敗をかえって蔓延させた．これを正すため，共産党は社会主義教育運動を開始し，農村では人民公社を再点検する四清運動が，都市部では汚職や窃盗，官僚主義などに反対する五反運動が展開された．この運動の推進に熱心だったのが劉少奇であり，党内に号令をかけて500万人以上を処罰したとされる．しかし，劉の熱心さは，毛沢東からすれば，権力欲のあらわれのようにも映り，毛は彼を警戒するようになった．こうした毛の心理状態は，このあと文化大革命（文革）を引き起こす一因となった．

文化大革命の発動

文革とは，1960年代半ばから大きな混乱を社会にもたらした政治運動である．文革のきっかけになったのは，姚文元*2「新編歴史劇『海瑞罷官』を評す」が『文匯報』に掲載されたことだった（1965年11月）．『海瑞罷官』は，歴史学者呉晗*3の手による京劇の脚本だった*4．姚はこの作品が地主階級を美化していると問題視し，その論評は文芸界を中心に大きな波紋を呼んだ．実は，この論評は毛沢東夫人の江青*5らによって入念に準備されたものであり，波紋は意図的につ

くられたものだった. やがて, 共産党内に中央文革小組が設置され, 陳伯達*1が組長に, 江青らが副組長に抜擢された (1966年5月). 小組は, 文化のみならず政治や経済の全般にわたる反社会主義的な言動を徹底的に打倒しようとした.

闘争の先頭に立ったのは, 紅衛兵と呼ばれた若者たちだった*2. 紅衛兵は, 各組織の指導部を激しく糾弾し, 暴力の行使も厭わなかった. さらに, 全国の紅衛兵は, 北京の天安門広場に集結して団結力を示そうとした. 一説には, 1100万人以上の紅衛兵が1966年8月からわずか4か月の間に毛沢東の閲兵を受けるために北京にやって来た, といわれている*3. 大規模な移動が短期間でおこなわれたことによって, 髄膜炎が流行し多数の死者が出るなど, 北京の衛生状況は極度に悪化したが, このような事態は, 文革をめぐる社会全体の異様な高揚感を前にしては, 問題視されなかった.

紅衛兵による批判は高官にも及んだ. 呉晗はもちろんのこと, 北京市長の彭真*4, さらには党中央の劉少奇や鄧小平までもが実権派*5として糾弾された. 劉や鄧は自己批判を迫られ, 共産党第8期12中全会 (1968年) は劉の除名と鄧の全職からの解任を決定した.

以上の展開は, 毛沢東の政治利害に合致した動きだった. しかし, 紅衛兵による闘争は, 毛沢東や江青をはじめとする文革派でも次第にコントロールできなくなった. 全国で行きすぎた批判や暴力が吹き荒れるなか, 紅衛兵の各組織は, 運動方針の相違をめぐって内部で対立するようになり, それによる死者は10万人から20万人にも上った, といわれている. 党や政府の既存の組織も崩壊していき, 代わって革命委員会と呼ばれた新たな組織が, 1967年初頭から翌年にかけ全国に配置された. 革命委員会は, 党務, 行政, 軍事などを掌握する強大な組織で, 形式的には, 党・政・軍が一体となって委員会を支えるはずだった. しかし, 実際には軍のリーダーシップが他を圧倒し, 軍による地方支配が進んだ.

*1 1904-89. 長年にわたり毛沢東の秘書を務めた.

*2 主に小学生から構成される紅小兵も組織され, 闘争に加わった.

*3 こうした紅衛兵の北京訪問は, 「経験交流 (大串聯)」と呼ばれる. 交通費や宿泊費は無料だった.

*4 1902-97. 文革で迫害を受け失脚した. 文革後に復権し, 全国人大常務委員長を務めた.

*5 「党内の資本主義の道を歩む実権派 (党内走資本主義道路的当権派)」の略称である. 「走資派」ともいわれる. 権力の座にあるとみられた者は, 往々にして実権派のレッテルを貼られ, 迫害された.

同時期，毛沢東思想宣伝隊も組織された．その始まりは，毛沢東が清華大学で発生した紅衛兵の内紛を収拾するために，労働者と人民解放軍で構成される宣伝隊を派遣したことだった（1968 年 7 月）．この宣伝隊も，事実上軍によって指揮されており，紅衛兵が各地の学校，党機関，政府機関で暴走しないように目を光らせた．

　さらに，「上山下郷」と呼ばれた運動が開始され，紅衛兵の活動はより徹底して封じ込められた（1968 年 12 月）．この運動によって，累計約 1600 万人以上の中学，高校の卒業者が 1978 年までに農村に送られることになった．これは「知識青年は農村に行き，貧農や下層中農から再教育を受けることが大いに必要だ」との毛沢東の指示を受けて実施されたものだが，実情は「老三届」と呼ばれた 1966 年，1967 年，1968 年の中学および高校の卒業予定者約 1000 万人の進路を振り分けるための措置だった．共産党は，彼ら・彼女らを農村に追いやることで，紅衛兵が都市部で跳梁跋扈するのを抑え込もうとした．

　以上のような措置は，秩序の回復を目ざしたものであったが，その過程で軍による弾圧がおこなわれ，多くの死者が発生した．文革による死者数は，かつては 1000 万人を超えるともいわれていたが，実際には 110 万人から 160 万人だったと推計されている．その被害者の多くは，初期の混乱ではなく，この秩序回復の過程で犠牲になった人びとだった．

　これらの犠牲者には，少数民族も多数含まれていた．たとえば，内モンゴルでは，「新内モンゴル人民革命党」なる組織が反革命的行為を企んでいるとされた．これは捏造された事実だったにもかかわらず，数十万人にも及ぶ党幹部や大衆が迫害された．この時期，毛沢東は「民族問題はつまるところ階級闘争の問題だ」と認識しており[*1]，最高指導者のそのような認識が少数民族に対する弾圧へとつながった．共産党は，建前の上では，民族区域自治制度を導入して各民族を尊

*1　この発言は，アメリカの人種差別反対闘争に対するものだった（1963 年 8 月）．

重していたが，階級闘争の論理を援用して民族問題に対処するようになった結果，民族自治そのものが制度としても破壊されてしまった．

1-⑪　紅衛兵に囲まれる毛沢東（中央）と林彪（右隣）

林彪の台頭と没落

　文革で大混乱に陥った秩序が軍によって回復されると，共産党第9回大会（1969年）は，国防部長の林彪を毛沢東の後継者にすることを党規約に盛り込んだ．林彪（⇨1-⑪）は，かつて七千人大会で毛沢東を擁護し，その後『毛主席語録（毛沢東語録）』[*1]を刊行して毛沢東思想の普及に努めた．

　林彪は毛にとって頼りになる存在だったが，軍内部における林の立場は盤石ではなかった．また，文革派も林彪を中心とする軍のコントロール下に置かれることを嫌った．こうした不安定な政治バランスのなかで，林彪の立場をさらに危うくする問題が発生した．それは，国家主席の廃止問題であった．毛沢東は，劉少奇の失脚後に空席になっていた国家主席の廃止を提案した．しかし，林彪は，むしろ，毛沢東の国家主席への就任を求めた（1970年）[*2]．その動機は，毛の固辞を見越して林が国家主席に就任するためともいわれている．いずれにせよ，林には自身の立場を強める目論見があったようだが，毛は林の野心を感じ彼を警戒するようになった．その後，林彪はモンゴル上空を移動中に墜落死した（1971年）．この事件の真相はいまだによくわかっていないが，林彪が窮状を打開するために毛の暗殺を企て，それに失敗してソ連への逃亡を図る途上に死亡した，と考えられている．

　文革派は，この事件後に林彪を糾弾するようになり，権力闘争で巻き返しを図った．このような混沌とした政治状況のなかで，毛の後継者と目されていた人物が変死したことは，文革そのものに対する不信感を人びとの間に生じさせた．林

*1　毛沢東の著作の抜粋からなる小冊子．林彪の命令で軍内部向けに刊行された（1964年）後，林の前文を附した新たな版が大々的に刊行された（1966年）．赤いビニールカバーから「紅宝書」とも呼ばれ，文革の象徴となった．日本では『毛沢東語録』と表記されることが多い．

*2　実際に求めたのは，林の意を汲んだ陳伯達だったが，直ちに毛の逆鱗に触れ失脚した．

*1 1897-1986. 人民
解放軍の実力者として,
共産党中央軍事委員会
副委員長, 国防部長な
どの要職を歴任. 全国
人大常務委員長も務め
た.

彪事件を歴史的に評価することは難しいが, この事件が文革
の転換点の一つになったことは間違いない. 事実, この前後
の時期に中国はアメリカと接触するなど現実路線を模索しつ
つあり, 文革で迫害を受けた葉剣英*1ら有力幹部が政治の
表舞台に少しずつ復帰し始めた.

対外関係の混乱と立て直し

文革期の中国は, 自国を「世界革命の中心」だと考えてい
た.

そのため, 海外では, 中国の外交官が『毛主席語録』や毛
沢東バッジを外国人に押しつけるなど革命を「輸出」しよう
としたことで現地警察との衝突がたびたび発生した. たとえ
ば, インドでは, 農民の武装闘争を支援し, ビルマやカンボ
ジアでは革命運動を扇動した. とりわけ, 東南アジア諸国で
の扇動行為は, 華僑を巻き込みながら展開された. その結果,
現地政権は反発し, ビルマでは中国が派遣した技術者が刺殺
され, インドネシアでは多数の華僑が弾圧の対象となった.

国内では, 紅衛兵が北京のイギリス代理大使館事務所を焼
き討ちにするという異常な事態が発生した (1967 年). これは,
香港政庁 (イギリスの香港統治機関) がイギリス統治に反対す

*2 第三章141頁参照.

る活動 (六七暴動)*2を弾圧したことに対する抗議だったが,
国際的な外交ルールに対する冒瀆でもあった. この時期, 各
国の外交官やその家族は, 本来は外交特権で保護されていた
にもかかわらず, 中国国内でしばしば不当な扱いを受けた.

日本との関係にも変化が生じた.

LT 貿易が期限を迎えると, 新たに覚書貿易と呼ばれる枠
組みが導入された (1968 年). これは, 日中間で政治会談を
実施し, 1 年ごとに貿易に関する取り決めをおこなうという
ものだった. 中国は, この政治会談の場で, 日本に意見の一
致を強硬に求めた. そのため, 覚書貿易は, 日中両国の対話
の手段というよりも, 中国が日本に対して関係改善を迫る手

段として活用された．また，もともとは友好だった日本共産党との関係も決定的に悪化した．日本共産党の代表団は1966年春に北京を訪問したが，社会主義陣営の分裂を回避しようとした日本共産党と，ソ連共産党への激しい批判を厭わなかった中国共産党との溝は深く，結局，両党は共同コミュニケを発表することができなかった．両者はそれぞれの機関紙である『赤旗』と『人民日報』で激しい批判合戦を繰り広げ，断絶状態に陥った．

　中国にとって，より深刻だったのは，ソ連とのさらなる関係悪化だった．

　ソ連がチェコスロバキア（当時）の民主的諸改革（プラハの春）を武力で中断させると（1968年），中国はこれを「ソ連社会帝国主義」だと批判した．翌年には，中ソ国境の守備隊がウスリー江の中洲である珍宝島（ダマンスキー島）で大規模な戦闘を交え，その後，類似の軍事衝突が黒龍江や新疆でも発生した．核戦争の危機を感じ取った中国は，北京などに核シェルターを建設し，最悪の事態に備えた．周恩来とソ連のコスイギン首相は，国境地帯での武力衝突の回避や国境交渉の再開などで原則合意し，高まった緊張をひとまず緩和させたが，中国にとってソ連の軍事力は大きな脅威として残り続けた．

　以上のように，文革期の中国が対外関係でますます行き詰まるなか，陳毅[*1]ら4人の元帥は，毛沢東の依頼に応えて当時の国際情勢を俯瞰的に分析した．その結果，彼らは，中ソ対立はもはや中米対立よりも深刻である，と結論づけた．当時のアメリカ（ニクソン政権）も，泥沼化していたベトナム戦争の終結と自国経済の再建に向けて，対中政策を変化させようとしており[*2]，米中は和解に向けた歩み寄りを始めた．1971年7月，キッシンジャー大統領補佐官が中国を密かに訪問し，ニクソン大統領（⇨1-⑫）の訪中計画をまとめたことをニクソン自ら発表すると，世界中が衝撃を受けた[*3]．こ

*1　1901-72．軍人として活躍したのち，外交部長や副総理を歴任．

*2　中国は当時のベトナム民主共和国（北ベトナム）に強い影響力をもっており，アメリカはその中国との関係改善を模索したほうがよいと判断しつつあった．

*3　1971年10月には，国連の中国代表権が台北から北京に移った．詳細は第四章180頁参照．

1-⑫ 中国訪問時，周恩来（左）と江青（右）に挟まれて座るニクソン

*1 米中間の国交が樹立されたのは，カーター政権下の1979年1月のことだった．

の翌年には，ニクソンが訪中して，両国関係を正常化に向かわせることで中国と合意し，あわせて台湾は中国の一部であるとの考え方に理解を示した．ただし，ニクソンは台湾の「解放」を内政問題だとする中国の主張を認めなかったため，米中の正式な国交の樹立は先送りにされた*1．

　突然の米中接近は，日本にとっても大きな衝撃だった．

　もともと日本は，細々とではあるが，中国との経済活動や民間交流を積み重ねてきた．日本の経済界や与野党の政治家たちも，中国という巨大市場には一貫して期待を寄せていた．また，親米親台とみられていた佐藤栄作首相も，実際には，水面下で中国との関係改善を模索していた．こうした背景の下，日中間の関係改善に意欲的だった田中角栄が新たな首相に就任した．田中首相は，米中の接近という国際政治の大き

1-⑬ 訪中した田中（右）に蔵書の『楚辞集注』を贈る毛沢東（中）．左端は周恩来．

*2 晩餐会の席上，田中の発した，過去日本が中国国民に多大の迷惑をかけたとの発言が，中国側の不興をかったことを踏まえ，中国語の文脈で用いる「迷惑」の例証として同書を贈ったとの説がある．

な変化を巧みに利用しながら，直ちに訪中を実現させ，日中共同声明に調印した（1972年，⇨1-⑬*2）．この日中の国交正常化は，中国にとってもメリットがあった．なぜなら，ソ連からの圧力を緩和しながら，日本の資金や技術を導入して近代化を図れるからである．

　日中間の平和条約締結に向けた交渉は，1974年に始まった．早期の締結が期待されたが，中国が反覇権条項を盛り込むように求めたため，交渉は難航した．ここで中国が想定していた「覇権」の主体は明らかにソ連であり，当時の日本は，ソ連との関係改善を模索していたことから，これを受け入れるのは難しかった．そのため，日本は，この反覇権条項が第三国に向けられたものではないとの文言を付け加えるように提案したが，中国は，ソ連からの脅威を実際に感じ取

っていたことに加えて，文革で混乱していたこともあって，当時は譲歩の姿勢を示せなかった．その後，中国は柔軟な対応をみせるようになり，日中平和友好条約は，反覇権条項を盛り込みつつも，それが第三国との関係には影響を及ぼさないことを明記した．こうして，同条約は，日中双方の立場に配慮しながら締結された（1978年）．

毛沢東の死

米中および日中の関係が改善されるなか，国内では，まだ文革中であるにもかかわらず，経済政策面で新たな動きが生じつつあった．たとえば，1972年には，毛沢東の支持のもと，化学肥料や化学繊維など機械設備8項目にわたるプラント輸入が国務院主導で再開された．また，「四三方案」と呼ばれた総額43億ドルに上るプラントの輸入や機械の輸入も始まった（1973年）．この頃，副総理に復帰した鄧小平も，政策の軌道修正，いわゆる「整頓」を推進して，工業の発展に尽力した．第4期全国人大第1回会議（1975年）*1 では，周恩来が「四つの近代化」（工業，農業，国防，科学技術の近代化）を提起し*2，鄧がその実務を担った．

文革派は，こうした周恩来や鄧小平らの一連の動きに反発した．文革派は，批林批孔運動を開始し，林彪を孔子の信徒として糾弾したが*3，真のターゲットは周恩来であり，周に対する当てこすりを執拗に繰り広げた*4．江青ら「四人組」*5 がこの運動を広範囲にわたって展開したことが一因となって，生産活動の遅滞や品質の悪化といった，それまでの問題が再び蒸し返された．経済の立て直しに苦慮していた毛沢東にとって，これは悩ましい限りだった．しかし，毛沢東には，鄧小平を中心とする「整頓」があまりにも性急すぎるという思いもあった．

鄧小平らと「四人組」を中心とする文革派との間の党内闘争は続いた．しかし，そのような不安定な情勢下でも，周恩

*1 これ以降，人大の任期は5年と定められたが，実際に5年任期となったのは1978年以降である．

*2 周恩来が「四つの近代化」を提起したのはこれが初めてではない．1964年12月，さらには1954年9月の全国人大の政府活動報告にまでさかのぼれる．

*3 文革以前から，共産党は，孔子を封建道徳である儒教の祖とみなして批判していた．

*4 周の功臣で儒教の聖人でもある周公が糾弾の対象となったが，周公が周恩来を指していることは明らかだった．

*5 本章46頁側注2参照．

来は，何とかバランスを保ちながら，「四つの近代化」を掲げ，文革を最終局面へと向かわせつつあった[*1]．1976年1月，バランサーとしての周が死去すると，その死を悼んだ人びとが天安門広場に集まり，人民英雄記念碑を彼の墓に見立てて花輪を持ち寄った．そのなかには，周恩来を讃えながら毛沢東や文革派を批判する者もあらわれた．これに対し，文革派の指揮下にあった北京市当局は，花輪を撤去して，不穏な空気を事前に排除しようとした．すると，この威圧的行為が人びとの反感を買い，両者は衝突して，大きな混乱が発生した（第1次天安門事件）．この事件を受けて，鄧小平はその首謀者

*2　鄧小平にとっては，1930年代の党内路線対立による失脚，文革勃発後まもなくの失脚に次ぐ，3度目の失脚だった．第二章75頁参照。

*3　第二章76頁参照。

の一人との疑いをかけられて失脚し[*2]，華国鋒（かこくほう）が国務院総理兼党第一副主席に就いて，党務と政務を主宰するようになった．華は自身を抜擢した毛沢東には忠実だったが，もともと経済発展を重視してきた人物だった[*3]．そのため，労働者の賃金引き上げにすら難色を示す「四人組」との関係は，決して良好ではなかった．

　1976年9月9日，毛沢東がついに生涯を閉じた．華国鋒は，「四人組」を逮捕して文革派を一掃し（10月6日），共産党中央委員会主席および中央軍事委員会主席に選出されて，制度上は，党・政・軍のすべてを掌握することになった．これは，葉剣英ら人民解放軍の実力者たちの支持によって実現したものであり，彼らは，文革による混乱に終止符を打つべく決断を下したのだった．

図版解説２　筆を執る毛沢東

〈解説〉

　毛沢東は，人民共和国の成立以前，１度ならず激しい戦火を潜り抜け，人民共和国成立後も，権力闘争に明け暮れた．しかし，毛は，書家や詩人としても数多くの作品を書き残し，旅先では大量の書籍を携行して読書を楽しんだ．

　こうした毛沢東の文人的気質は，政治家としての毛に，大量の文章を書き残させることになった．これらの文章は毛沢東研究には欠かせないものとなったが，彼は公表した文章にしばしば加筆修正を施した．たとえば，『毛沢東選集』全４巻（人民出版社，1951-60年）に収録された人民共和国成立以前の文章は，発表時のそれと表現や内容に違いが認められる．また，毛沢東の全集は，公式には現在もなお刊行されていないが，かりに今後刊行されたとしても，現在の政治状況が毛の評価に影響を与え続けている限り，毛のかつての文章の一部が書き換えられる可能性は十分にあるだろう．毛沢東を研究する者は，そのような可能性に備えて，彼の文章のオリジナル版を日頃から把握しておかなければならない．

史料解読３　鄧小平「どのようにして農業生産を回復させるか」

〈解説〉

　鄧小平は，劉少奇を支えて「大躍進」の惨状からの立て直しに取り組み，農作物を増産するために生産請負制を導入し，余剰農産物を販売できるように自由市場を容認した．こうした一連の措置を講じるなかで飛び出したのが，以下に引用した発言である（1962年7月7日．『鄧小平文選』第１巻，人民出版社，1993年，455-457頁）．惨状から抜け出すためには手段を選ばないという鄧の本音がにじみ出ている．

　「古い規則にとらわれ」ない鄧小平は，確かに成果を上げた．しかし，毛沢東

が進めてきた農業集団化の方針とは正反対だったため，毛の怒りを買って失脚してしまった．この発言は，のちに「白猫黒猫」論——引用箇所にある黄色い猫は，のちに白い猫に変化した——として知られるようになり，毛の死後，大胆な経済改革を主導した鄧小平を象徴するフレーズとして有名になった．

劉伯承〔中央政治局委員〕同志は，「黄色い猫であれ黒い猫であれ，鼠を捕りさえすればよい猫だ」という四川省の言い方をいつも使っている．これがあらわしているのは，戦争についてである．我われが蔣介石を敗北させられたのは，古い規則にとらわれず，古いやり方に則らず，すべてを状況によって決め，勝利にこそ意味がある，としたからである．いま，農業生産を回復させるためには，やはり状況によるべきである．つまり，生産関係において，一つの固定不変の形式を採用するのではなく，いかなる形式であれ，人びとの積極性を喚起さえできれば，それを採用すべきである．現状では，工業にせよ農業にせよ，一歩後退しなければ，前進できない．

3. 混迷のなかの知識人

思想・文化の担い手としての知識人

　人民共和国成立後の思想と文化は，さまざまな階層の人びとによって担われた．本来であれば，そうしたさまざまな思想と文化は総合的に叙述されなければならないが，やはり，その中心的な担い手が知識人だったことから，彼ら・彼女ら*1 に注目することは必要だろう．

　1950 年代初期，約 500 万人の知識人が存在したといわれる．民国期の知識人は，高等教育を受けた学者，教員，編集者，新聞記者，作家，芸術家，弁護士，医者，技術者などを主に指したが，人民共和国期に入ると，この知識人の概念には中等教育機関に在籍する学生も含まれるようになった．知識人が当時の全人口（約 5 億 4000 万人）に占める割合は依然として低かったが，その社会における影響力は大きかった．その

*1　20 世紀初頭にはキリスト教会が運営する女子大学が，1919 年には国立の女子大学が誕生した．また，1920 年には，北京大学が女子学生の受け入れを開始した．このように女性の知識人が輩出される基盤は早くから存在していた．人民共和国が成立すると，大学の共学化が進み，女子大学は姿を消していった．ちなみに，2022 年現在，女子大学はわずかに存在するのみである．

ため，共産党は，知識人をコントロールしようとした．

新聞の統制

　人民共和国が成立した当初，共産党は，新民主主義を掲げ，知識人に代表される共産党以外の人びとに対しても幅広い協力を求めた*1．知識人の助力は戦争で荒廃した国土の復興と発展にとって不可欠だったことから，共産党は，アメリカや日本など海外に在住または留学していた知識人にも帰国を積極的に呼びかけた．

　しかし，共産党は，知識人の協力を求めるといっても，彼ら・彼女らの主張を全面的に汲み取ろうとしたわけではなかった．とりわけ，共産党の主義主張を人びとに伝達するメディア，つまり，新聞，雑誌，書籍，ラジオ，映画などについては，中央宣伝部の指導下に置いた．その指導力の程度は時期によって異なるが，メディアの活動を担った知識人たちは，自らが共産党員か否かにかかわらず，党の意向に忠実に従うように求められた．ここでは，『申報』*2 などの新聞を事例にして，具体的な状況を確認してみたい．

　新聞は，清末以来，知識人の考えを社会に伝える場として重視され，思想や文化の発展にも貢献した．こうした新聞の役割は民国期の共産党にとってもきわめて重要であり，共産党が知識人からの協力を得たいのであれば，その役割を積極的に認めるのが筋だった．しかし，実際は，そうできなかった．

　共産党は，人民共和国の成立以前に，新聞事業に関する方針を打ち出した．そこでは，地方の宣伝部が中央の宣伝部に対して党と党外の新聞の種類，発行部数，編集者および記者などの情報を報告するように定められた．共産党は，党の内外を問わず，新聞の実情を細かく把握することで，統制を強化しようとした．加えて，民間の新聞社に対しては，その他の一般の民間商工業者に対する過渡的な方針（新民主主義に

*1　本章 25 頁参照．

*2　1872 年に創刊された．「申」は上海を意味する．日中戦争の影響で一時停刊を余儀なくされ，戦後に復刊してからは政権（国民党）に配慮するような姿勢もしばしばみられたが，約 80 年近くにわたる活動は中国の各地に大きな影響を与えた．

沿った方針）では臨まないとした．それだけ，共産党は新聞の社会的影響力を警戒していたわけである．

この方針によって，民国期を代表する新聞と目されていた『申報』と『新聞報』（いずれも清末に上海で創刊）は，「共産党，人民解放軍，人民政府に反対し，国民党の反動統治を擁護した」と名指しで批判され，共産党の接収の対象になった．事実，人民解放軍が上海を「解放」すると，『申報』は直ちに停刊に追い込まれた．代わりに，かつての共産党中央機関紙だった『解放日報』（1941年5月に延安で創刊）が『申報』の社屋で業務を再開し，『解放日報』は共産党上海市委員会機関紙として再出発した．『新聞報』も同じく停刊に追い込まれ，『新聞日報』と改称して，共産党のコントロール下に置かれた．民国期を代表した二大紙はこうして姿を消し，もう一つの有力な新聞紙で民国期を代表する民営紙だった『大公報』（1902年6月に天津で創刊）も，移転先の一つの香港で左派色を強めるなど，類似の経緯をたどった．ちなみに，新聞以外についても言及するならば，1940年代後半に全国的な影響力を誇ったリベラルな政論誌『観察』（1946年9月に上海で創刊．1-⑭*1）も，『新観察』に組織を改編した後，共産党と知識人の良好な関係を社会に向けて発信する場として，共産党に政治利用された．

むろん，存続が許された新聞であっても，自由な経営が認められたわけではなかった．現在もなお上海を代表する新聞紙の一つである『文匯報』（1938年1月に上海で創刊）は，その典型である．『文匯報』は，日中戦争終結後，国共内戦に反対する姿勢を鮮明にしたため，国民政府によって停刊命令を受けたが，人民解放軍が上海を「解放」すると，共産党によって復刊を許された．復刊後の『文匯報』は，共産党から多額の資金援助を受けて経営を維持し，あわせて詳細な活動

1-⑭　『観察』創刊号の表紙
　　（上）と『新観察』創刊
　　号の目次（下）

*1 『観察』（1946-
48年）の毎号の表紙に
は Independent Non
Party との表示があっ
たが，『観察』が1949
年に復刊した際には無
くなった．この英語表
記は，『新観察』の表
紙にも当然に無い．か
わって，『新観察』の
目次の上方には，共産
党を象徴する図柄が挿
入された．

報告も求められたため，かつてのような政権批判を抑えざるを得なくなった*1.

このようにして，清末から民国期にかけてメディアを牽引してきた上海の新聞は，ごく短期間のうちに，共産党の指導下に置かれた．上海の新聞がメディアの中心だったことを考えれば，全国のメディアが党の前に沈黙させられたと理解して差し支えないだろう．1950年代以降，民国期の自由闊達な議論はメディアから徐々に消えていった．

共産党は，既存の新聞に対する管理を強化した一方で，それと前後して，『人民日報』（1946年5月に邯鄲で創刊）を共産党中央機関紙に正式に格上げする（1949年8月）など，党の宣伝部門を強化した．『人民日報』は，マルクス・レーニン主義や毛沢東思想，そして党および政府の方針を宣伝することを最大の任務とした．それだけに，報道機関としての権威はきわめて高かった．しかし，党の意向を代弁する新聞がメディアに君臨するような事態は，知識人にとっては息苦しさを感じさせるだけだった．上述した『解放日報』も，上海を代表する新聞として活動を活発化させた．

思想改造の開始

メディアが共産党によって管理されるようになると，知識人の言論活動は大いに制約された．さらに，知識人にとって心理的圧力となったのが思想改造だった．

共産党は，新民主主義を掲げて政権をスタートさせたが，ほどなくして社会主義への移行を目ざすようになった．そのため，以前からの封建思想に加えて資本主義思想も清算の対象とみなされ，それらに代わる新たな思想が知識人に強要された．この新しい思想とは，マルクス・レーニン主義であり，毛沢東思想だった．

知識人の思想改造を実施するために，学習小組と呼ばれる一種のサークルが組織された．学習小組は，知識人に対して

*1　一部の社員は香港へ移り，香港版『文匯報』を創刊した（1948年9月）．この香港版は，イギリス統治下の香港メディアで存在感を示していたが，徐々に左傾化し，現在は親中派の新聞とみなされている．

共同学習を計画し，マルクス・レーニン主義および毛沢東思想に関する著作を学習させ，座談会や検討会といった名目で集団討論をさせることで，それらの思想を強制的に受容させた．知識人は，この過程で，自らの封建的ないしは資本主義的な経歴を反省させられたり，そのような自身のあゆみを批判的に検討させられたりした．こうした思想改造は知識人にとっては過酷なものであり，理不尽と思われる取り組みも少なくなかった．

　確かに，知識人のなかには，思想改造に自発的に取り組んだ者も存在した．彼ら・彼女らは，民国期以来，自らの主張が人びとの現実から乖離しているかもしれないとの焦燥感に駆られ，自らの欠点を克服したいと考えたためである．このような知識人にとって，人びとの支持を得ているかのように映った共産党，そのリーダーとしての毛沢東は，真摯に学習するに値する魅力的な存在だった．しかし，共産党が統制を強めるにしたがって，このような知識人たちも自発性を弱めていった．最終的に，思想改造は，共産党の抑圧の手段としてのみ機能するようになった．

『武訓伝』批判

　それでも，知識人を取り巻く環境は，朝鮮戦争の勃発までは比較的に穏やかだった．ところが，その穏やかさは，朝鮮戦争が社会にもたらした緊張感，とりわけ，その最中に発生した映画『武訓伝』批判（1951 年）によって，急速に失われた．

　武訓（清末の山東省の貧農）は，自身が無学なために多くの苦労を強いられてきたことから，貧農のために学校を創設しようと尽力し，それを成功させたことで知られた人物である．『武訓伝』は，彼のこうした生涯を好意的に描いた作品だった．

　当初，『武訓伝』に対する評判は上々だった．しかし，ほ

どなくして否定的な見解が出始めた．毛沢東は，この変化に注目して，「映画『武訓伝』についての討論を重視すべきである」と題する社説を『人民日報』（1951 年 5 月 20 日）に発表した．社説は，「討論を重視すべき」だとしながらも，この映画が封建的文化を熱狂的に賛美して「反動」的な封建支配者に投降してしまっている，と断じた．当時，この社説の執筆者が毛沢東であることはごく一部にしか知られていなかったが，社説が掲載されると，この結論に沿った『武訓伝』批判が次々に展開された．さらに，武訓歴史調査団が『人民日報』と国務院文化部によって組織され，武訓は「大地主，高利貸し，大ごろつき」だと糾弾されるようになった*1.

*1　調査団には江青も参加しており，この事実に気づいた現地住民は，彼女の意に沿う対応しかしなくなった.

　この『武訓伝』批判は，毛沢東によって議論の方向性が決定づけられたこと，文学や芸術の領域で議論されるべきことが政治と結びつけられたこと，当事者以外の多くの人びとが広範囲に巻き込まれたこと，に特徴を見出し得る．そして，これらの特徴こそがのちの知識人批判のやり方の原型になった．

知識人批判の展開

　1950 年代半ばから社会主義建設が進むにつれて，思想や文化に対する統制はますます強化された．『紅楼夢』研究の大家だった兪平伯*2 に対する批判は，その典型である．

*2　1900-90. 清華大学や北京大学で教鞭を執り，戯曲の一つである崑曲の普及にも尽力した. 文革では迫害を受けた.

　兪平伯は，「『紅楼夢』簡論」（1954 年 3 月）を発表して，『紅楼夢』には現実と理想と批判の三要素が絡み合っており，それらが色と空の観念によって統一された作品である，と論じた．これに対して反論を加えたのが，山東大学を卒業したばかりの青年，李希凡と藍翎だった．彼らは，「『紅楼夢』簡論などについて」（同年 9 月）で，『紅楼夢』がリアリズム作品であること，主人公が封建社会に抵抗していたことを力説した．

　この批判に目を付けたのが毛沢東だった．毛は，劉少奇や

周恩来らに書簡を送り，兪平伯が「胡適派ブルジョア観念論の影響」を受けた「ブルジョア知識分子」であると断定して，兪に対する批判を促した．その結果，『人民日報』をはじめとするメディアが兪に対する批判を続々と展開し始めた．

　この批判運動はまもなく沈静化したが，毛沢東が民国期の代表的な自由主義者胡適[*1]に対して批判を加えたため，今度は胡適に対する大々的な批判キャンペーンが全国規模で展開された．その発端は，王若水(おうじゃくすい)[*2]「胡適の反動的哲学の遺毒を一掃しよう」（『人民日報』1954 年 11 月 5 日）だった．この文章では，胡適の学問的師であるデューイ[*3] も含めて，その「反動」的思想が問題視された．

　この一連の運動は，胡適思想批判運動と呼ばれている．これが学術界に与えた影響は，民国期からの自由主義の水脈を地下深くに潜らせてしまったという意味において，相当に深刻だった．胡適自身はすでに大陸中国を離れていたが，その教え子の多くは依然として大陸中国にとどまっており，だからこそ毛沢東は胡適思想の清算が必要だと考えた[*4]．この批判運動では，胡適の教え子や友人たちも動員され，さらには，大陸中国にとどまっていた胡適の次男胡思杜(こしと)[*5] も実父に対する批判を強いられた．胡適は，沈黙の自由すら許されていないと痛烈に批判したが，彼の家族や友人たちを巻き込んだ運動を押しとどめることはできなかった．

　さらに，同時期に，胡風(こふう)事件も発生した．

　胡風[*6]は，中国左翼作家聯盟[*7]で書記を務め，魯迅とも親しかった文芸評論家である．胡は，共産党への入党を固辞した経緯があったため，党員の文学者との関係が良好ではなかった．そのため，彼は，人民共和国の文芸界では傍流に追いやられ，胡風文芸思想討論会（1952 年）で批判の対象になった．彼は，憤懣やるかたなかったのか，「解放以来の文芸実践に関する報告」（「胡風意見書」ないしは「三十万言の書」とも呼ばれる）を共産党に提出して，自らの考えを表明した（1954

胡適
*1　1891-1962．民国期にアメリカに留学し，駐米大使も務めた．この経歴も問題視された．1950 年代以降はアメリカや台湾で活動した．第四章 177 頁参照．

*2　1926-2002．当時『人民日報』に在籍．1986 年 12 月に発生した「八六学潮」では，共産党を批判した学生を支持したため，党籍を剝奪された．

*3　アメリカの哲学者．1919 年から 1921 年にかけて訪中した．その主張は民国期の知識人に大きな影響を与えた．

*4　直接の弟子ではなかったものの，若き日の毛沢東も胡適に教えを請うた一人であった．

*5　その後の反右派闘争で右派と認定され，自殺した．

*6　1902-85．日本の慶應義塾大学で学んだ．

*7　1930 年に成立．魯迅をはじめ多くの文学者が参加した．

年）．

　胡風はこの「意見書」を公表しないように毛沢東に要望したが，その内容を問題視した毛は，胡風およびその周辺の人びとに対する批判を多くの人びとに働きかけた．胡は逮捕され（1955年），「胡風反革命集団」なる集団もでっち上げられた．結果として，2100人あまりの知識人らが取り調べを受け，そのうち92人が逮捕された．この批判運動の過程で，胡風のかつての私信が大量に発見され，それらが暴露された．そのような共産党のやり方は知識人たちの心理に恐怖を与え，その後，知識人たちは，口頭でのやりとりを多用するようになって，私信や日記の管理にも細心の注意を払うようになった．

「百花斉放・百家争鳴」と反右派闘争

　胡風事件を経験した知識人たちは，緊張を強いられる日々を過ごしたが，そうした状況に大きな変化が訪れた．1956年，中央宣伝部長の陸定一は百花斉放・百家争鳴を提唱し，学術研究，文学活動，芸術活動の自由な意思の表明を奨励した[*1]．それまで緊張を強いられてきた知識人たちの反応は当初鈍かったが，毛沢東が翌年に「人民内部の矛盾を正しく処理する問題について」を発表すると，自らの意見を積極的に表明する知識人もあらわれ始めた[*2]．

　共産党がこの時期になぜ突如として方向転換したのかは，現在もわからない．しかし，『武訓伝』批判から胡風事件までの過程において，そして，それらと軌を一にするかのように始まった「粛反」[*3] の過程において，知識人たちには相当な不満がたまっていた．そのような不健全な状態は，共産党が知識人の協力を得ながら社会主義建設を推進するためには，望ましいものではなかった．おそらく，共産党は，知識人に対して何らかの歩み寄りを示したほうがよいと判断したのだろう．また，毛沢東は，ソ連のスターリン批判（1956年2月）

*1　本章36頁参照．

*2　ただし，沈黙の自由が許されず，渋々口を開いた者も少なくなかった．

*3　本章32-33頁参照．

やポーランドおよびハンガリーでの暴動（同年6月と10月）を目の当たりにして一種の危機感を募らせながらも，自らの取り組みには自信をみなぎらせていたとも考えられている．少なくとも毛の主観によれば，この時期の中国は社会主義の実現に向けて順調に進んでおり，国内の基盤も「双百」によってますます盤石になると期待されていた．

ところが，声を上げ始めた知識人の不満の強さは，毛沢東の想像を超えていた．『光明日報』編集長の儲安平{ちょあんへい}*1 は，「共産党が何もかも牛耳り，共産党の天下になっている」と共産党の統治を辛辣に批判した．毛沢東は，こうした言動が共産党にとっては脅威であるとみなして全面反撃の準備を開始し，1957年6月から反右派闘争と呼ばれる知識人弾圧政策を強行した*2．

ここでいう右派とは，曖昧な定義だった．つまり，右派とは，共産党や社会主義に反対した者，そのような人たちと共に行動したとみなされた者をすべて含む概念だった．共産党は，こうした右派が各組織や各職場に一定数存在すると主張し，その強制的な摘発を求めた．現場は，摘発のノルマを達成するために，しばしば強引に右派を認定した．その結果，右派とされた人びとは全国で55万人にも及んだ．この反右派闘争は，知識人たちを萎縮させ，学術を含む思想と文化の発展も大いに阻害した．

この反右派闘争で例外的に迫害を免れたのは，銭学森{せんがくしん}*3 に代表される軍事技術の開発にたずさわった理系の技術者たちだった．中ソが対立し，ソ連からの援助が打ち切られた後も，中国が原爆実験（1964年）と核弾道ミサイル発射（1966年）と人工衛星打ち上げ（1970年）に成功したのは，多くの技術者が反右派闘争以後も保護を受け，研究開発に従事できたからだった*4．

銭学森

*1　1909-66?．民国期より複数の新聞・雑誌の運営に参与し，とくにリベラルな政論誌『観察』（本章58頁参照）を発行したことは，儲の名声を高めた．彼は，反右派闘争で失踪し，その後の消息は不明である．右派のレッテルも取り消されていない．

*2　本章36頁参照．

*3　1911-2009．カリフォルニア工科大学で博士号を取得．1955年に中国に帰国して以降，ミサイル・ロケット開発を主導した．

*4　全員が保護されたわけではなく，批判の対象となって命を落とした者もいた．また保護を受けたとはいえ，闘争への積極的参加を求められる場合もあった．

調整期の緩和ムード

　多くの知識人が反右派闘争以降に沈黙せざるを得なくなったことにより，発展を支える基盤が崩壊していった．この時期の歴史から読み取れる教訓は，学術を核とする思想と文化の発展が止まれば，全体の発展も見込めない，ということである．

　共産党も，こうした悪循環を座視したわけではなかった．劉少奇と周恩来は，毛沢東の支持を取りつけながら，「自然科学研究機構の当面の活動に関する14条の意見草案」（科研14条，1961年)，「教育部直属の高等学校における当面の活動に関する条例草案」（高校60条，1961年)，「当面の文学芸術活動における若干の問題に関する意見草案」（文芸8条，1962年）を党中央で批准した．いずれも，知識人の活動を活発化させるための措置だった．

　さらに，全国科学技術工作会議と新劇・歌劇・児童劇創作座談会は，広州で合同会議を開催した（1962年3月)．周恩来は，この広州会議で「知識人の問題を論ず」との講話をおこない，共産党が知識人を信頼して関係改善を図らなければならないと発言すると同時に，共産党のこれまでの知識人政策に誤りがあったと認めた．副総理だった陳毅も，知識人たちを一律に資産階級とみなすのは誤りで，知識人に対する敵視をやめなければならないと訴えた．周恩来と陳毅の率直な物言いは，知識人たちを深く感激させた．

　共産党が以上のように政策を修正し始めると，右派のレッテルを貼られた人びとの名誉回復も進んだ．だからこそ，民国期に西側の学術や思想を吸収した知識人らの著述活動が1960年代に陰に陽に再び活気を帯び始め*1，西側の学術成果を翻訳する作業も内部で細々とではあったが復活した．こうした伏線があったからこそ，文革後の改革開放期に学術や思想は発展基調を迎えたわけである．ちなみに，民国期からの学術の連続性を重視するならば，日中戦争期に昆明の西南

*1　たとえば，民国期に法学者兼政治学者として活躍した銭端升（1900-90）の著作集は，この調整期に密かに編集されていた．

聯合大学でハイレベルな学問を身につけた知識人たちが，反右派闘争から文革までの間に，それぞれの学術の遺産を内面で守りながら次世代へと伝承したことも忘れてはならない．

とはいえ，1960 年代前半の緩和ムードを，毛沢東が全面的に支持したわけではなかった．小説『劉志丹（りゅうしたん）』をめぐる事件は，それを物語っている．

劉志丹（1903-36）は，共産党の西北部での勢力拡大に尽力した実在の人物である．しかし，その功績が十分に評価されないまま，劉は，国民党との戦いで戦死した．その彼を主人公とした小説『劉志丹』は，実際の出来事や実在の人物に関する描写を数多く含んでいた．たとえば，劉を補佐して活躍した人物は，高崗だと推測された．ところが，その高は，1954 年に反党活動をおこなったとして失脚していた．そのため，この小説が連載されると，猛烈な批判が党内から噴出した．事実，毛沢東も，共産党第 8 期 10 中全会で「小説を利用して反党活動をおこなうということは一大発明である」と皮肉を込めて発言し，作者の李建彤（りけんとう）^{*1}や劉とともに西北部の辺区^{*2}をかつて統括していた習仲勲副総理が失脚する事態になった．習は，高崗を連想させる作品が公開されることに身の危険を感じていたが，実際の事態はその予想をはるかに上回った．

*1 1919-2005. 劉志丹の弟の妻である．

*2 日中戦争の時期，中国共産党が統治していた地域．

文化大革命の衝撃

知識人を取り巻く環境は，このように振幅しながら，厳しさを増していった．その行き着いた先が文革だった．文革は死者数だけみれば「大躍進」ほど酷くはなかったかもしれないが^{*3}，尊い人命が失われた事実に何ら変わりはなかった．しかも，文革による批判は苛烈さを極め，多くの人びとが精神的に深い傷を負った．そのため，文革の加害者でもあり被害者でもあるという自己体験が，文革後に「傷痕文学」ないしは「反省文学」といった新しい文学ジャンルを生み出し

*3 本章 48 頁参照．

た*1.

　文革では「造反有理」（反逆には道理がある）や「四旧打破」（古い思想と文化と風俗と習慣の打破）といったスローガンが掲げられ，その打倒の主たる対象は，共産党の幹部に加えて知識人たちだった．昨日まで教師や上司として尊崇されていた人物が，翌日から，突如として学生や部下たちによって吊るし上げられた．そうした想像を絶する無秩序な状態が，全国各地で発生した．加害者とならなければ被害者になるといった状況下で，子が親を，妻が夫を糾弾することも珍しくなかった．職を追われた知識人も少なくなく，そうした人びとは，「牛棚（牛小屋）」と呼ばれた粗末な部屋での居住を強いられたり，五・七幹部学校と呼ばれた集団農場で労働を強いられたりした．苦痛と屈辱から，自殺を選んだ知識人も珍しくなかった．

　文革中は，文化に対する破壊も深刻だった．上海では，龍華寺，文廟*2，聖イグナチオ大聖堂など貴重な歴史的建造物が，紅衛兵によって次々と破壊された．徐光啓*3の墓碑や2万基にも及ぶ外国人の墓石も破壊された．さらに，床屋，仕立屋，写真屋，書店なども，資産階級に奉仕しているとみなされて，破壊されていった．ハイヒール，ミニスカート，ジーンズなども資産階級の象徴とみなされ，それらを身につけて外出しようものなら，直ちに危害が加えられた．

　こうした事態とは対照的に，知識人の能力や見識が文革の推進に巧みに利用される場合もあった．その事例の一つが「梁效」*4である．「梁效」とは，批林批孔運動で江青の意向に沿って組織された学者グループであり，このグループが用いた筆名でもあった．「梁效」は，181編の文章を『人民日報』や『紅旗』などに発表し，その知的権威で「四人組」の活動を支えた．

　当時の文革は，海外にも大きなインパクトを与えた．若者を中心に文革や毛沢東に熱中する人びとが，日本，アメリカ，

*1　ちなみに，近年，世界的に話題を呼んだSF小説『三体』（劉慈欣／2008年）でも，文革は物語の重要な背景となっている．

*2　孔子を祀る廟である．

*3　1562-1633．明代の政治家兼学者．キリスト教徒でもあり，イエズス会士と深い交流があった．

*4　中国語の発音で「両校」（北京大学と清華大学を指す）に通じる．

1-⑮ 『中国女』のポスター

ヨーロッパ諸国といった先進国から，東南アジア，アフリカ，ラテンアメリカ諸国といった発展途上国まで広範囲にわたってあらわれた．こうした世界的な現象は，既存の体制や価値観に閉塞感を抱いていた各国の若者たち（アメリカのヒッピーなど）が，それらを乗り越えているかのように映った中国に魅了されたからである．フランスでは，『毛主席語録』や紅衛兵の出で立ちが一種のファッションとしてもてはやされ，文革にヒントを得たゴダールの映画『中国女』（1967 年，⇨1-⑮*[1]）も注目を集めた．

*1 『中国女』のポスターのなかで積まれているのは『毛主席語録』である．『毛主席語録』は，さまざまな言語に翻訳され，世界各地に流通した．

*2 1950年代から1970年代に限定したとしても，本来は詳細に論じられるべきポイントである．詳細は，中村元哉編（2018）の第4章，第8章を参照のこと．

*3 「系」は日本の大学の学部や学科にほぼ相当し，「院」は一般に複数の「系」から構成される．

学術の紆余曲折

本章の最後に，1950 年代から 1970 年代の学術を取り巻く状況を整理し，その紆余曲折のなかで生み出された注目すべき成果をいくつか紹介しておきたい．

民国期の高等教育機関や学術機関は，人民共和国期の制度改革によって，姿を大きく変えた*[2]．その制度改革のなかでも，とりわけ重要だったのが「院系調整」*[3]だった（1952 年）．これは，単科専門大学を中心とする社会主義的な高等教育制度への変更だった．この改革が実施された翌年の統計によれば，総合大学はわずか 14 校となり，全国の高等教育機関（181 校）に占める割合も約 8% にまで落ち込んだ．その後，共産党は，高等教育機関を中心とする学術機関の梃入れをたびたびおこなったが，「院系調整」を実施した前後の時期に，学術と教育の内実を支える学問体系そのものにメスを入れていたため，新たな学術の発展を見込めない状態だった．たとえば，権力のあり方や現実の問題を批判的に考察する政治学や社会学は禁止され（文革後に復活），法の支配に寄与するはずの法学は政治に従属させられて「政法」という中国語の概念が普及し，歴史学も政治イデオロギーを強化する一種の道具

のようになってしまった．それぞれの学問分野を代表していた民国期の知識人たちも，多くが活躍の場所を失った．

　しかし，そうした紆余曲折の学術環境において，本人の問題関心や意思とは無関係に，貴重な成果が生み出されることもあった．たとえば，民国期に社会学者・人類学者として世界的な名声を博した費孝通[*1]（ひこうつう）は，1950 年代以降，やむなく民族問題に取り組んだが，その成果が「民族識別工作」[*2] にも活かされ，さらには，中華民族を概念化することで多民族国家中国の一体性を図ろうとした「中華民族多元一体構造」論（1988 年）を提起することにつながった．

　あるいは，さまざまな批判運動が，その目的とは裏腹に，逆説的な効果を生むこともあった．たとえば，胡適思想を批判した運動では，『胡適思想批判論文彙編』全 8 冊（生活・読書・新知三聯書店編輯，1955-56 年）が全国に広く流通した結果，かえって，批判対象としての胡適の著述が大量に社会に宣伝され，彼の自由主義が人びとに再認識させられた．だからこそ，胡適に関する堅実な実証研究が 1980 年代以降に本格化したのだった．

　1960 年代前半には，知識人に対する緩和ムードが，部分的であったにせよ，広まったことから，民国期以来の思想がよりダイレクトに継承されるような現象が発生した[*3]．確かに，このような状況は一時的なものにすぎなかったが，1960 年代後半から 1970 年代半ばの文革期に入ると，さきの胡適批判と同じような逆説的現象があらわれ，その後の学術の発展に寄与することになった．その最たる例が，毛沢東思想をめぐる動向だった．

　紅衛兵を含む多くの人びとは，共産党公認の出版物だった『毛主席語録』や『毛沢東選集』を通じてしか，毛沢東思想に触れられなかった．しかし，毛の著述には，これらに収録されていないものが多数存在した．

　そこで，各地の紅衛兵たちは，公的には未収録だった著述

費孝通

*1　1910-2005．民国期の中国で社会学を定着させた．その後，反右派闘争で右派と認定された．1970 年代末に学術活動を再開し，中国の社会学の再建に尽力した．

*2　本章 27 頁参照．

*3　本章 65 頁参照．

を収集して，『毛沢東思想万歳』を自発的に出版した．この

『万歳』は共産党公認のものではなく*1，複数の版が存在する上に，収録している内容も版によって異なっていた．こうして，紅衛兵ら多くの人びとは毛沢東の新たな思考の一面に触れられるようになった．そればかりか，この『万歳』が文革の混乱のなかで複数種類刊行されたことは，その後の毛沢東研究を国内外で大きく前進させることになった．日本の中国研究も，その恩恵に与った．

　さらに，興味深いことに，紅衛兵のこうした身勝手ともいえる行動は，蔣介石研究の発展にもつながった．毛思誠*2

は蔣介石の日記や書信などを自宅で厳重に保管していたが，それらの貴重な史料は，長年，日の目をみなかった．ところが，紅衛兵による破壊活動が，それらの存在を世に知らしめることになった．

　とはいえ，文革へと到る政治運動のなかで，そして文革の嵐のなかで，貴重な文物や史料が多数失われたことは大きな損失だった．

図版解説 3　壁新聞

〈解説〉

「大字報」とは壁新聞のことである.「大字報」が全国各地に大々的に掲示されるようになったのは,人民共和国期,とりわけ文革期だった.1966年5月25日,北京大学の聶元梓らが北京大学指導部を批判した「大字報」を貼り出すと,毛沢東はそれを絶賛し,以後,文革を支持する「大字報」が各所に貼り出されるようになった.

　文革期の「大字報」に目立ったのは,社会全体への建設的な提言ではなく,批判対象を罵倒する辛辣な言葉だった.それでも,「大字報」は,既存のメディアが機能していなかった状況下では,貴重な情報源となった.

　文革が最終局面へと向かうなか,「大字報」の性格は変化をみせ始めた.1974年11月10日,広州市内に貼り出された李一哲の「大字報」は,人民の民主的諸権利を保障する法システムの確立を求める画期的な内容だった(ちなみに,李一哲は,この「大字報」の作者である李正天,陳一陽,王希哲の名前から1文字ずつとったペンネームである).また,文革後の北京の春(第二章77頁参照)では,魏京生の「大字報」が民主政治を大胆にも要求した.こうした政治主張は共産党にとっては望ましくなく,やがて「大字報」の貼り出しは禁止されることになった(第二章78頁参照).

史料解読 4　巴金「胡風を偲ぶ」

〈解説〉

　ここに紹介するのは,中国を代表する作家の一人,巴金の文章の一節である

（『文匯月刊』1986 年第 10 期）．この文章は，1950 年代半ばに知識人に衝撃を与えた胡風事件を回顧したものである．

　巴金は，当時，胡風を批判した文章を不本意ながら発表したが，その過去を深く恥じた．巴金は，文革後に胡風に対して直接謝罪したが，変わり果てた胡風はもはやその意味さえ理解できず，巴金は後悔の念をますます深めた．

　毛沢東体制下では，胡風事件に限らず，多くの知識人が，自らやその家族を守るために，他の知識人に対する批判を半ば強制的におこなわざるを得なかった．しかし，そうした批判に加担した加害者としての経験は，のちのちまで彼ら・彼女らの心を苦しめた．そうまでした彼ら・彼女らも，結果的には，反右派闘争や文革の迫害から逃れられたわけではなかった．知識人たちを取り巻く政治環境は，かくも苛烈だったのである．

　胡風に反対する闘争は，ひとしきり盛り上がったのち，その熱がしだいに冷めていった．彼本人やその友人たちから成る，いわゆる “胡風分子” は，闘争中に顔を見せたことがなく，すっかり音沙汰もなくなったため，彼らの名前を口にする人はいなくなった．よく知った人に胡風の消息をたまたま聞いたところ，他の人から「そんなことは尋ねるな」と言われた．私は，清朝の “文字の獄〔言論弾圧の一種で，首謀者のみならず，その一族まで厳罰に処された〕” を思い出し，何度も身震いして，声を出す勇気すらなくなった．外国の友人に胡風の近況を尋ねられると，私は，口ごもってしまい，言葉を出せなかった．〔中略〕

　私は，1950 年代に，中国の作家であることが私の誇りだ，としばしば述べてきた．しかし，あれらの “闘争” や “運動” を思い出すと，（たとえ，やむを得ずではあったにせよ，）当時の自分の振る舞いには怒りがこみ上げ，恥ずかしくも感じる．私は，今日，30 年前に書いたあれらの言葉を読み返したが，やはりその時の自分を許せないし，後世の人びとに許して欲しいとも思わない．

8月1日は建軍節——人民解放軍が誕生したとされる日で，人民解放軍の軍旗や徽章にも「八一」の字がデザインされている．これは 1927 年 8 月に共産党が江西省南昌で，蔣介石率いる国民政府に対し蜂起したことに由来する．人民解放軍は国民党との対立のなかで生まれ，育ったのである．各地で「工農革命軍」等の名称で部隊を組織した共産党は，1928 年 5 月にはソビエトの赤軍にならい，名称を「中国工農紅軍」（紅軍）に統一した．「工農」は工場労働者と農民のことである．

これに対し国民政府は，共産党の壊滅を目ざして 5 次にわたって大規模な「囲剿」（囲んで滅ぼす）作戦を展開した．共産党は本拠地の江西省瑞金を追われ，陝西省延安まで落ちのびた．この間，日本は満洲事変や華北分離工作などを進めたため，中国では侵略への危機意識が高まり，共産党は 1935 年に抗日救国の統一戦線結成を呼び掛けた（八一宣言）．さらに翌年 12 月に張学良が蔣介石を監禁して内戦停止を要求し（西安事件），ようやく国民政府は共産党との統一戦線（国共合作）に歩を進めた．

1937 年 7 月に日中戦争が勃発すると，翌月には紅軍主力が「国民革命軍第八路軍」（規模は 3-4.5 万）として国民政府の傘下に入った（同軍はまもなく国民革命軍第十八集団軍と改称されたが，八路軍も通称として使われ続けた）．また，10 月には華中の紅軍遊撃部隊が「国民革命軍陸軍新編第四軍」（新四軍）として国民政府傘下に改編された（規模は 1 万前後）．

日中戦争中，蔣介石率いる国民政府は内陸の四川省重慶を拠点としていた．このため中国東部や華北で展開していた日本軍が直接対峙した中国軍の多くは，八路軍や新四軍など共産党系の軍隊だった．また国共合作の建前はあったものの，国民政府は共産党の勢力拡大を警戒し，国共間でも黄橋戦役（1940 年 10 月）や皖南事変（1941 年 1 月）といった戦闘が発生した．共産党は，日本軍だけでなく，重慶の国民政府軍，さらには南京の汪政権（南京の国民政府）の軍隊とも対峙していたのである．

日中戦争の 8 年間で共産党は根拠地（解放区）を広げ，1945 年段階で八路軍は 90 万，新四軍は 27 万にまで拡大した．

日本敗戦後の 1945 年 10 月，蔣介石と毛沢東は，国共両党の対立を終わら

せて，統一政権樹立を目ざす協定を結んだが（双十協定），1946年6月には本格的な内戦が勃発した.「中国人民解放軍」の名称はこの内戦期の1946年10月に延安の『解放日報』社論に初めて登場し，1948年には正式な呼称となった.

　内戦当初，装備や兵力の点でまさっていたのは国民政府軍（中華民国憲法施行後は国軍に改称）だった. しかし，人民解放軍は日本軍からの武器接収や国軍からの寝返りや鹵獲で増強された. 国軍は敗退を重ね，人民解放軍は1949年4月に首都南京を，同年5月には上海を占領（「解放」）し，10月には北京で人民共和国が成立した（民国政府は12月に台北へ遷った）.

　人民共和国成立の当初，政府や共産党は全土を網羅した組織をもたなかった. そのため地方行政は，1950年代半ばまで人民解放軍による軍事管制下に置かれ，匪賊や自衛団といった民間社会の武装勢力は民兵組織として再編された.

　中央政府では朱徳，陳毅，彭徳懐といった軍司令官経験者が全国人大委員長，軍政部や外交部の部長（閣僚級）といった要職を占めた. また将兵の監視や思想工作などに従事する政治委員（指揮官と同格）には，軍内で経歴を積んだ後，中央に入る者も多かった. 改革開放を推進した鄧小平も第二野戦軍政治委員や西南軍政委員会副主席を経験している. 人民共和国の統治体制は人民解放軍から派生する形で整備されていったのである.

　1966年から始まった文化大革命でも人民解放軍は紅衛兵の活動を援護し，「三支両軍」（左派，労働者，農民を支持し，軍事管制，軍事訓練をおこなう）を掲げて各機関に進駐し，文革を推進した.

　改革開放後，大規模な兵力削減と軍の近代化が進められたが，1989年の天安門での民主派学生への砲撃（「六四」）など，その後も人民解放軍は中国政治と密接につながり続けている. このため中国政府の権力の源泉は，国家主席や党総書記ではなく，軍トップの共産党中央軍事委員会主席のポストにあると考えられている（毛沢東や鄧小平も長らくこの地位にあった）.

　先進主要国の軍隊が制度的に国家に所属し，基本的に国内政治への中立が求められる「国軍」であるのに対し，人民解放軍は共産党という特定の政党に忠誠を誓う，「党軍」あるいは「私軍」といえる存在である. 成立の事情からも明らかなように，人民解放軍が共産党の安全保障という論理に従って行動している点は，現代中国政治を考える上でも押さえておきたい.

第二章　大陸中国
——発展と強国の時代（1970 年代—）

1.　対外開放と体制改革

改革開放の起源をめぐって

　一般に，人民共和国の歴史は，1978 年を分水嶺として自力更生から対外開放へと転換した，と理解されている．なぜなら，共産党第 11 期 3 中全会が対外開放を意味する改革開放へと舵を切った，と理解されているからである．ここでいう改革開放とは，簡単にいってしまえば，市場を海外に開放して外資を導入しながら改革によって経済を発展させる，という意味である．本来，改革開放は，対外開放によって改革の必要性が高まったという大きな歴史の流れからすれば，「開放・改革」と表記されて良さそうだが，それはひとまず措くにしても，多くの人たちにとって改革開放は 1978 年から始まったと記憶されている．

　しかし，この区分は，便宜的なものでしかない．そもそも時期区分とは，歴史を解釈する側の力点の置き方によって変化するものである*1．改革開放についても，その事実上の始まりを 1978 年とはせずに，1970 年代前半の西側諸国との関係改善*2，もしくは，その水脈を呼び込んだそれ以前の経済政策の方針にさかのぼれる，と考えることも可能である．また，改革開放というスローガンが公式に使用されるのは 1980 年代以降のことであり，その政策が本格的に軌道に乗ったのは 1992 年の鄧小平*3 による南巡講話*4 以降だったことから，1992 年こそが歴史の分水嶺だとする理解も成り立つ．

*1　たとえば，党による統制強化という側面を重視するならば，反右派闘争（1957 年）こそが歴史の重要な分水嶺だ，という考え方も成り立つ．

*2　第一章 52 頁参照．

鄧小平

*3　1904-97．1920 年に渡仏し，1924 年に入党．国務院副総理などを歴任したが，たびたび失脚した．

*4　本章 87 頁参照．

したがって，1978 年が改革開放へと路線転換した重要な
節目だったとはいえ，事実上の起源はもう少し前の時期にあ
り，その本格的な始動はもう少し後の時期にある，と解釈し
ておきたい．

文化大革命から改革開放へ

　もう一つ予め確認しておきたいことがある．それは，文化
大革命（文革）から対外開放（改革開放）へと転換した人民共
和国が，それまでの何を継承し何を継承しなかったのか，と
いうことである．

　まず，継承したものは何か．それは，党の権力をすべてと
して「反党反革命分子」を徹底的に排除する権力主義，民主
集中制*1 から必然的に導き出されるエリート主義，毛沢東
の実践論にあるような「事実に即して真理を求める（「実事求
是」）」という実用主義だった．しかし，継承しなかったもの
もある．それは，一言でいえば，毛沢東の階級闘争だった．
社会やその社会を構成する人びとの心理を安定させることが，
文革後の指導者たちには何よりも求められた．

　対外開放期の人民共和国は，それ以前からの連続性と不連
続性を織り交ぜながら，新しい時代を築くことになった．

*1　第一章 26 頁参照.

「四つの近代化」と華国鋒

　改革開放の政策目標として掲げられた「四つの近代化」は，
そもそも周恩来が 1954 年に提起した「工業，農業，国防，
交通運輸」の近代化を基礎とした．周恩来は，調整期の
1964 年に「工業，農業，国防，科学技術」の 4 分野の近代
化を提唱し，これは文革が収束する直前の第 4 期全国人大
（1975 年）で再び提起された．

　この「四つの近代化」は，毛沢東を絶対視する従来の体制
を批判して鎮圧された第 1 次天安門事件（1976 年）を経て，
文革収束（毛沢東死去）直後に華国鋒*2 によって引き継がれ

華国鋒

*2　1921-2008. 毛沢
東の郷里である湘潭県
や湖南省で共産党の書
記を長く務めたが，中
央での経験には乏しく，
これがのちの失脚の遠
因となった．第一章
54 頁参照.

た．華国鋒は，文革中に毛沢東の権威を後ろ盾にして実力を
つけ，毛沢東に代わって権力の頂点へと上りつめた．その彼
は，「二つのすべて」，すなわち毛沢東のおこなったすべての
決定とすべての指示を堅持すべきだとする方針を掲げた．し
かし，彼は，そもそも経済発展を重視してきた政治家であり，
海外からの大型プラントの大量輸入やそれによって経済を発
展させる計画については理解を示していた．当時，文革中に
失脚した党幹部らが復帰するなか，そのなかの一人だった鄧
小平は権力の中枢で経済の立て直しに奔走しており，それゆ
えに，華国鋒の経済発展戦略は鄧小平主導の計画を実行した
ものでもあった．

　このようにみてくると，当時発生しつつあった華国鋒と鄧
小平の権力闘争は，「二つのすべて」派と改革派による対立
とはみなせない．両者の対立は，どのように改革を実践する
のかをめぐる対立だった．

　この権力闘争は，中央党校[*1]副学長だった胡耀邦[*2]らに
よる真理基準論争（1978 年）で決着をみることになった．こ
の論争で，華国鋒の「二つのすべて」が物事の是非を判断す
る基準としては硬直的だと批判され，かわって鄧小平の提起
した「実践こそが真理を検証する唯一の基準」だとの立場が
支持された．この鄧の立場は，毛沢東の「矛盾論」と「実践
論」を援用したものだった．華国鋒はこの論争に敗れ，権力
の座から滑り落ちた．この時，鄧小平は，党と政府と軍の主
要ポストを独占したわけではなかったが，実質的な権力を掌
握した．

鄧小平と北京の春と「四つの基本原則」

　鄧小平が権力の中枢へと返り咲きつつあった 1978 年後半
から翌年春にかけて，北京では民主化運動が盛り上がった．
この動きは，1968 年にチェコスロバキアで起きた民主化運
動（プラハの春）になぞらえて北京の春と呼ばれた．この運

*1　共産党の高級幹部
を養成する機関．同校
のトップが総書記に就
任することがたびたび
ある．

胡耀邦
*2　1915-89．1982
年から総書記に就任．

動は，文革中の冤罪事件や名誉回復，さらには第 1 次天安門事件の再評価などを求める気運のなかから発生し，次第に共産党や社会主義体制を批判して，自由，人権，民主政治を求めるようになった．この運動の一つの特徴は，文革期の紅衛兵世代が数多く参加し，文革の反省に基づいた民主化運動だった，ということである．

鄧小平は，当初，この運動に対して寛容な態度を示し，1975 年憲法[*1]で明記された「四大自由」の一つである「壁新聞を貼る自由」を人びとの意見表明の手段として奨励した．鄧は，この共産党批判を含む民主化運動をむしろ利用して，華国鋒らの政治グループを共産党第 11 期 3 中全会で追い落とした．

ところが，復権した鄧小平は，それまでとは一転して，共産党の政治体制を脅かしつつあった民主化運動に対して極度の警戒心を抱くようになった．のちに北京の春の代表的リーダーとみなされた魏京生[*2]は，このような鄧の本質を早々に見抜き，共産党の「四つの近代化」に自由と民主政治を追加せよと要求すると同時に，「民主か新しい独裁か」という文章で独裁を強化しつつある鄧小平を批判した．そのため魏は反革命罪の容疑で逮捕され，この民主化運動は弾圧された．

この時に，鄧小平が提起したのが，「四つの基本原則」だった（1979 年）．これは，社会主義の道，プロレタリア独裁（人民民主主義独裁）[*3]，共産党の指導[*4]，マルクス・レーニン主義と毛沢東思想という四つを基本原則とするものだった．こうして鄧は，言論や思想に制限をかけ，1978 年憲法にも継承された「四大自由」を否定した．かわって 1982 年憲法では，「四つの基本原則」が前文に明記され，根本的な指導思想となった．

対外開放期の憲法

ところで，人民共和国期の憲法は，どのように変化したの

*1 本章 79 頁参照.

*2 1950– ．魏は，反革命宣伝扇動罪で懲役刑を科され，1993 年に仮釈放されたが，1995 年に国家政権転覆扇動罪で再逮捕された．1997 年に病気療養を名目に仮釈放されて渡米し，現在も民主化運動を継続している．

*3 第一章 36 頁参照.
*4 第一章 23 頁参照.

だろうか.

中華人民共和国憲法は, 1954 年に制定され*1, 1975 年, 1978 年, 1982 年に全面改正された. これらの憲法が共産党の指導をどのように明記していたかにかかわらず, 党が憲法に優位していることは明らかだった. つまり, 憲法は存在するが, 自由や人権を保障し権力を分立するという意味の立憲主義に基づく憲政は存在しなかった. 共産党のいう法治は, 法治主義 (rule by law) でも法の支配 (rule of law) でもなく, 党の指導を前提とした. しかし, このように憲法が空文と化していたにもかかわらず, 不思議なことに, 憲法は一貫して存在し, 憲法に基づく政治という意味の憲政が放棄されたことはなかった.

社会主義への移行を目ざした 1954 年憲法は, 一連の激しい政治運動のなかで機能しなくなり, 1975 年憲法が文革中に全面改正された. この憲法は, 実質的に中国初の社会主義憲法となり, 継続革命という理念を掲げ続けるなど極左路線として否定的に記憶されているが, 文革という一種の革命のなかにあっても憲政 (憲法) が追求されたことは記憶にとどめておくべきであろう. だからこそ, 数年後に全面改正された 1978 年憲法は, 1954 年憲法の穏健な路線を復活させ,「四つの近代化」を国家の全般的な任務とし, そのバトンを 1982 年憲法へとつないでいった. 1982 年憲法は, 1954 年憲法の穏健性を継承しながら社会主義の建設を促そうとし,「四つの基本原則」を前文に記すなど, 強い政治性と綱領性を発揮することになった.

ここで強調しておくべきことは 2 つある.

まず, 1982 年憲法は約 17 年間空席だった国家主席を復活させたが, 鄧小平が過度な権力の集中と幹部の終身制を改めようとしたことから*2, その地位は 5 年ごとの改選となり, 任期も最長 2 期までとなったことである. 加えて, このような新たな枠組みのなかで, 後に質的な変化も発生した. すな

*1 第一章 35 頁参照.

*2 「党と国家の指導制度の改革について」と題するスピーチ(1980年). このスピーチに先立って, 共産党第 11 期 5 中全会 (1980 年) は幹部の終身制を廃止した. 共産党第 12 回大会 (1982 年) は, 党主席の廃止 (党総書記の復活) などを決定し, その後, 68 歳定年という暗黙の慣習が形成された.

趙紫陽

*1 1919-2005. 胡耀邦の次に総書記に就任. 第 2 次天安門事件で総書記を解任された.

*2 本章 87・99・101 頁参照.

*3 本章 85 頁参照.

*4 本章 87 頁参照.

*5 本章 84 頁参照.

*6 共産党のいう中国語の「保守」勢力は, 社会主義の前段階としての資本主義を復活させようとする勢力を指すことがある. 本章の保守は, 改革に対置される日本語の概念として用いる.

*7 1912-92. 日中戦争期に毛沢東の秘書を務め, 共産党の宣伝活動の中核を担った.

*8 共産党第 6 期 7 中全会 (1945 年 4 月) が建党以来の歴史を評価した「若干の歴史問題についての決議」を採択しているが, これは第 2 の歴史決議と呼ばれることがある.

わち, 1980 年代は胡耀邦や趙 紫陽*1 といった党のトップである総書記が国家主席を兼任することはなかったが, 1990 年代以降は, 総書記の江沢民, 胡錦濤, 習 近平がいずれも国家主席を兼任するようになったことである*2. なぜなら 1990 年代から中国の世界的な影響力が増し, 総書記が国家主席として元首外交を展開したほうが自然ではないかと考えられるようになったからである.

次に, 1982 年憲法は 5 度にわたる部分改正を経ているが, それらはいずれも時勢を反映しているということである (⇨ 史料解読 5, 87 頁). 中国の憲政は憲法の理念を実質化していたとは言い難かったが, それでも, 共産党は実態の変化にあわせて憲法の条文を変えてきた. たとえば, 私営経済の存在を容認したこと (1988 年), 「社会主義初級段階*3」と「社会主義市場経済*4」を明記したこと (1993 年) は, 共産党が改革開放による経済と社会の変容を直視したからだった.

歴史決議と改革の新たな論理

1970 年代後半から 1980 年代前半の中国政治は, 独裁と民主をめぐって紆余曲折した. この時期の鄧小平は, 政治改革や思想解放を容認した一方で, 北京の春や中越戦争*5 などの内外情勢の緊張を受けて, 共産党による安定した統治を実現するために「四つの基本原則」を提起し, 政治改革と思想解放の限界点を示した. こうして, 党内の保守*6 勢力と改革勢力の均衡を図りながら, 改革開放を推し進めた.

しかし, 共産党は, 改革開放を推し進めるにあたり, 文革を総括し, 自らが依拠すべき新たな論理を打ち出さなければならなくなった. そこで, 共産党第 11 期 6 中全会 (1981 年) は, 胡耀邦や胡 喬 木*7 といった鄧小平に近い政治家や知識人たちによって起草された歴史決議 (「建国以来の党の若干の歴史問題についての決議」)*8 を採択した. この決議は, 毛沢東思想については高く評価するが, 毛沢東個人については, 功

績を第一としながらも，その誤りを認め，文革の混乱の主要
な責任が毛沢東にある，と総括した．文革中に迫害された
290万以上の人びとの名誉回復も進んだ．

　この決議は，「いかなる形式の個人崇拝も禁止する」と記
すと同時に，「市場調整の補助機能を発揮させる必要がある」
として市場経済化を含む諸改革に正当性を与えようとした．
これによって，すでに実権を失いつつあった華国鋒は「左の
誤り」を継続させたと批判され，党の主席（総書記）を胡耀
邦に，中央軍事委員会の主席を鄧小平へと譲り渡した．その
後，共産党第12回大会（1982年）は，マルクス主義と毛沢
東思想を柔軟に解釈しながら「中国の特色ある社会主義を建
設する」と宣言し，それを社会主義と市場経済を併存させる
独自の論理として活用することになった．

経済改革の動向

　では，1980年代に何がどのように改革されたのだろうか．
全般的な動向を整理しておこう．

　第一に指摘すべきは，人民公社*1制が解体され，農家生産
請負（農家経営請負）制が導入されたことである．社会主義体
制の下では各農家の土地所有権が認められていなかったが，
これによって農家ごとに耕す権利（土地使用権）が分配され，
農民たちは政府に対して一定の請負分の作物を拠出すれば，
残りをすべて自分で売って現金収入を得られるようになっ
た*2．農民の生産意欲が高まったことで，農業生産は大幅に
増大し，1978年と1984年の生産量を比較した場合，食糧
（穀物）は約37%増，綿花は約189%増となり，1人当たりの
収入も2倍近くになった．この改革は1979年前後に安徽省
（第一書記万里）や四川省（第一書記趙紫陽）から自発的に広が
り，中央がそれを追認して人民公社の解体を完了させた
（1985年）．これ以降，地方の行政単位*3は郷や鎮を最下層と
し，村民委員会が村民の自治組織となった．また，農業生産

*1　第一章39頁参照．

*2　土地を請け負う
期間は，当初の3年
から15年に延長され
（1985年），さらに30
年に延長された（1993
年）．共産党第19回
大会（2017年10月）
は，2度目の期限を迎
えた場合には，さらに
30年延長するとした．

*3　第一章27頁側注
1参照．

の増大にともなう余剰資金が農村の小規模な工場（郷鎮企業）などに投資され，農村工業が1980年代から1990年代にかけて大きく発展した．ただし，郷鎮企業の発展は徐々に頭打ちとなり，都市と農村の格差が1990年代から再び拡大し，多くの農民が沿海の大都市に出稼ぎに行くなど，2000年代に入ると農村の荒廃，農民の貧困，農業の衰退を訴える三農問題が浮上した．

第二に，対外開放の実験の場として経済特区が設置されたことである．広東省（第一書記習仲勲[*1]）は，歴史的な視点からしても，また香港，マカオ，台湾に隣接する地理的な視点からしても，海外との結びつきが強かった．そのため同省は，外国からの直接投資を誘致するために，中央に対して省の自主権の拡大を求めた．その後，華僑華人や香港および台湾との広範なネットワークをもつ広東省と福建省のうち，深圳，珠海，汕頭，厦門が経済特区に指定された．のちに海南島が省に昇格すると，省全体が経済特区となった（1988年）．なかでも最大規模の経済特区は深圳であり，土地使用権の概念の確立や株式市場の試験的導入，近代的な企業制度の試行[*2]など，さまざまな改革の実験場となった．こうして経済特区は，かつての租界のように，対外開放を牽引し，改革開放の進展に大きく貢献した．しかし，のちに上海の浦東をはじめとする長江流域が目覚ましく発展し，中国が世界貿易機関（WTO）に加盟した[*3]ことから，現在では経済特区の歴史的な役割は終わりつつある[*4]．

第三に，中央政府は，鄧小平主導の下で，地方の活性化を促すべく地方分権化を進め，地方政府の財政自主権を拡大したことである．中央は，もともと地方の財政支出に責任を負っていたが，中央と地方の収支の区分を明確にした．この結果，中央の支出負担は軽減されたが，同時に，中央の地方からの取り分が減少し，地方は中央に対する請負額以上の収入を手元に残せるようになった．こうして，地方は，中央の政

策を都合よく利用しながら地元の利益誘導を図るようになった．そのため，地方保護主義と呼ばれる風潮が全国に広がり，国内の市場経済が地方ごとに分断されるという現象が生まれた．この地方保護主義は，従来の公定価格と改革開放の始動によって生じた市場価格*1のうち，市場価格を根づかせるという結果をもたらした．つまり，各地方は，安い公定価格で取引される資材をめぐって争奪戦を繰り広げた一方で，高い市場価格で取引される消費財についてはそれぞれの地域で生産された製品を保護するようになったため，結果的に，市場価格で取引せざるを得なくなった．こうした地方の新たな実情が一因となってインフレが発生し，共産党は，1990年代に入ると，市場経済化を一気に推し進めて，問題の解決を図ろうとした．

中国は公有制を原則とするが，国有企業や（集団所有の）郷鎮企業以外にも，私営企業や外資系企業があらわれ*2，1990年代以降，経済はますます発展した．とはいえ，中小規模の国有企業は民営化されることもあったが，大型の国有企業の民営化は否定され（2002年），国家（党および政府）がコントロールしながら経済を発展させるという，いわば国家資本主義*3とでも呼ぶべき形態が現在まで続くことになった．

対外開放を支える独立自主の外交政策

経済改革によって発展基調を生み出すためには，対外開放が不可欠であり，それは外交政策とも連動していた．この時期の中国は，すべての国家との関係に平和五原則*4を適用するようになり，革命の輸出を試みた文革期のように，国際秩序を転覆しようとはしなくなった．さらに，従来のように，主要敵を設定してそれ以外の勢力と連携するという戦略を放棄し，それぞれの問題ごとに外交を展開するようになった．いわゆる独立自主の外交を展開するようになった，ということである．その重要な転機となったのは，共産党が，ベトナ

*1 公定価格は，主に計画によって生産される分野の価格を指す．市場価格は，計画の枠外にある自由市場で成立する価格を指す．

*2 民国期にも無数に存在したため，再び出現した，というのが真実である．1949年前後に香港や台湾など海外の華僑華人社会へと分散した企業が改革開放下の大陸中国で再び投資することもあった．

*3 民国期も類似の状態にあったのではないかという評価もある．

*4 第一章37頁参照．

*1　第一章 52-53 頁
参照.

ム戦争中に関係改善に踏み切った日本と日中平和友好条約を締結し (1978年)*1, 同じく同戦争中に歩み寄ったアメリカと国交正常化を実現して (1979年), それまで反米で共闘してきたベトナムと中越戦争 (1979年) を展開したことだった. 共産党は, 従来のイデオロギー外交を見直した.

中国は, この新たな外交政策の下, 長年対立してきたソ連との関係を改善し, ようやく中ソ関係を正常化させた (1989年). 中国は, ソ連崩壊後のロシアとも, 西側中心の国際秩序に対する違和感を共有しながら, 相互信頼を高めていった. また, 華僑華人が多数存在する東南アジアのうち, シンガポールやブルネイなどとも国交を結んだ. 隣接の朝鮮半島に目を向ければ, 中韓貿易額が中朝貿易額を 1980 年代半ばに上回っていたことなどもあって, 韓国との関係を正常化させた*2. むろん, 中国にとって朝鮮半島の安定は重要であり, 中朝関係は維持され, 中国は北朝鮮に対して原油供給など一定の支援を続けている.

*2　韓国は, これによって台湾 (民国) とは断交した (1992年).

政治改革をめぐる攻防――「社会主義初級段階」論

経済改革は, 以上のように推移した. しかしながら, このような動向は, 中国の資本主義化を助長するだけであり, ひいては, かつての帝国主義によって虐げられてきた歴史を再来させるだけだ, とも受けとめられた. このような反応は, 改革を警戒する共産党内部の保守派に根強かった.

ところが, この時期の共産党は, 保守派と改革派に単純に二分されるような状況ではなかった. たとえば, 保守派とみなされがちな陳雲*3 は, 文革収束後に, 比較的早い段階から計画経済の欠点を指摘して市場による調整の必要性を訴えかけていた. また, 経済政策では改革に積極的だった鄧小平は, 「党務と政務が混同し, 党が政府にとって代わるという問題の解決に手をつけること」が必要だと発言しながらも (「党と国家の指導制度の改革について」1980年), 言論の自由を

*3　1905-95. 人民共和国期の経済政策を担った中核人物の一人. 1979-80 年に国務院副総理.

含む政治改革については，保守的な姿勢を崩さなかった．事実，鄧は，西側の資本主義諸国から「誤った」思想が流入しつつあると認識して，共産党第 12 期 2 中全会で精神汚染反対キャンペーンを展開した（1983 年）*1．

こうした改革と保守の論理が混在する政治情勢下で，経済改革にかかわる議論が政治面におよび*2，学生や知識人らが自由や民主政治を求めるようになると，保守派はブルジョア自由化に対する批判を強化し，共産党第 12 期 6 中全会で社会主義精神文明を重視する決議を採択した（1986 年）．政治改革に積極的だった胡耀邦総書記は，辞任を余儀なくされた（1987 年）．

しかし，共産党は，改革開放を前進させるためには，それにともなう社会変化に対応し，社会主義イデオロギーとの調整を図りながら，保守派の抵抗を和らげる必要もあった．胡耀邦失脚後，趙紫陽は，総書記代行として，この政治的均衡を図るべく，共産党第 13 回大会で「社会主義初級段階」論（⇨史料解読6，89頁）を提起した（1987 年）．

では，こうした一連の政治的駆け引きのなかで，政治改革はどのように議論されたのだろうか．

共産党中央党史研究室主任の廖蓋隆（りょうがいりゅう）*3 ら党内の改革派は，党と政府の分離，二院制の導入，司法の独立などを提起し，厳家祺（げんかき）*4 らのリベラルな知識人の政治改革論を呼び覚ました．こうした動向を不安視した党内の保守派は胡耀邦を辞任に追い込んだわけだが，鄧小平は，民主化に否定的だったとはいえ，個人崇拝や幹部の終身制に対しては批判的であり，経済発展にとって有益だと判断した政治改革については，たとえ党政分離にかかわる改革であったとしても限定的に容認するかのような姿勢を示していた．

こうした党内情勢の下，趙紫陽は，政治体制改革検討グループを立ち上げ（1986 年），厳家祺らの原案を基に，共産党第 13 回大会で党政分離を共産党中央の方針として明記した*5．

*1 共産党機関紙『人民日報』副編集長の王若水が個人の自由と人格の尊厳を党の権威の上に置くべきだと主張し，作家の周揚も社会主義社会で民主政治と法治を損ねてはならないと主張したことが，胡喬木や鄧力群（1915-2015）ら保守派に精神汚染とみなされた．

*2 本章 114-115 頁参照．

*3 1918-94．胡耀邦の側近で，政治改革のブレーン．

*4 本章 114 頁側注 8 参照．

*5 『人民日報』（1987 年 11 月 4 日）に掲載された趙紫陽の報告文書．

*1　その後の改革の実状を踏まえると、ここで言う「政」には、政府機関のみならず、司法機関や学術・教育機関、企業なども含まれる.

*2　第一章 25 頁参照.

*3　第一章 25 頁参照.

*4　第一章 24 頁参照.

*5　本章 83 頁参照.

*6　1928-2019. 1950 年代にソ連に留学. 1988-98 年に国務院総理.

ここには,「党政分離とは,党と政府の職能を切り離すことである.党は人民を指導して,憲法と法律を制定したのだから,憲法と法律の範囲内で活動しなければならない」とあった (1987 年)*1. 趙は,憲法を党の上位に置き,政府機関の党グループ*2 や党内の対口部*3 を段階的に廃止して,党の権限を縮小する,としたわけである.憲法上の最高権力機関である全国人民代表大会も,党の意向を追認するだけの組織から変化する兆しをみせ始め,人民政治協商会議*4 も,華僑華人をとり込む統一戦線の場として機能し始めた.

天安門事件と南巡講話

こうした政治の動きと呼応して,民主化運動が社会で高揚した.この運動は,ハイパーインフレによる生活苦への不満やその原因となった二重価格*5 制,および,それを特権的に利用して不正に利益を得ていた党幹部に対する強い不信感などを社会的背景としていた.共産党指導部も,激化する民主化運動に対して,話し合いによる穏便な解決を求める総書記趙紫陽らと,強硬策も辞さないとする鄧小平や李鵬*6 国務院総理らとに分化していき,後者の勢力が,共産党機関紙『人民日報』で,運動を「動乱」と定義した (1989 年 4 月 26 日, ⇨2-①).運動に参加していた人びとは,これに反発して,ソ連で政治改革(ペレストロイカ)を断行していたゴルバチョフの訪中に合わせて,ハンガーストライキを決行した.しかし,戒厳令が布告されると,共産党中央は,ついに武力弾圧に踏み切った(同年 6 月 4 日).この第 2 次天安門事件(「六四」, ⇨2-②)によって,弾圧に抵抗した学生や市民が犠牲となり,学生リーダーだった王丹らが逮捕された.ちなみに,戒厳令が布告された際に,趙紫陽は「動乱を支持し,

2-①　『人民日報』1989 年 4 月 26 日の社説

2-②　第 2 次天安門事件

党を分裂させた」との理由で解任され，2005年に死去するまで自宅で軟禁生活を強いられた．代わって総書記に抜擢されたのが，上海で民主化運動を迅速に鎮圧した江沢民[*1]だった．江は，1989年秋以降に旧東欧諸国の社会主義政権が次々に倒壊し，1991年末にはソ連そのものが解体するという国際情勢下で，党を中心とする内政の立て直しを迫られた[*2]．

江沢民
*1 1926- ．「六四」以後，1990年代を中心に総書記を務めた．

*2 1980年代の共産党は，当時のソ連や旧東欧諸国の動向を内部刊行物『ソ連東欧問題』（1981年創刊，その後『東欧中央アジア研究』，『ロシア中央アジア東欧研究』，『ロシア東欧中央アジア研究』に改称して公開出版）で分析していた．

　民主化運動が弾圧される以前から，中国には「新権威主義」論と呼ばれる政治思想があらわれ始めていた．これは，政治改革を一時的に棚上げして，開明的な強いリーダーと一部の政治エリートに権力を集中させ，その管理体制の下で経済開発を促進すべきだ，という考えだった．一部の若手研究者からも支持されたこの議論は，政治改革よりも経済改革を優先させるべきだとのレトリックとして活用されることになった．これに応じて，社会主義を堅持したい左派思想が勢いを盛り返していった．

　この「新権威主義」論を支持したのが，ほかならぬ鄧小平だった．その鄧は，南巡講話（1992年）によって，改革開放の継続と深化に向けて明確なメッセージを社会に発信した（⇨2-③）．彼は，この講話で，生産力，国力，生活水準の向上に有利な制度の確立と政策の実行を奨励した．さらに彼は，既存の「社会主義初級段階」論の延長線上に「社会主義市場経済」というフレーズを位置づけて，社会主義と市場経済を両立させようとした．この2つのフレーズは共産党第14回大会で党の規約に盛り込まれ（1992年），のちに憲法にも明記された．

2-③　鄧小平の南方視察

史料解読5　　1982年憲法の主な部分改正

〈解説〉

　現代中国では，事実上，党が憲法に優位している．極端ないい方をすれば，憲法は

紙切れだ，とも理解されている．しかし，それでも，憲法は時々の政治，経済，社会，思想，文化の各情勢の変化に応じて，部分改正されてきた．この一覧から，改革開放下の変化を読み取れるだろう．

1988 年
　私営経済の存在と発展を法の定める範囲内において認める旨を明記（第 11 条）
1993 年
　中国が「社会主義初級段階」にあることを明記（前文）
　計画経済に言及した部分を削除して，「社会主義市場経済」を実施する旨を明記（第 15 条）
　農村人民公社の字句を削除（第 8 条）
1999 年
　「社会主義初級段階」が長期にわたること，および毛沢東思想に続く鄧小平理論を明記，あわせて「社会主義市場経済」の発展を追加（前文）
　個人経済，私営経営などの非公有制経済を「社会主義市場経済」の「補完物」から「重要な構成部分」に変更（第 11 条）
2004 年
　マルクス主義，毛沢東思想，鄧小平理論に続いて「三つの代表」の重要思想を追加（前文）
　市民の基本的権利と義務の一般規定として，「国家は人権を尊重し保障する」を追加（第 33 条）
2018 年
　「科学的発展観」，「習近平新時代の中国の特色ある社会主義思想」を指導思想に追加，「中華民族の偉大なる復興」も追加（前文）
　「中国の特色ある社会主義の最も本質的な特徴」として「共産党による指導」を追加（第 1 条）
　国家主席と国家副主席の連続 2 期以上の就任禁止規定を削除（第 79 条）

史料解読⑥ 趙紫陽「中国の特色のある社会主義の道に沿って前進しよう」

〈解説〉

胡耀邦の総書記辞任は，多くの人びとに，政治改革のみならず改革開放路線そのものが後退するのではないかと不安に思わせた．そのため，趙紫陽は，共産党第13回大会直前に，党政分離に関する重要講話をおこない，共産党第13回大会の報告（1987年10月25日）で，当時の諸政策を正当化させるための理論を提示しようとした．その理論が「社会主義初級段階」論だった．

ちなみに，この大会では，もう一つの重要な概念である「一つの中心，二つの基本点」も提示された．これは，経済建設という中心を「四つの基本原則」と改革開放という基本点に立脚しながら推進するというメッセージだった．保守派は「四つの基本原則」が改革開放と同等になることに難色を示したが，鄧小平によって沈黙させられた．

我が国はいま，社会主義の初級段階にある．ここには，二つの意味がある．第一は，我が国はすでに社会主義社会であり，社会主義を堅持すべきであって，そこから離れられない，という意味である．第二は，我が国の社会主義社会はまだ初級段階にある，という意味である．我われは，この実情から出発すべきで，この段階を飛び越えてはならない．〔中略〕

中国のように立ち遅れた東方の大国で社会主義を建設することは，マルクス主義の発展史において新たな課題である．我われの直面している状況は，マルクス主義の創始者が思い描いたような，高度に発展した資本主義をふまえての社会主義建設でもなければ，他の社会主義国とそっくり同じものでもない．本の丸写しではダメであり，外国の丸写しでもダメである．必ず国情から出発して，マルクス主義の基本原理と中国の実状とを結びつけ，実践のなかで中国の特色のある社会主義の道を切り開かなければならない．〔中略〕

要するに，我が国における社会主義の初級段階とは，少しずつ貧困から抜け出し，少しずつ遅れた段階から抜け出すことである．つまり，〔中略〕改革と模索を通じて，活力に満ちた社会主義の経済と政治と文化の体制を確立し発展させることであり，全国の人民が奮起して，苦労を厭わずに創業につ

とめ，中華民族の偉大なる復興を実現することである．

〔中略〕もし思想が硬直化して，改革開放が実行されなければ，〔我われは，〕今まで以上に社会主義の優越性を示したり社会主義の魅力を強化したりできなくなるばかりか，実際のところブルジョア自由化思想の拡散と蔓延を助長してしまうことになるだろう．〔「左」の〕硬直化と〔「右」の〕自由化という二種類の誤った思想の妨害と影響は，社会主義初級段階の全過程を貫くことになるだろう．「左」の良くない習慣は根深く，改革開放に対する抵抗が主にこの悪習から来ているため，全体からすれば，硬直化した思想を克服することが相当の長期にわたる主要任務となる．つまり，経済建設を中心に〔「四つの基本原則」と改革開放という〕二つの基本点を堅持することが，我われの主要な経験であり，党の社会主義初級段階における基本路線の主たる内容である．

2. 経済成長の光と影

改革開放と日本，香港，台湾

改革開放の湧き水が文革期に少しずつ溢れ出し，それが1970年代末から1980年代にかけて徐々に本流を形成し，1990年代初頭から大河へと様相を変えるにあたり，中国にとって日本，香港，台湾との関係は重要だった．なぜなら，それらの関係性が安定すれば，改革開放の基盤も安定するからである．

日中の国交が正常化して日中平和友好条約が締結されると*1，日中長期貿易に関する取り決めが結ばれ（1978年），松下電器産業（現パナソニック）*2をはじめとする民間の経済活動が活発化した．日本は，中国に対して宝山製鉄所をはじめプラントや技術を輸出し，政府開発援助（ODA）の供与も開始した（1979年）．日本の対中ODAは2018年まで続き，その総額は有償資金協力（円借款*3）約3兆3000億円，無償資金協力約1600億円，技術協力約1800億円に達し，日本は最

*1 第一章53頁参照.

*2 中国は2018年に改革開放に貢献した外国人10人を表彰し，そのうちの2名が日本人だった．その1人が，現パナソニックを創業した松下幸之助だった（もう1人は大平正芳元首相）．同氏は，国際的な企業を改革開放に参加させた先駆者として，高く評価されている．

*3 中国の経済発展にともない，新規の円借款貸付は2007年に終了した．

大の対中援助国となって，中国の改革開放を支えた．中国も，パンダを日中友好のシンボルとして戦略的に活用しながら*1，良好な国民感情の形成に努めた．日中戦争の終戦直後に中国に残された人びとの肉親捜しも 1980 年代から始まり，過去の戦争が個人にもたらした波乱万丈の人生を当時の日本人が追体験するような雰囲気が高まった．1980 年代の日中関係は，歴史教科書問題*2 や靖国神社参拝問題*3 など不穏な空気に包まれたこともあったが，総じて日中双方にとって黄金期と記憶されるほどに良好であり，日本の中国に対する親近感は比較的に高かった．

　ところが，良好な日中関係にも，突如として試練がふりかかった．それは，中国が民主化運動を弾圧（「六四」）し，ソ連をはじめとする社会主義諸国が崩壊した 1990 年前後のことだった．すなわち，中国は，民主政治を重視する西側の資本主義諸国が平和的な手段によって中国を崩壊させようとしている（「和平演変」）と強く警戒するようになり，そのなかで，日本は，西側の一員として対中制裁に加担せざるを得なくなった．これは，良好な日中関係を築こうとしてきた日本にとっても，苦渋の決断だった．

　その後，日本は，中国に対する国際的な制裁をいち早く解除した．その理由は，中国を国際社会で孤立させることなく発展基調に戻すことが日本の国益に合致する，と判断したためである．日本は，円借款を速やかに再開すると同時に，天皇（当時）訪中も実現させた（1992 年．⇨2-④）．この時期，中国も，国際社会で目立つことなく時機を俟つ（「韜光養晦」）という低姿勢な外交方針の下で，日中関係を改善しながら，高度経済成長を促す国際環境を整えていった．こうして 1990 年代から 2000 年代初頭にかけて，日中間の貿易や投資は拡大した．確かに，日中間の歴史認識問題が政治化したことで国民感情が悪化したこともあったが，それでも経済の結びつきは強まっ

*1　贈与から，貸与へと形態を変化させていった．パンダ外交も文化外交の一環であり，戦略性がある．

*2　当時の文部省が教科書検定にあたって「侵略」を「進出」に書き換える指示を出したとの日本メディアの誤報が，最初の引き金になった（1982 年）．この後，日本の歴史教科書検定基準には「近隣諸国条項」が加筆され，他国に対する配慮が示された．また，村山談話（1995 年）では，侵略と植民地支配に対して反省と謝罪が述べられた．さらに，歴史教科書がその後も外交問題となったことから，日中間で歴史共同研究がおこなわれた（2006-09 年）．

*3　中国からすれば，日中国交正常化時の一つの根拠となった軍民二分論が踏みにじられた，と映った．また，日本でも，政教分離の憲法論との整合性が問われることもある．

2-④　天皇訪中

た.

他方，この時期の共産党は，民主政治をめぐって，香港や台湾とも新たな段階を迎えつつあった.

*1　第三章127頁参照.

中国は，イギリスの香港（新界）の租借期限*1が1997年に迫るなか，1980年代から香港返還という新たな問題に取り組んだ. 中国は，香港の経済的繁栄を実現させた実績をたてに租借延長を要求するイギリスに対して，返還後も香港の

*2　第三章149頁参照.

資本主義体制を維持する「一国二制度」*2方式を提案し，交渉を有利に進めた. これに対しイギリスは，突如として香港で民主化を開始し，議会（立法評議会）の一部に間接選挙を導入した. しかし，中国は，これをイギリスの陰謀とみなして非難した.

その後，中英両国は交渉を重ね，イギリスが民主化の速度を落とし，中国は返還後も民主化を引き継ぐ方針を示した. ところが，「六四」後に，香港の民主派勢力が政党を組織して選挙で大勝を収めるようになると，中国は香港が政権の転覆基地——1940年代後半の共産党は，英領香港を利用しながら民国から人民共和国への転換を図った——になることを恐れた. 中国は，返還後の香港政府の長（行政長官）と議会（立法会）をいずれも最終的には普通選挙で選出することを香

*3　香港特別行政区基本法. 香港返還後の憲法に相当する. 第三章150頁参照.

港基本法*3に目標として明記したが，イギリスの最後の香港総督パッテンが急進的な民主改革を断行したため，これに激しく反発した. 香港の民主化は中英両国のいずれにとっても不満の残る形となり，この宙吊りの状態で，香港は中国に

*4　第三章154頁参照.

返還された（1997年）*4.

ちなみに，マカオはポルトガルによって統治されていたが，そのポルトガルは海外領土を放棄する方針を早々に固めてい

*5　これにより欧米の植民地がアジアから消滅した. 第三章162-163頁参照.

た. マカオは香港返還後に中国に返還され（1999年）*5，マカオの世論はおおむね返還を歓迎した.

*6　第四章188-191頁参照.

この香港，マカオから海峡を隔てた場所にある台湾は，この頃，経済を発展させながら民主化を加速させつつあった*6.

このような台湾情勢は，中国からすれば，分断の危機でしか
なかった．確かに，1990年代前半には，台湾海峡を挟んだ関
係の安定化に向けた対話がなされたが，次第に李登輝が民主
化へと大きく舵を切ると，中国の台湾に対する不信感と警戒
感は頂点に達し，1990年代半ばに，台湾近海でミサイル発
射や威嚇的な軍事演習を繰り返した（第3次台湾海峡危機）[*1]．

*1　第四章192頁参照.

　このように，対外開放期の中国から香港および台湾との関
係性を大所高所から見渡した場合，政治面における摩擦は至
る所で発生していた．しかし，冷静に観察すると，この時期，
経済面における結びつきはむしろ強まりさえしていた[*2]．中
国は，返還直後の香港に対しては政治介入を控え，香港で大
規模な反中デモが発生しても，経済融和を図ることで，その
動きを弱めようとした．また，中国は，台湾に対しては，通
商，通航，通郵の「三通（さんつう）」を速やかに実行する旨の提案をお
こなっていた（「台湾同胞に告げる書」1979年）．当初の往来は
香港を経由する間接的なものにとどまっていたが，台湾資本
が大陸中国に進出するにつれ，厦門と金門島の間で「三通」
を限定的ながらも実現させた（「小三通」）．その後，この「三
通」政策は全面化され（2008年），紆余曲折を経て，今日に
至っている．

*2　第三章153-154
頁，第四章191頁参照.

改革開放による変容

　こうして中国は，日本，香港，台湾と向き合いながら1990
年代初頭に改革開放を再び軌道に乗せ，朱鎔基（しゅようき）[*3]国務院副
総理（のちに国務院総理）の下でインフレの抑制に努めて，
2010年代半ばまで高い経済成長率を達成することになった
（⇨図版解説4，111頁）．この間に，国家と市場の関係性は変
容し，中国のグローバル経済への統合と市場メカニズムの導
入が加速された．中国は，外貨準備が潤沢な上に資金流出も
起きにくかったため，アジア通貨危機（1997年）の際にも，
他国と比較して高めの経済成長率を維持できた．しかし同時

朱鎔基
*3　1928- ．反右派
闘争で批判されたが，
改革開放期に外資導入
を積極的に進めた．高
度経済成長の立役者の
一人.

に，中国は，良好な輸出環境の創出が重要だとも痛感し，
「アセアン（ASEAN）+3」（アセアン 10 か国と日本，韓国，中国）
の枠組みや東アジアにおける自由貿易協定（FTA）の推進に
積極的に関与していった．また，1980 年代半ばの「関税と
貿易に関する一般協定」（GATT）への加入*1 申請から約 15
年の時間を費やして世界貿易機関（WTO）への加盟を果たし
（2001 年），輸出量を急速に伸ばしながら，グローバル経済と
の一体化を進めた．

とはいえ，改革開放の促進は，その内部でさまざまな歪み
をもたらした．

たとえば，前述した二重価格制は，腐敗の原因となった．
また，国有企業改革によって，所有と経営が分離されたこと
で，所有者である国家が企業の赤字経営を財政で補填しなけ
ればならないという問題が発生した．そのため，朱鎔基の指
導の下で，国有企業を有限会社と株式会社へと転換する方針
が打ち出され（1995 年），中小の国有企業の民営化が促された．
しかし，企業の自主管理が進まなければ生産手段の「社会化」
（エンゲルス）は実現しないという，かつて旧東欧諸国で盛ん
に議論された論点がなおざりにされ，そればかりか，この国
有企業改革によって，「下 崗シャアガン」と呼ばれた失業者が大量に発
生して，計画経済体制下の「単位」社会*2 そのものが揺らい
だ．必然的に，社会保障制度の改革も待ったなしとなった．

この社会保障制度の改革は，各地域の実情が大きく異なっ
ているだけに，かなりの難題となって，現在に至っている．
確かに，失業保険，年金保険，医療保険，生活保護などの制
度化は全体的にみれば進み，2014 年以降は，農村と都市の
住民を対象とする社会保険の統合が戸籍制度改革*3 ととも
に進んだ．しかし，実態は，無保険者が残されたままとなっ
ている．なぜなら，被用者は強制加入だが，住民は任意加入
だからである．

さらに，1990 年代に問題となったのは，税制度と金融制

*1 自由貿易の促進を
目的とする GATT が
1948 年に創設された際，
民国は原締約国だった．
そのため，中国（人民
共和国）の GATT 加
盟交渉は，それへの
「復帰」交渉でもあっ
た．

*2 第一章 33 頁参照．

*3 第一章 34 頁，本
章 103 頁参照．

度の改革だった.

それまで中央は，地方に財政を請け負わせていたが，それを改めるべく分税制を導入し（1994年），財政収入を中央と地方に入るそれぞれの固定収入に分け，一定の比率で中央と地方の間で分配する仕組みを整えた．この結果，中央の財政収入は急激に上昇し，財政を通じた中央の地方への再配分機能が高まった．この改革による問題点は，財源の乏しい地方（郷，鎮，村）が農民から農業税や諸費用を厳しく徴収するようになったことだが，中央は，農民たちの不満に応えて，2000年代半ばから，それらを徐々に廃止していった.

金融面では，中国人民銀行が中央銀行として機能を強化し，地方と国有銀行との癒着関係もその他の一連の金融改革を通して少なからず解消されていったため，インフレは徐々に沈静化した．このように中央は，経済を制度化してマクロにコントロールできるようになったが，腐敗や汚職の温床——軍[1]のビジネス化など——を根絶できたわけではなかった.軍の改革と汚職の取り締まりは，2010年代にも依然として大きな政治問題となっている.

加えて，環境汚染の深刻化[2]と並んで，都市と農村，沿海と内陸との格差[3]が広がったことも，大きな問題である.たとえば，沿海部の主要都市の不動産価格は異常なまでに高騰し，それに対して内陸部の不動産価格は全国平均を下回ったため，この不均等な発展が投機を目的とする不動産の転売や無計画な不動産開発に拍車をかけ，各地にゴーストタウン（「鬼城」）を生み出した.

こうした格差問題を解消するための象徴的な政策の一つが，2000年代から始まった西部大開発だった．この政策は一定の効果を上げたと評価されており，西安（陝西省），蘭州（甘粛省），成都（四川省），重慶（直轄市）などは発展した．しかし，西部のすべてが発展基盤を整えられたわけではなく，だからこそ，中央は，西部全体の浮上を目ざすべく，隣接する

*1 「コラム1 人民解放軍の歴史」参照.

*2 北方の砂漠化（黄砂），黄河の失調（水量の低下など），大気汚染（PM2.5），水質汚染など，さまざまな問題が発生している．環境保護情報公開条例（2008年）が施行されるなど，国家（党および政府）や社会（企業，NGO，個人）も対策を講じている.

*3 2021年度を一例に取りあげると，上海市の可処分所得は約7万8千元であるのに対して，甘粛省は約2万2千元である．また，都市と農村の1人当たりの可処分所得格差は，2.5：1である.

中央アジア諸国との関係強化を視野に入れながら新たな措置を講じた．それらは，安全保障政策の一環でもある上海協力機構や「一帯一路(いったいいちろ)」*1 構想を強力に推進しようとする姿勢にあらわれている．

社会の自立と管理

　改革開放の正負両面の関係性は，社会が自立化へと向かった反面，国家（党および政府）がそれを抑制して管理しようとしている関係性だとも理解できる．いわば，社会と国家の攻防が繰り広げられているわけである．

　「社会主義市場経済」の浸透は，「単位」社会を社区(しゃく)を中心とする社会へと変化させた．社区の居民委員会は，その委員を住民の直接選挙や住民代表および戸代表の間接選挙で選出し，治安や公衆衛生*2 などの業務を担っている．いわば，一種の自治組織として機能している．しかし，居民委員会の選挙は限定的な自由選挙*3 であり，その主任は社区の党書記がしばしば兼任するため，党や政府の最末端の組織としても機能している．この側面は，たとえば，社区での「邪教」（党に批判的な民間信仰）管理の強化にもあらわれている．物質的な豊かさを実感するようになった人びとは，20 世紀の終わり頃から，精神的な豊かさを求めるようになり，気功ブームの到来とともに，法輪功に参加するなどした．この法輪功は，やがて，改革開放の下での国有企業改革で痛みをともなった人びとの不満を吸収しながら勢力を拡大していき，共産党からは，西側諸国の支援を受けた反中勢力と結託する組織として非難されるようになった．法輪功をはじめとする邪教に対する取り締まりは，社区を通じておこなわれている．

　以上のような社会の変容は，共産党に対して，国民の統合と社会の安定のために新たな対応を促した．その主たるものが，江沢民の指示によって 1990 年代から加速した愛国主義教育（⇨2-⑤）だった．

この愛国主義教育は，1980年代前半に起源をもち，2010年代までにいくつかの段階を踏んだ．まず，中国近現代史における共産党の歴史的役割とその革命の実績に学ぶことが何よりも重視され，共産党を中心とする愛国の精神が対外開放期の多様な社会を統合する新たな軸として強調された．しかし，現実の社会では，経済発展によって資本家が台頭し，その一部が共産党員になった[*1]ことから，従来の階級闘争に関する記述が大幅に削減された．また，改革開放は国際協調を不可欠としていることから，西側諸国を帝国主義と断定して，その西側諸国から受けた近代史の被害状況を扇情的に表現することも，抑制されるようになった．

2-⑤　愛国主義教育

*1　こうした変化が「三つの代表」論の背景となった．本章99頁参照．

　もっとも，共産党がその統治に正統（当）性をもたせるためには，外部から侵略された近代史[*2]を人民とともに克服したというストーリーは依然として有効であり，そのストーリーをわかりやすく説明するための事例として，反日の論理が利用された．それは，2000年代の反日デモなどからも観察できる．また，2010年代に入ると，中国の中国近現代史教育[*3]は中華圏の近現代史を重視し始めた．これは，民国史が1949年で終わるのか，それともその後の台湾で現在まで続いているとみなすのか，あるいは，その台湾で事実上終焉したとみなすのかという学術的な問いを超えた，共産党による一種の統一戦線でもある．

*2　本章105頁参照．

*3　検定制が1986年に導入されて北京や上海では独自の教科書が編纂されたが，2017年から小中学校の国語，歴史，「道徳と法治」の3科目が全国統一の国定制になった．

　なお，中国の愛国主義教育が社会に一定程度浸透したのは，日本の反応にも起因している．南京虐殺の史実を否定することに象徴される侵略戦争に対する無反省な反応や一部の政治家による度重なる靖国神社参拝が，中国の人びとの感情を逆なでし，愛国主義教育を助長したことも否定できない．

共産党の変容と集団指導体制

　改革開放は，社会を変容させ，共産党の社会への対応に変

表1 共産党の党員数

年	党員数 （万人）	対人口比 （%）	基盤階級が党員に 占める割合（%）
1949	448.8	0.83	62.12
1956	1,250.4	1.99	61.17
1976	3,507.8	3.76	69.15
1979	3,841.7	3.96	66.49
1992	5,279.3	4.58	53.33
1993	5,406.5	4.65	52.36
1997	6,041.7	5.01	49.71
2002	6,694.1	5.21	45.10
2003	6,823.2	5.28	44.10
2012	8,512.7	6.29	38.30
2013	8,668.6	6.37	38.12
2018	9,059.4	6.49	35.27

化をもたらした．と同時に，実は，共産党そのものも変化させた．

共産党の党員数（表1）は，1950年代から2010年代まで，一貫して増加した．その総人口に占める割合も，上昇し続けた．ところが，党員の階級を確認すると，共産党の基盤階級である労働者と農民の割合は，文革の終焉とともに低下していき，20世紀の終わりには全体の半数を切り，代わって党や政府の幹部，各種の技術者などの割合が増えた．つまり，共産党は，労働者と農民を中心とする階級政党から，高学歴者を含むエリート政党へと変貌しているのである．しかも，本来の階級敵だった私営企業家ら資本家と呼ばれる人たちも，現在，入党している．共産党は資本主義を事実上受けいれている，ということである．

さらに，共産党の指導体制は，毛沢東期のような個人独裁型から，鄧小平期以降の集団指導体制型へとシフトしていった．その主たる理由は，鄧小平が進めた政治改革が毛沢東政治を否定したからである．すなわち，党の最高ポストとして設置された総書記（1982年）の職権は制限され，党規約には明文化されてはいないが，総書記の任期を最長2期（1期5年）とする共通認識と総書記を含む中央政治局常務委員[*1]の就任時の年齢を制限する慣習が形成された[*2]．また，文革後の歴代の総書記に毛沢東のようなカリスマ性がなかったことも，集団指導体制に移った一因だった．こうして，江沢民や胡錦濤は，1990年代前半から2010年代初頭にかけて総書記，国家主席，中央軍事委員会主席を兼任したとはいえ，その指導体制は，中央政治局常務委員会の合議制に基づく集団指導体制となった．

以上のような共産党の変化は，改革開放による社会の多様

*1 「総書記—中央政治局常務委員会—中央政治局」というピラミッド構造は変わっていないが，2022年9月現在，常務委員会は7名，中央政治局は25名で構成されている．

*2 本章79-81頁参照．

化にしなやかに反応したプロセスでもあった．だからこそ，共産党は，自らの変化を正当化させるために，新たな政治理念を社会に示した．江沢民は，2000 年代初頭に「三つの代表」論*1 を提起し，共産党第 16 回大会（2002 年 11 月）でマルクス・レーニン主義，毛沢東思想，鄧小平理論と並ぶ党の重要思想に位置づけて，党規約に明記した．第 10 期全国人大（2004 年 3 月）も，これを 1982 年憲法の部分改正によって追認した．

　こうして 21 世紀の共産党は，「労農同盟」を基盤とした階級政党としての建前を残しつつも，かつての階級敵だった私営企業家をも包摂する国民政党へと脱皮し，多様化した利害関係を調整する体制へと移行した．

調和のとれた社会を目ざして

　この中国政治の流れを引き継いだのが，共産党第 16 回大会を経て成立した胡錦濤*2 政権だった．江沢民から胡錦濤への引継ぎは，共産党史上初の平和裏な権力の移行だった．党内の民主化（「党内民主」）が積極的に推進され，それは，かつての共産党第 13 回大会の「党内民主」によって党外の民主化を段階的に進めるという方針をなぞるようなものだった．この時期，「協商民主」（Deliberative Democracy）が実践され，共産党の指導を前提にしていたとはいえ，各地で公聴会や対話会などが積極的におこなわれた．新たな政治の展開が期待されつつあった．

　この「協商民主」は，対外開放期の経済発展にともなう社会の多様性に対する一種の反応だった．そして，胡錦濤や胡を支えた温家宝*3 国務院総理は，社会に反応しただけでなく，自らの政治方針を示す新たな概念を大々的に打ち出した．それが調和社会（「和諧社会」）と科学的発展観*4 だった．胡は，これらの方針の下で，さまざまな問題の解決や格差の是正に取り組み，調和のとれた社会を実現しようとした．

胡錦濤

*1　中国の先進的な社会生産力の発展の要求，中国の先進文化の前進の方向，中国の最も幅広い人民の根本的利益．

*2　1942-．2002 年から 12 年まで総書記．

*3　1942-．1998 年に国務院副総理，2003 年から 2013 年まで国務院総理．

*4　人を基本に，経済，社会，文化などを協調させながら，持続可能な発展を実現する，という考え方．

しかし，社会の多様なニーズを汲み取るための「選挙民主」は，限定的だった．地方レベルの人民代表大会代表は，県や郷や鎮などでは選挙民から直接選挙で選出される仕組みではあるが[*1]，選挙民は事前審査を通過した有権者のみであり，自薦候補（選挙民の推薦を集めるなどして当選を目ざす候補）に対する締めつけも残っている．また，市レベル以上の人民代表大会代表は，1級下の代表による間接選挙で選出される仕組みであり，かつてのソ連のような直接選挙の仕組みではない．さらに，地方党支部の書記や私営企業家といったエリート層が，労働者や農民の代表枠を利用して当選数を伸ばしていることから，労働者や農民の利害が反映されにくくなっている．

胡錦濤が中国語の「民主」を多用していたことは事実である．しかし，旧ソ連邦を構成していた諸国で政権交代が連鎖的に発生した[*2]ことから，胡は，中国語の「民主」概念が西側の民主政治の次元に高められないように慎重にコントロールしていた．

とはいえ，胡錦濤政権下で北京オリンピック（2008年）や上海万博（2010年）が開催され，国際社会でのプレゼンスは徐々に高まっていった．オリンピックの総予算約400億ドルは過去の例からしても破格であり，万博による経済効果は800億元（約1兆円）を超えたとも推計されている．また，この間に世界経済をマイナス成長に陥らせたリーマンショック（2008年）が中国にも押し寄せたが，胡錦濤政権は，4兆元（約57兆円）にものぼる景気対策によって経済をV字回復させ，国際的な評価を高めた．さらに，高速道路網や高速鉄道網が急ピッチに整備され，情報技術（IT）をはじめとするハイテク産業も目覚ましく発展した．今日，検索システムのバイドゥ（百度），ネット通販のアリババ[*3]，オンライン決済システムのアリペイ，「微博」（Weibo）と呼ばれるミニブログ，中国版のラインに相当するウィーチャット（WeChat），中国

*1　選挙法が1979年に改正され，直接選挙の範囲が県レベルまで拡大された．

*2　ジョージアのバラ革命（2003年），ウクライナのオレンジ革命（2004年），キルギスのチューリップ革命（2005年）．

*3　アジア最大のネット通販サイト「淘宝網」（Taobao）などを展開し，毎年11月11日の独身の日の売上総額は相当な額にのぼっている（2019年は約3兆4800億円）．

版のオンライン会議システム（VooV Meeting），若者に大人気のティックトック（TikTok）など，多くの中国系企業が存在感を国際社会で高めている．また，人工知能（AI）が膨大な個人情報を瞬時に解析して各個人を格付けするサービス「芝麻信用」も生まれた．

　つまり，中国は，2000年代から2010年代にかけて労働集約型の産業から高付加価値の産業へと構造を転換させ，生活のデジタル化*1を推し進めるなど，世界の工場という地位から政治や経済や軍事などで大国と呼ばれるような地位へと徐々に変化していった．事実，2010年代の中国は，日本を抜いて世界第2位の経済大国となった．中国のイノベーションの中心地である広東省の深圳からは，通信機器の生産からネットワークの構築までを手掛けるファーウェイ（華為技術）やドローン（民生用小型無人機）の生産で有名な大疆創新科技（DJI）といった世界的な企業が誕生した．

　こうして胡錦濤政権下の中国は，大国化へとあゆみを進め，次の習近平*2政権を迎えることになった．

*1　個人情報の保護をめぐって，中国と海外では理解に溝がある．

経済と民族の歪み

　しかし，大国化した中国といえども，高い経済成長率を半永久的に維持することは，一般論からして難しい．2010年代半ば頃から，中国経済は安定的な成長段階に入り，ニューノーマル（「新常態」）と呼ばれるようになった（⇨図版解説4，111頁）．高い経済成長率が国内の不満を緩和してきたとすれば，今後はそれらの不満が少しずつ顕在化すると考えられる．それらの不満の根底にあるのは，権力と結びついた一部の経営者や新興の企業家らが個人財産の所有権を認めた物権法（2007年）によってますます豊かになったという，社会主義の下での歪な格差の拡大である．調和のとれた社会を実現することは，容易ではない．

　たとえば，リーマンショックに対応するための大規模な景

習近平
*2　1953-．文革期に陝西省で「下放」された経験をもつ．2012年に総書記に就任．

気対策は，投資依存型の経済成長を助長し，過剰生産，不動産在庫，地方債務の急激な拡大といった問題を引き起こした[*1]．また，政府主導の景気対策は，民営企業など非国有企業を圧迫し，国有企業の存在感をむしろ高めてしまっている可能性がある（「国進民退」）．

さらに，民族自治が形骸化している可能性も高い．チベット自治区や新疆ウイグル自治区など，5つの自治区すべての党書記が漢族である．とりわけ，2000年代後半から，チベットではダライ・ラマ14世[*2]とその後継者をめぐって，新疆ウイグルではウイグル族に対する人権抑圧をめぐって，中央と地方との対立が深まっており，その対立は米中を中心とする世界的な摩擦ともなっている．

社会の歪みと陳情の圧力
——世代間のギャップ，戸籍制度，一人っ子政策

もちろん，社会の深淵部からの歪みもある．

たとえば，価値観をめぐる世代間のギャップ（1980年代は「八〇後」，1990年代は「九〇後」，2000年代は「〇〇後」と呼ばれる）は，地域や時代を問わず，中国でも発生している．価値観の多様性は豊かな社会を形成する上では好ましいが，対外開放期の多様性は，「豊かになれるものから豊かになる」という先富論によってもたらされ，深刻な格差を内側に秘めている．当然に，社会主義や共産主義の魅力は色褪せ，1980年代から「信念の危機」という言葉で問題視され始めた共産党離れが進み，共産党は，社会主義に代わる新たな統合の軸として，愛国主義教育による中華ナショナリズムを重視するようになった．しかし，漢族とその他の民族との間の摩擦が残り続ける現状下では，中華ナショナリズムが盤石だとは言い難く，それに代わる新たな統合の軸が必要になるのかもしれない．

また，人民共和国の長期にわたる社会問題として，戸籍制

[*1] 「一帯一路」（本章107頁参照）に象徴される資本輸出型の経済発展戦略は，過剰な国内資本や外貨準備を海外に振り向ける，という目的ももっている．

[*2] 第一章41頁参照．

度が都市と農村の間の人の移動を制限してきた
こと，農民工(のうみんこう)と呼ばれる出稼ぎ労働者が都市部
で違法滞留していること（⇨2-⑥），そうして都
市部での治安が悪化し，農村部では留守児童
（⇨2-⑦）が相当数にのぼること（2017年で1200
万人以上）がある．そのため，中央は，農民工
に都市戸籍を与える戸籍制度改革を緩やかに進
めて，都市化の実態にあわせようとしている．
中国は，もはや農民が半数を占める農業国では
ない*1——中央は，「農民の市民」化を通じて
中間層を創出し，そうして内需を拡大しようと
している——．

2-⑥　違法滞留する農民工

2-⑦　両親と離れたくない留守児童

　この戸籍制度改革は，大まかにいえば，大都
市への移住制限をその人口規模に応じながら緩和しようとす
るものである．具体的に整理すれば，次のようになる（2019
年）．常住人口100-300万の大都市は，戸籍制限を全面的に
廃止する．常住人口300-500万の大都市は，戸籍取得条件を
全面的に緩和し，「重点群体(じゅうてんぐんたい)」（後述）に対する戸籍制限を
全面的に廃止する．常住人口500万以上の大都市は，戸籍取
得のためのポイント制度を改善するなどして，戸籍取得者の
増加を目ざす*2．ちなみに，「重点群体」とは，都市によっ
て定義が異なっているが，一般には，都市部で安定的に就業
し生活している新生代の農民工（1980年以降生まれ），都市部
での就業と生活が5年以上で，家族同伴で農村から出てきて
いる者，大学に入学または軍に入るために都市部に来た農村
学生などを指している．

　さらに，長期にわたる一人っ子政策（1979年開始）が主因
となって，男女の構成に人為的な歪みが生じ，晩婚化ととも
に少子高齢化が今後進むとも予想されている．一人の子ども
を大切に育てるという考え方が広まった結果，中国の出生率
は日本をも下回った状態にある（2017年で1.24）．この1世代

*1　国務院に属する
国家発展改革委員会
（前身は国家計画委員
会）によれば，都市常
住の人口比率は，
2000年の約36％から
2018年の約60％にま
で上昇している．

*2　人口500万以上
の大都市の場合，個人
の技能や学歴，納税状
況，居住年数などにか
なり厳しい条件が課せ
られている．そのため，
戸籍を取得するための
ハードルは，依然とし
て高い．

2-⑧ 一人っ子政策のポスター

以上にわたって実施された一人っ子政策（⇨2-⑧）は，強大な国家権力の下で，伝統的な家父長制を大きく揺さぶり，女性を「産むべき宿命」から「解放」した（2010年代半ばに廃止）．しかし，性別を選択するための中絶，女児や女児を産んだ母親への虐待，女児を中心とする大量の戸籍のない闇っ子（「黒孩子」）が発生するなど，女性が多大な犠牲を払ってきた．

　以上のようなさまざまな問題群に，地方は日々対応を迫られている．しかし，地方の汚職や腐敗に対して不満を募らせている地元住民たちは，地方政府に問題の解決を期待せず，中央政府に陳情（「信訪」）することで打開策をみつけようとしている．このような陳情に期待する光景は，中央に対する信頼感のあらわれとも受けとめられるが，すべての陳情に逐一応えられない中央からすれば，対応次第では矛先が自らに向かいかねない社会的圧力となっている．

「収」と「放」を反復する中国政治——2010 年代の地平

　2010 年代初頭，権力は胡錦濤から習近平に移った．習近平は，共産党第 18 回大会（2012 年 11 月）で総書記に選出され，第 12 期全国人大（2013 年 3 月）を経て，党と政府と軍のトップとなった．

　習近平政権の特徴は，権力の集中と自身の権威化にあり，それまでの集団指導体制を集権的指導体制へと変えようとしていることである．たとえば，各政策の実質的な決定をおこなう共産党中央の各種委員会や領導小組に，中央国家安全委員会（安全保障を総合的に担う），中央全面深化改革領導小組（経済建設，民主法制，文化，社会体制，党建設，紀律検査体制の改革を担う），中央サイバーセキュリティ・情報化領導小組（情報管理とサイバーセキュリティを担う）などが新設され，習

自らが軒並みそれらのトップに名を連ねた．習仲勲の息子として「太子党」*1 ないしは「紅二代」*2 にネットワークをもつ彼は，共産党第 18 期 6 中全会（2016 年 10 月）で共産党中央の「核心」と位置づけられ，毛沢東，鄧小平，江沢民と並ぶ権威を得た．また，「習近平新時代の中国の特色ある社会主義思想」が共産党第 19 回大会（2017 年 10 月）で党規約に盛り込まれ，翌年の憲法にも明記された．この時の 1982 年憲法の部分改正では，国家主席の任期が撤廃され（第 13 期全国人大），2 期 10 年を超える長期政権の布石が打たれた．軍制*3 についても，人民共和国の成立以来，最大の改革が実施され，習近平の軍に対する統制力と指揮権限は強化された．

　このような集権的指導体制は，政策決定を迅速化させるのか，それとも，反腐敗キャンペーン*4 による汚職摘発や綱紀粛正による党内の引き締めに対する反発が加わって政治運営の硬直化をもたらすのか，現段階では見通せない．しかし，中国政治を歴史的スパンで見渡した場合，民国期の訓政から憲政への移行（20 世紀前半のうち 1930 年代から 1940 年代）にみられた集権（「収」）から分権（「放」）への流れが人民共和国期に「収」へと逆戻りし，その「収」のなかにあっても，文革後の 1980 年代と「六四」からしばらく経った 2000 年代に「放」の現象がみられ，それにもかかわらず，2010 年代後半から急速に「収」の側面が際立つようになった，と理解できよう．現在の中国政治は，「収」と「放」の反復の真っただ中にある．

　さらに，歴史的な視点を中国近現代史全体へと拡大した場合，習近平がスローガンとして打ち出した「中国の夢」は，共産党にとって特殊な意味をもっていることがわかる．「中国の夢」は，簡潔にいえば「中華民族の偉大なる復興」であり，共産党第 19 回大会の報告で国家目標になった．共産党からすれば，中国近代史は，基本的には帝国主義によって侵略された屈辱の歴史である*5．その暗黒の歴史を共産党を中

*1　共産党の高級幹部の子弟から成るグループ．

*2　「太子党」のうち，毛沢東らとともに1949 年以前から革命に参加していた共産党幹部の子弟たち．

*3　「コラム1　人民解放軍の歴史」参照．

*4　民衆からの支持も集めている．

*5　中国の歴史政策のポイントの 1 つは，自国の近代史に対する解釈である．大まかにいえば，この時期の歴史を近代化に向かった時期として積極的に評価する立場と，侵略された時期として消極的に評価する立場がある．前者は，グローバル化のなかに中国近代史を位置づけることで現在の中国と世界との対話が可能であることを示そうとし，後者は，現在の中国が屈辱の中国近代史を克服して大国化したことを示そうとしている．詳細は，劉傑・中村元哉（2022）を参照のこと．

心とする中華民族によって克服することが中国の真の復興であり，そうして世界における中華文明のプレゼンスを高めることが何よりも必要である[*1]．こうした語気が「中国の夢」には含まれており，そこに共産党統治の歴史的正統（当）性の論理が埋め込まれている（⇨史料解読7，111頁）．

こうして大国化した 2010 年代の中国は，権力を一元化させながら中華民族の復興へと邁進している．その政治姿勢は，国際社会からすれば強国化を目ざしているようにも受けとめられ，不安視されている．

国際社会のなかで大国化から強国化へと向かう中国

高度経済成長期に突入した中国が国際社会での存在感を示したのが，2000 年代の北朝鮮問題に対する取り組みだった．北朝鮮の核開発やミサイル開発の進展を受けて，国際社会の緊張が高まると，中国は，六者協議の議長国として仲介役を務めた．北朝鮮は最終的に協議からの離脱を宣言したが（2009 年），2010 年代後半の米朝首脳会談の前後に中朝首脳会談が数度実施されるなど，中国の北朝鮮に対する影響力は一定程度維持されている．

しかし，21 世紀に入ってからの中国は，大国化へのあゆみとともに「中華民族の偉大なる復興」を掲げ，その強国化をめぐって国際社会との軋轢を広げている．

中国は，1970 年代から東シナ海や南シナ海をめぐって周辺諸国と係争関係にあるが，そのうち南シナ海については，パラセル（西沙）諸島やスプラトリー（南沙）諸島の領有権を国内法で明文化した後（領海法／1992 年），2000 年代末から，国際法や既存のルールを軽視して，強引に進出しようとしている．2013 年頃からスプラトリー諸島で人工島の建設に着手して基地建設を進め，フィリピンによる提訴を受けた国際仲裁裁判所の裁定も否定した（2016 年）．

中国は，内陸に対する影響力も強めている．1990 年代半ば

の上海ファイブ*1 から 2001 年設立の上海協力機構（SCO）*2 への移行は，国境協議のための枠組みから周辺地域の安全対策のための枠組みへと実質が変化したことを示している．実際，3 つの勢力（テロリズム，分離主義，宗教過激主義）に共同で対抗することが明記され，中国は，分離独立を目ざす新疆の動きに警戒心を隠そうとしていない．

　もちろん，中国からの内政によるアプローチも，同時並行で進められた．その代表的な政策が，日中戦争期の重慶を中心とする奥地（「大後方」）の開発経験をもとにした三線建設*3（1960 年代）を，現代版にバージョンアップさせた西部大開発だった．この政策は，21 世紀初頭に始まり，改革開放によって拡大した東部（沿海部）と西部との格差を少しずつ縮小させるなど，一定の効果を上げている．中国は，その効果を持続させるためにも，内陸部でのロシアとの国境を画定させ，2013 年から「一帯一路」（Belt and Road Initiative）構想を強力に推し進めた．「一帯一路」とは，陸のシルクロード（中国—中央アジア諸国—ロシア—ヨーロッパ諸国）と海のシルクロード（中国—マラッカ海峡—スエズ運河—ヨーロッパ諸国）で構成され，シルクロード基金やアジアインフラ投資銀行（AIIB）を設立して，アジアやアフリカの新興国や途上国と関係を強化しながら，既存の国際秩序を変容させる可能性を秘めたものである．

　この変容は，中国の言葉を借りれば，「公正で合理的な国際秩序」の構築という意味になる．21 世紀に入ってから，世界経済は，新興国のプレゼンスの増大を反映して，G7（日米独英仏伊加）から G20*4 で調整する段階へと移行し，BRICs（ブラジル，ロシア，インド，中国）の一員でもある中国は，その G20 で存在感を高めている．と同時に，中国は，国連外交*5 を積極的に展開して対外援助を拡大し，自らの理念やアイディアを訴える公共外交（public diplomacy）を強化している．中国の公共外交は，官民連携の広報外交というよりも宣

*3　第一章 42 頁参照.

*1　中国，ロシア，カザフスタン，キルギス，タジキスタン.
*2　上海ファイブにウズベキスタンを加えた 6 か国．2017 年には，インドとパキスタンが加わって 8 か国で構成されている.

*4　世界の人口の約 3 分の 2，GDP の 8 割強，貿易総額の 7 割強を占めている（2019 年段階）．G20 は，G7 に加えて，中国，インド，韓国，ロシア，ブラジル，EU・欧州中央銀行などの 20 の国や地域から構成されている.

*5　中国は，国連平和維持活動（PKO）の人道的介入には否定的である．しかし，PKO への財政的貢献は，2016 年に日本を抜き米国に次ぐ世界第 2 位となった.

伝外交の側面を強くもち，その手法は，しばしばシャープパワー*1 として諸外国からは否定的に捉えられている．だからこそ，中国も，それらの批判をかわすために，ソフトパワーを意図的に追求しつつある．中国は，自国の文化や価値観で他国を魅了させるソフトパワーの一つの手段として，海外留学生の受け入れ（2018 年時点で 49.2 万人）や知中派の育成を目ざす孔子学院の世界展開（2018 年時点で 154 の国や地域に 548 か所）を強化している．

こうした既存の国際秩序を変容しようとする動きは，外部の世界からすれば，さまざまな違和感を抱かせる．中国を内政面から観察した場合，共産党は，かつて儒教批判を展開した五四運動を称賛したにもかかわらず，現在は儒教（孔子）を再活用しようとしており，自己矛盾に陥っているかのようである．また，中国を外交面から観察した場合，違和感をあらわす典型的な事例は，詳細な説明をするまでもなく，米中摩擦となるだろう．

改革開放の下で大国化した中国は，以上のような強国化のプロセスを踏みつつある．そのなかで，日本や香港，台湾に対する政策も調整しつつある．

強国化を目ざす中国と日本，香港，台湾

21 世紀に入ると，日本にとっての最大の貿易相手国は，アメリカから中国に変化した（2004 年）．しかし，それほどまでに日中間の経済的結びつきが深まったにもかかわらず，日中関係は，相互の政治情勢や国民感情にますます左右されるようになった．

中国は，日本の歴史教科書問題や国連安全保障理事会常任理事国入りを目ざす動きに対して，大規模な反日デモを展開した（2005 年）．この反日デモでは，日本製品不買運動や日系レストランへの破壊行為などがみられるようになり，日本では経済交流上の政治リスクが意識されて，対中感情が悪化

していった．これは，共産党の愛国主義教育が反日の論理を利用してきた結果だともみなせるが，実は，反日デモが過激化することは，共産党にとっても望ましいことではなかった．なぜなら，過激な反日デモによって社会情勢が混乱し，その不満の矛先が自らに向かうリスクが存在しているからである．共産党は，反日デモを理性的にコントロールしようとした[1]．

その後，北京オリンピックや上海万博を成功させた中国は，GDPで日本を抜いて世界第2位の経済大国となり（2010年），日本にとって，中国市場の重要性はますます否定し難くなった．しかし，日本政府の尖閣諸島国有化に端を発した大規模な反日デモが発生すると（2012年），日本の経済界は，中国以外の新興国にも投資を分散すべきだとの考えを強めていった．2010年代初めの日中両国は，いずれも双方に対するイメージを悪化させ，日中交正常化以来，最も冷え切った関係になった．その後，中国は，日本のソフトパワーに対する好印象もあって，対日イメージを急速に改善していき，中国からの日本への観光客[2]は，2014年頃から急増して「爆買い」[3]と呼ばれる社会現象を日本で引き起こした．他方で，日本は，自由や人権を蹂躙している中国に対して，なかなか好感をもてないでいる．そして，日本は，中国がハイテク技術やIT産業で日本を凌駕するなかで，大国化から強国化へと向かう中国の「一帯一路」構想と自らが主導する環太平洋パートナーシップ協定（TPP）の両方を見据えつつ，中国とのバランスを国際社会のなかで探ろうとしている．

では，中国は，香港や台湾とどのように向き合おうとしているのだろうか．

21世紀に入って大国化した中国は，徐々に強権を発動していった．その姿勢は，台湾に対して融和政策——共産党の胡錦濤総書記は内戦で敵対関係にある国民党の連戦主席を招待した（2005年）[4]——を講じながらも，台湾の独立を武力によってでも阻止しようとする反国家分裂法（2005年）を制

[1] 「「戦略的互恵関係」の包括的推進に関する日中共同声明」（2008年）が，3つの基本文書（1972年の日中共同声明，1978年の日中平和友好条約，1998年の日中共同宣言）の諸原則を確認し，対話と協力を促した．また，一部の知識人が「対日新思考」を提唱して，過去の戦争の記憶に基づく怨恨から脱すべきだと説いた．

[2] 2010年代には，台湾や香港からの訪日旅行者も相当な数に達した．

[3] 豊かになった中国の人びとは，欧米や日本のブランドを好むなど，高級感を追求するようになった．

[4] 第四章193-194頁参照．

定したことにあらわれている．その後も，中国は，反スパイ法（2014年），国家安全法（2015年），反テロ法（2015年）などを巧みに利用しながら，台湾の独立のみならず香港の政治的動きをも封じ込めようとしている[1]．

中国は，台湾での反中感情の高まり（2014年のひまわり学生運動[2]）に続き，普通選挙の実施方法をめぐって香港で高まったカラー革命[3]の一種である雨傘運動（2014年）に直面した．共産党は，香港政府を介して同運動を抑え込み，その後の香港独立論にも極度の警戒心を示しながら，2019年から翌年にかけて香港で広範囲に展開された民主化運動——逃亡犯条例改正案[4]の完全撤回や普通選挙の実現を求めた——に対して，国家安全法の論理（香港国家安全維持法）を適用して力で対応した（2020年）．

「中華民族の偉大なる復興」を掲げる中国は，その足元の中華圏で揺さぶられ，この混乱の背後に，かつての中国近代史を汚したような帝国主義——冷戦以降は「アメリカ帝国主義」——の策動があるのではないか，と疑っている．日本は，二つの大国である米中を，どのように橋渡しできるのだろうか．

*1　人権派弁護士や香港，台湾および日本の民間人もたびたび拘束されている．

*2　第四章195頁参照．

*3　本章100頁側注2参照．

*4　第三章159-160頁参照．

図版解説 4　改革開放と経済成長率

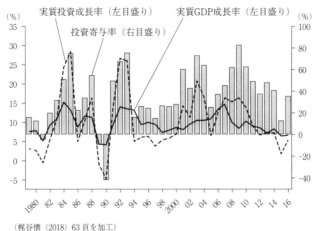

実質投資成長率（左目盛り）　　実質GDP成長率（左目盛り）

投資寄与率（右目盛り）

（梶谷懐（2018）63頁を加工）

〈解説〉

　グラフは，消費，投資，純輸出の3要素からGDPの実質成長率を求めたものである．高度経済成長時代が長期間続いたが，2010年代半ば頃からは中成長期に入ったと考えられる．

史料解読 7　「復興の道」展を参観した際の習近平による講話

〈解説〉

　習近平総書記は，就任直後に国家博物館「復興の道」展を参観し（2012年11月29日），「中国の夢」に公式の場で初めて触れた．「中国の夢」すなわち「中華民族の偉大なる復興」を強調することは，改革開放の光と影を背負いながら，中国の団結と統一に躍起になっていることを示している．この基本路線は，2020年代も続いている．

誰しも理想や追い求めるもの，そして自らの夢がある．現在みなが中国の夢について話している．では，中国の夢とは何だろうか．私は，中華民族の偉大なる復興の実現が，近代以降の中華民族の最も偉大な夢だと思う．なぜなら，この夢には数世代の中国人の宿願（しゅくがん）が凝集され，中華民族と中国人民全体の利益が具体的にあらわれているからである．この夢の実現は，中華民族一人一人が共通して待ち望んでいるところである．歴史が伝えているように，各個人の前途および命運は，国家と民族の前途および命運と密接につながっている．国家と民族が良くなって初めてみなが良くなれる．私たちが中華民族の偉大なる復興を実現するために奮闘していくというこの歴史的任務は，光栄なことではあるが，極めて困難なことでもあり，各代の中国人が共に努力していかなければならないことである．だから，私たちは空談を重ねて国を誤ってはならず，真摯（しんし）に国を振興させなければならない．私たちの世代の共産党員は，先人の事業を受け継いで将来の発展の道を切り開き，私たちの党をしっかりと建設して，全国の各民族を団結しなければならない．そして，私たちの国家をしっかりと建設し，私たちの民族をしっかりと発展させ，確固たる決意の下，中華民族の偉大なる復興というこの歴史的目標に向かって奮闘し前進しなければならない．

　私は，中国共産党が成立 100 周年を迎えた時，ゆとりある社会を全面的に建設しているという目標が必ず実現されていると確信している！　私は，中華人民共和国が成立 100 周年を迎えた時，我が国を「富強，民主，文明，和諧」の，いわば社会主義で現代化された国家にしているという目標が必ず実現されていると確信している！　私は，さらに，中華民族の偉大なる復興という夢が必ず実現されていると確信している！

3. 多様化する思想文化と管理される社会

高まる改革論——20 世紀前半からの水脈

李一哲（り いってつ）の壁新聞（「大字報」）[1] が文革期に公表され，人びとの意思が踏みにじられてきた状況が社会から告発された．

*1　第一章 71 頁参照．

文革期の暗い空気が漂い続けていたとはいえ，これを一つのきっかけとして，思想や文化はにわかに活気を取り戻していった．実際，1978年後半から翌年春にかけて北京の春*1 と呼ばれた民主化運動が盛り上がり，その要求を示した壁新聞が大量に貼り出された．その光景は，まさに「民主の壁」（⇨2-⑨）そのものだった．

2-⑨　民主の壁

ガリ版刷りの民間誌（「民刊」）が数多く発行され，体制内改革を目ざす穏健派の『四五論壇』や『北京の春』，欧米の自由や民主政治を求める急進派の『探索』などが議論の場を提供した．魏京生は，「四つの近代化」に自由と民主政治を加えよと要求し，「民主か，それとも新たな独裁か」と題した文章で鄧小平を批判したことで投獄された．しかし，同時期に注目すべき発言をしていた若手知識人たちは，ほかにも多数いた．そのうちの一人が胡平*2 だった．

*1　本章 78 頁参照.

*2　本章 122 頁参照.

　胡平は，言論の自由の絶対性を説き続けた．胡の主張は，社会に対する政治的圧力が長期にわたって存在したにもかかわらず，社会の内部から主体的に発せられた自由論という意味において，相当に刺激的だった（⇨史料解読 8，122 頁）．彼の歴史的な文章は，香港のリベラル誌『七十年代』に転載され，中国から香港を通じて海外へと伝わった．ちなみに，これと前後して，「『李一哲大字報』続編」も『七十年代』に掲載され（王希哲，第 116 号，1979 年 9 月），共産党の政治体制に対する社会からの批判が，やはり香港を通じて外部に発信された．

　これらの議論と並行して，人治と法治に対する関心も高まった．ここでいう人治とは，文革期の混乱した政治を引き起こした独裁的な体制を指すマイナスの概念である．法治とは，その人治とは対極に位置し，社会主義法治ないしは社会主義法制を確立しようとするプラスの概念である．確かに，ここでの法治概念は，法の支配（rule of law）ではなく，せいぜ

い法治主義（rule by law）を意味する程度でしかなかったが，それでも，法の無力化を何とかして克服しようとする新たな意欲のあらわれでもあった．民国期に日本の法学界を介して受容されたケルゼンの純粋法学[*1]は，人民共和国期に西側のブルジョア法学理論として無視されてきたが，この時期に，批判的にであれ，再び言及されるようになった．対外開放期の学術界は，中ソ対立以前のソ連法学や中ソ対立後に模索された中国独自の法学に加えて，欧米や日本の法学にも再び柔軟に目を配り始め，法整備を進めていった．「民主と法制」というワードも，この時期に盛んに使われた．

こうしてみると，1970 年代後半から 1980 年代にかけての学術や思想の動向は，人民共和国期からの新たな情勢を背景にして出現したものに加えて，民国期の潮流を引き継いで出現したものも含んでいたことになる．その好例は，1940 年代後半のリベラルな総合誌として知られた『観察』で活躍していた知識人（呉恩裕[*2]，韓徳培[*3]，費孝通[*4]ら）が再び発言するようになったことである．個人の自由の保障を求めた民国期の自由主義や政治的自由と社会的経済的平等を同時に実現しようとした民国期の社会民主主義が，新たな時代の下で，再発見されていった．

むろん，文革から改革開放へと向かう当時の時代性は，新民主主義[*5]から社会主義へと移行したとされる中国が再び新民主主義の段階に戻るのか，つまり，改革開放による社会の多様性を包摂するために資産階級と連携するのか否か，という関心も生んだ．これは，政治権力の観点からいえば，プロレタリア独裁[*6]が資産階級とどのように向き合うのかということだった．だからこそ，1980 年代の，とりわけ後半になると，リベラルな政治改革論が蘇紹智[*7]や厳家祺[*8]らによって提起され，厳らが作成した改革構想を基に，共産党第 13 回大会は党政分離を中央の方針として掲げる画期的な報告をおこなったわけである．方励之[*9]も，言論や報道の

[*1] 法律理論をあらゆる政治的イデオロギーから解放し，対象が固有の法則性をもつとした．

[*2] 1909-79．民国期の自由主義を牽引した一人．「西方の法学流派を略論する（下）」（『社会科学戦線』1978 年第 3 期）は，近代西洋の法学を「反動」の学問として評価せざるを得なかったにせよ，西洋の法学に再び光をあてた．

[*3] 1911-2009．民国期から人民共和国期の代表的な国際法学者．

[*4] 第一章 69 頁参照．

[*5] 序章 13 頁参照．

[*6] 第一章 36 頁参照．

[*7] 1923-2019．当時，マルクス・レーニン主義毛沢東思想研究所所長．「六四」直後に渡米．

[*8] 1942 年- ．当時，中国社会科学院政治学研究所所長．「六四」後に渡仏．

[*9] 1936-2012．物理学者でもあった方は，「六四」後に渡英．

自由を求める公開書簡を発表し，各地の民主化運動を束ねる存在になった．

　対外開放期の経済と政治の改革は，多くの人たちにとって，ほぼ不可避だと思われた．それを端的に示していたのが，『世界経済導報』を中心に1980年代末に繰り広げられた「球籍」をめぐる議論だった．この「球籍」論は，グローバル化がますます加速した国際社会のなかで，中国がどのように地球上で存続を図り（「球籍」を維持し），そのためには，どのような改革を必要とするのか，を争点とした．『世界経済導報』は，1980年に中国世界経済学会と上海社会科学院世界経済研究所が主管する経済紙として創刊され，1940年代からジャーナリストとして活躍していた欽本立[1]を編集長に迎えて，冷戦下のイデオロギー対立にとらわれない改革論を積極的に提示した．于浩成[2]のように，共産党員でありながら，自由や民主政治を重視する知識人も関与していた．同紙は，1988年の春節直前に，「中華民族に最も重大なものは，やはり「球籍」問題である」という特集号を組み，「球籍」という言葉で中国の危機的状況をあらわそうとした．この「球籍」論は，保守的な議論から革新的な議論（民主政治を求める体制改革論）までを幅広く含んでいたため，共産党機関紙『人民日報』のみならず，香港や台湾のメディアでも取り上げられた．

　しかし，当時は，「新権威主義」[3]を肯定する議論もあった．この議論は，政治改革を一時棚上げにしてでも，開明的な強い指導者と一部のエリートが政治を集権的に運営して，経済発展という至上命題を達成すべきだ，というものだった．この「新権威主義」論は党内に浸透していき，党政分離の政治改革は「六四」を経て頓挫することになった．

再燃する文化論争

　さまざまな改革論が1980年代に登場すると，それらは中

*1　1918-91．モンゴル族の欽は，日中戦争期の学生運動で，民主政治を要求した．1989年春，胡耀邦追悼特集を組んだ彼は，党の削除命令に従わなかったことから，職務を停止された．『世界経済導報』も停刊となった（同年5月）．

*2　1925-2015．1942年に共産党に入党し，文革期の投獄を経た後，胡耀邦に近い立場の知識人の一人として，『民主，法治，社会主義』（群衆出版社，1985年）を出版して政治の民主化を主張した．

*3　本章87頁参照．

国の伝統文化とどの程度親和的なのかが問われるようになった．いわゆる，アジアと欧米（東西）の優劣を争点とする文化論争の勃発である．

この文化論争は，西洋流の改革の是非を論じた清末に端を発する．その後，第一次世界大戦後のアジアの伝統的価値を再発見しようとした文化論争，1930 年代前半の西洋的近代化と中国的近代化のどちらを選択するのかを争った文化論争，1940 年代後半の憲政をめぐる文化論争を経て，1980 年代に至った．たとえば，1920 年代からこの論争にたびたびキーマンとして登場する梁漱溟[*1]は，1980 年代に儒教を擁護する論陣を張った．当時は，ニーズと呼ばれた韓国，台湾，香港，シンガポールが急速な経済発展を遂げ，これらの地域が中華文化圏とほぼ重なっていたことから，儒教を再評価する気運が高まった．中華圏で儒学を重んじる知識人たちは，現代儒家[*2]として再び脚光を浴びた．

ただし，このような歴史性と広域性をもった 1980 年代の文化論争は，伝統からモダニティを探し出そうとしただけではなかった．この時の論争は，20 世紀前半の西洋化論を想起させるような，反伝統の主張も含むものだった．当時の議論は，文化ブーム（「文化熱」）と形容されるほどに幅の広いものであり，同時期の香港や台湾の文化論および自由や民主政治をめぐる政治思潮とも響き合うものだった[*3]．現代儒家として著名な銭穆[*4]の学統に属する余英時[*5]（本人の自己認識とは別に）反伝統論者として注目された甘陽[*6]，伝統思想を活用して外来思想を受容（「西体中用」）しようとした李沢厚[*7]，海外の現代儒家として知られた杜維明[*8]らが，活発な活動を展開した．中国の歴史ドキュメンタリー番組『河殤』も，世界の文明史において，中華の伝統を批判的に捉え直そうとした．

1980 年代の学術界や思想界は，価値や理念を積極的に論じる啓蒙主義の色彩を帯びた．当時の文学界も新啓蒙期と称

*1 1893-1988. 最後の儒者などと評価されている.

*2 第三章138頁参照.

*3 第四章 201-202 頁参照.

*4 第三章138頁参照.

*5 1930-2021. 香港の新亜書院第 1 期生. ハーバード大学教授などを歴任.

*6 1952- . 清華大学教授などを歴任.

*7 1954-2021. シカゴ大学などで客員教授を務め，中国哲学や美学の分野で国際的評価を得た.

*8 1940- . ハーバード大学名誉教授.

せられ，この時期に形成された文学の観念や思惟は，人道主義やカルチャーブームなど，のちの新しい文化を生み出す力となった．映画を例にとれば，1980年代に第5世代といわれる監督たちが鮮烈なデビューを飾り，陳凱歌（チェンカイコー）『黄色い大地』（1984年）は，過酷な自然とそこに暮らす農民たちの生き様を圧倒的な迫力で描き，その前にあっては共産党などの存在がいかに小さなものであるかを言外に伝えていた．張芸謀（チャンイーモウ）の『紅いコーリャン』（1987年），『活きる』（1994年），『単騎，千里を走る。』（高倉健主演，2005年）などにも，深いメッセージが込められていた*1.

*1 「コラム2 人民共和国期の映画史」参照.

リベラル派と新左派の攻防

1980年代の思想と文化は，総じて活気があった．1980年代は，急進が保守を上回った時期だった．しかし，「六四」を経た1990年代以降は，様相を異にした．

1990年代に入ってからの知識人たちは，フクヤマ*2の「歴史の終焉」論に依拠して，冷戦終結後の中国が世界の主流な西側の文明に合流することを期待した自由主義者（リベラル派）と，それを批判して中華ナショナリズムを擁護した新左派との間で激しい論争を呼び起こした．思想界は，この論争を一つの梃子にして，急進から保守へと徐々に転換していった．保守系の知識人たちは，ハンティントン*3の「文明の衝突」論を，複数の文明が並び立つ学説として都合よく解釈し，社会主義文明観と形容されるような共産党の（国家主義的）文明観の枠内で，文明もしくは文化の複数性を議論するようになった．

*2 1952-. スタンフォード大学教授などを歴任.

*3 1927-2008. ハーバード大学教授などを歴任.

中国が21世紀に入って大国化すると，強権の下での新しい発展モデル，いわゆる中国モデルがしばしば注目されるようになり，それが世界の新しい文明の基準になり得るのかが争点になった．たとえば，1980年代に文化ブームを牽引した甘陽は，現代国家としての中国の最大の資源は伝統の中華

文明にある，とする文明論を提起するようになった．この文明論は，近代の産物である国民国家を文明によって緩やかにまとまる国家へと組み換えようとする政治的意図を含んでいた．また，1990 年代から新左派と目されてきた汪暉[*1]は，中国モデルを是認するかのような態度をとるようになった．

*1　1959- ．元『読書』編集長．清華大学教授などを歴任．

　このように 1990 年代以降の動向を大まかにつかみとると，その多くの文明論は，「中国の夢」を含む共産党の社会主義文明観とすこぶる親和的だ，といえそうである．文明の形態は複数あり，そのうちの一つを 21 世紀の中国が担い得るのだ，という気概は共通している．

　しかしながら，やや系統の異なる文明論も提示されている．それは，官製の社会主義文明観と抵触しない範囲ではあるが，世界に対してより説得的に文明論を展開しようとするものである．たとえば，1990 年代からリベラル派の一人と目されてきた許紀霖[*2]がそうである．許は，各民族の文化もそれに根差したそれぞれの文明も，いずれも特殊性（固有性）をもち，それらが重なり合った部分が一種の新しい一般的（普遍的）な文明（「新天下主義」）なのだ，と主張している．

*2　1957- ．華東師範大学教授などを歴任．

　今後，大国化から強国化へと向かう中国がアメリカと並ぶ超大国だと自負する限り，新種の文明論が絶え間なく出てくることだろう．それがどのような性質のものになるのかは見通せないが，少し観方を変えれば，共産党の統制の枠内とはいえ，メディア空間とネット空間が拡大傾向にあるため，さまざまな議論が生まれる可能性がある，ということである．この点を，最後に確認しておこう．

メディア空間とネット空間の拡大と監視

　新聞，雑誌，ラジオといったメディアは，民国期には市場化されながら発展したが，人民共和国の成立にともなって，「党の喉と舌」の役割，いわゆる宣伝の役割を徹底して求められるようになった[*3]．しかし，改革開放が進むと，メディ

*3　第一章 57-59 頁参照．

アの市場化が（かつての民国期のように）促され，鄧小平の南巡講話[*1] 以降，さらに加速した．これは，メディアの世論に果たす影響力という観点からみた場合，『人民日報』などの党機関紙が周辺化されていったことを意味する[*2]．

　メディアは，1990 年代頃から，収益拡大のために視聴者や読者のニーズに応えることが求められるようになり，新聞も雑誌もラジオも，そして 1990 年代頃から普及し始めたテレビ[*3] も，多種多様なコンテンツを掲載して，報道するようになった．その際に特に重視されたのが，娯楽路線と世論によって社会を監督する（「世論監督」）路線だった．衛星放送化によって放送エリアを全国に拡大した地方テレビ局は，視聴率の高いドラマやスポーツ番組など独自のコンテンツを開発し，中央テレビ（CCTV）は，時事番組「焦点訪談」で，地方指導者の権力乱用や産業界の不正を告発するなど，まさに「世論監督」を実践した．広東省の週刊誌『南方週末』も，各メディアが報道を控えるような内容を次々と取り上げ，「モノをいう新聞」としての名声を築きながら，「世論監督」の役目を積極的に果たした．

　もちろん，検閲が張り巡らされているメディアは，党から完全に自立しているわけではない[*4] が，2000 年代に入ると，インターネットの普及によって，ネット空間が一気に拡大し，世論が政治に与える影響力はむしろ強まった[*5]．中国のネット人口は，2008 年にアメリカを抜いて世界第 1 位となり，携帯電話の普及にともなって，ネットユーザーは 2017 年 12 月末の時点で 7 億 7000 万人以上に達した．中国では，Weibo や WeChat など SNS を利用することが日常生活に深く浸透しており，社会のデジタル化が急速に進んでいる．

　2010 年代に習近平時代に入ると，報道の自由，人権，司法の独立など「話してはならない 7 つの事項」が通達されたと香港メディアによって伝えられ，リベラル派あるいは改革派として知られたメディアが次々と政治の圧力にさらされた．

[*1]　本章 87 頁参照．

[*2]　ただし，ネット空間では，党機関紙の存在感が強まっている．

[*3]　日本で「三種の神器」と呼ばれた白黒テレビと洗濯機と冷蔵庫は，農村の 100 世帯当たりの保有台数が 1985 年の 10.94 台・1.9 台・0.06 台から 2017 年の 120.1 台・86.3 台・91.7 台へと増加した．

[*4]　中国共産主義青年団の機関紙『中国青年報』（⇒図版解説 5，121 頁）のコラム「氷点」をめぐる事件（2006 年）からは，浄化作用が党機関紙でも働いていたことがわかる．

[*5]　2000 年代に入ると，「ネットが政治を問う」という意味の「網絡問政」という中国語も登場した．

*1 1917-2019. 毛沢東の元秘書も務めた古参共産党員. 劉暁波 (1955-2017, 2010 年ノーベル平和賞を授与したが, 最後は獄中で病死) らの民主政治を求めた「08 憲章」には署名しなかったが, 彼の信念はそれと通ずるものがあった.

代表的な事例は, 『南方週末』が習近平のスローガン「中国の夢」をもじって「憲政の夢」こそが中国の追求すべき道だとする論説を掲載しようとしたところ, それが事前に差し押さえられ, 別の記事に差し替えられた, という事件だった (2013 年). あるいは, 李鋭*1 をはじめとする党や軍の長老らが 1990 年代初頭から支援してきたリベラルなオピニオン

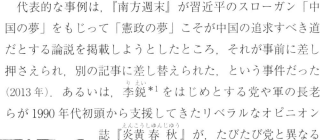

誌『炎黄春秋』が, たびたび党と異なる歴史解釈を示してきたことから, 事実上, 共産党に乗っ取られてしまった (2017 年) (⇨2-⑩). 共産党は, 習近平政権下で, 日中戦争を含む自国の近現代史に対する解釈権を強化し, 党による統治の歴史的正統 (当) 性を維持しようとしている. その政治姿勢は, 「党の 100 年の奮闘の重大な成果と歴史的経験に関する決議」(第 3 の歴史決議) が 2021 年に共産党第 19 期 6 中全会で採択されたことからも明らかである.

2-⑩ 『炎黄春秋』元編集者の抗議

2-⑪ ビリビリ

ネット規制も, 2010 年代に入ると, ニュースの編集を一元的に管理する仕組み (「中央厨房」, 2016 年) などを通じて強化された. よく知られているように, グーグル (Google) は 2010 年に中国から撤退したが——香港と台湾では利用できる——, この出来事が暗示しているように, 中国のネットは, 独自の監視システム (「金盾工程」) によって統制され, 海外へも無条件にはアクセスできない仕組みとなった (「防火長城」).

ただし, メディアやネットには監視システムが張り巡らされているが, これらの空間は, それでも事実上拡大している. たとえば, 若い世代に人気のあるオンラインエンターテインメントのビリビリ (bilibili) は, 彼ら・彼女らの欲求をほぼ満たすコンテンツで覆われている (⇨2-⑪). また, ネット規

制についていえば，各個人が vpn を活用するなどして，臨機応変に海外とつながっている（「翻墙」）．

　ちなみに，非政府組織（NGO）や宗教団体の活動にも，類似の状況がある．

　社会では，21世紀に入ってからも，さまざまな性格をもつ NGO が活発に行動し，その活力は，少なくとも普通の日本人がイメージする以上に高まっている．とはいえ，NGO が官製の性格を帯びていたり，人権擁護を掲げる NGO が合法的な登録さえできずに監視下に置かれていたりするケースもある．NGO の活動が自由と統制のどちらの側面から評価されるのかは，もう少し時間を要するだろう．また，カトリック，プロテスタント，ロシア正教，非公認の地下教会など，さまざまな宗教団体が存在し，それらは統制政策に柔軟に対応しながら現在に至っている．宗教団体の存在が人びとの精神を満たす自由な空間のあらわれなのか，それとも，その背後に西側諸国の陰謀が渦巻いていると警戒する共産党によって統制されるべき対象となるのかは，今後の中国の方向性を見極める上でも重要な論点になるだろう*1．

*1　DNA データベースの構築や社会信用システムの構築も，物議を醸している．

図版解説5　中国共産党と『中国青年報』

〈解説〉

中国共産主義青年団の機関紙『中国青年報』（2022年2月5日）は，この写真のように，党の宣伝活動を担っている．ところが，2006年1月11日，同紙の特別頁（「副刊」）「氷点」（第574号）は共産党の歴史観から逸脱するような中国近現代史理解を示した（袁偉時（中山大学）「近代化と歴史教科書」）．これを「氷点」事件と呼ぶ．

袁の主張は，事実を客観視する姿勢こそが国内外の信頼を勝ち取るのに必要だ，というものだった．共産党が正視しない自国の近現代史と真摯に向き合うべきだ，と訴えたわけである．共産党系列のメディアが共産党の歴史観に疑義を呈したことは，当時，日本を含む海外でも広く注目された．

史料解読 8　胡平「言論の自由を論ず」

〈解説〉

文革期に「下放」を経験した胡平（1947-）は，北京の春と呼ばれた民主化要求運動に参加した．その際に，彼は密かに準備していた「言論の自由を論ず」（第1稿，1975年）を，自らが主宰した民間誌『沃土』で第4稿として発表した（1979年）．直後に彼は，人民代表大会の地方選挙に参加し，北京大学海淀区の代表として当選を果たし（1980年），一躍注目を浴びた．こうして彼自身が国内外で若手リベラリストとして注目されるようになると，この「言論の自由を論ず」第5稿が香港の『七十年代』（1981年3月号）に転載され，のちに共産党機関紙が批判を加えなければならないほどの反響を呼んだ．その後，胡は渡米し，ニューヨークで民主化論壇誌『北京の春』の主編を務めている．詳細は，胡平（石塚迅訳）『言論の自由と中国の民主』（現代人文社，2009年）を参照のこと．

本論文の目的は，言論の自由を論じ，検証することにある．この作業には，あるユニークな点がある．すなわち，言論の自由が完全に存在していない時，それを論じ検証することは，おそらく不可能であろう．しかしながら，この自由が完全に実現された時，それを論じ検証することは，おそらく不必要となろう．このような特色は，常に人々に誤解を生じさせてきた．すなわち，

人びとは，言論の自由の問題は権力者の意思によって決まる問題である，と考えてきた．このような誤解は，理論上，言論の自由を議論するという作業に対する軽視をもたらしてきた．その結果，言論の自由という原則の価値と活力を完全に窒息させてしまったのである．このような不幸な誤解は，きわめて深刻である．我われがこの極めて重要かつ敏感な課題を提起する際，多くの人は，それはうんざりするようなありふれた平凡な話であり，何の役にも立たない書生の空論であると思っている．しかし実際のところ，ある国家がもし言論の自由の実現をなし得ないのであれば，その原因は，その国の人民の言論の自由に対する覚悟が欠如しているからである．したがって，中国の社会主義的な民主と法制を健全なものとし，これを発展させるという作業のなかで，言論の自由の意義を解明し，その価値と力を詳論することは，この上なく重要なことである．〔中略〕

　公民の言論の自由は，憲法上公民に保障された各種の政治的権利のなかで，最も大切である．一個人が自己の願望や意見を表明する権利を失ってしまえば，必ずや奴隷あるいは道具となってしまうだろう．言論の自由を有することは，すべてを有することとイコールではないが，言論の自由を喪失すれば必然的に一切を失うことになる．周知のとおり，力学においては，支点の作用が何よりも重要である．支点そのものは働きをなすものではないが，支点の上においてのみ，梃子の作用は可能となる．聞くところによれば，梃子の原理の発明者であるアルキメデスは，「我に支点を与えよ，されば地球をも動かさん」と述べたそうである．政治生活のなかで，言論の自由は，まさにこのような１つの支点だ，といえるのではないだろうか．

　中国は，世界でも有数の映画大国である．

　中国人が最初に撮影した映画は 1905 年の『定軍山』（京劇）だったといわれているが，定かではない．その後も，欧米の新作が租界に次々と流入し，1913 年には，中国初の脚本付き長編映画『難しいカップル（「難夫難妻」）』（張石川，鄭正秋）が上映された．中国の映画製作は，1922 年の明星影片公司の設立を機に，徐々に本格化していった．

　こうして 20 世紀前半の民国期に，作り手（制作・製作側）の熱意のみならず受け手（観客側）の感性にも配慮した映画文化が，上海を中心に形成された．アメリカで映画を学んだ専門家たちも民国期に活躍するようになり，1930 年代の上海は「東洋のハリウッド」と呼ばれるようになった．確かに，この頃，左翼映画の製作は盛んだったが，日中戦争終結後の 1940 年代後半には，第 2 期黄金期と呼ばれるような活況が再び上海に出現した．リアリズムの社会派映画『春の河，東へ流れる』（蔡楚生，鄭君里）や心理ドラマの傑作『田舎町の春』（費穆）などは，今日も名作として知られている．

　しかし，人民共和国が共産党の指導下で成立すると，映画は，大衆教育を目的とするプロパガンダの役目を求められるようになり，時々の政治闘争に翻弄されるようになった．そのため，人民共和国期の映画は「政治の晴雨計」と揶揄されるようになった．

　共産党の映画製作は，1938 年の延安電影団に始まる．その後，共産党は，1946 年に旧満洲映画協会の設備と人員をもとに東北映画撮影所（のちの長春映画撮影所）を設立し，1950 年の『白毛女』（王濱，水華）など人民映画を精力的に製作した．1950 年代初頭の上海には民営の映画会社がまだ残っていたが，1951 年の『武訓伝』批判以降，映画の国営化が推し進められた．アメリカ映画は上映禁止となり，代わってソ連映画が受容された．

　ところが，国営化の進んだ映画界は，その後，茨の道をたどることになった．

　まず，脚本統制が強化されたことで，映画の製作本数が激減した．また，1957 年の反右派闘争では，映画監督の自主性を認めようとした改革の芽が摘み取られ，翌年の「大躍進」政策では，映画製作の数量が重視されたため，映画の質が低下した．こうした苦境に立たされた映画界は，中ソ対立の余波も受けて，

自力更生を図らなければならなくなり，1960年代前半には，周恩来の映画活性化を容認する講演を皮切りに，立て直しを図った．この立て直しは共産党の許容する範囲内ではあったが，1963年にはチベットの農奴解放を描いた『農奴』（李俊）や革命運動に情熱的でありながら節度を重んじる知識人の気品を活写した『早春の二月』（謝鉄驪）が製作され，人民共和国に入ってから初めて映画のピークが訪れた．しかし，そのピークも1960年代後半の文革によって長くは続かず，映画は再び政争の道具と化した．

　このような苦難の道を歩んだ映画界は，文革収束後の1970年代後半からは，香港映画『三笑』（李萍倩）や日本映画『君よ憤怒の河を渉れ』（佐藤純彌）[注]のヒットなどによって，再び転機を迎えた．活況を取り戻した映画界は，1983年に始まった精神汚染批判キャンペーンの荒波も乗り越えて，陳凱歌や張芸謀といった新世代の映画監督を次々に輩出した．さらに，改革開放政策の進展によって，商業化を加速させた．こうした変化は，中長期的な歴史的視点を重視するならば，映画文化が民国期に社会に着実に根づき，民国期に受容されたアメリカ文化（ハリウッド映画など）が1950年代以降も香港映画を介して間接的に流入していたからだ，とみなせなくもない．

　その後，1989年の第2次天安門事件（「六四」）が共産党の正しさを強調するプロパガンダの風潮を強めてしまったが，1990年代以降の映画界は，香港や台湾そして日本などとの共同製作を推し進め，国際映画祭での受賞が相次いだ．その映画文化は総じて成熟度を増している，とはいえるだろう．

　ただし，1990年代から現在までの映画界の動向については，SNSが普及したこともあって，その全貌や特徴を的確に描き出すことが難しくなっている．だからこそ，21世紀の中華圏（中国語圏）の映画史を総合的に解説する学術研究が待ち望まれている．ちなみに，作品情報については，佐藤忠男『中国映画の100年』（二玄社，2006年）や応雄『中国映画のみかた』（大修館書店，2010年）が参考になるだろう．

注　中国語タイトルは『追捕』．当時10億の人びとがこの映画を観て熱狂した，ともいわれている．この大ヒットによって，主演の高倉健は，中国で不動の地位を築いた．ヒロイン役を演じた中野良子も，一躍時の人となった．監督の佐藤純彌は，その後，『空海』や『敦煌』をはじめ中国で超大作を手掛けた．ちなみに，日中関係は21世紀に入ってたびたび冷え込んだものの，2005年に高倉健主演『単騎，千里を走る．（「千里走単騎」）』（張芸謀，降旗康男）が上映されると，高倉の人気は相変わらず中国で不動だった．2014年の彼の訃報は，中国でも深い悲しみをもって受けとめられた．

第三章　香港・マカオ
──中国と世界の狭間（1950年代─）

1. 植民地としての展開と矛盾

珠江デルタの二つの要衝

　香港*1とマカオは，広東省を流れる大河珠江河口の東側
と西側に約65キロメートルを隔てて位置している．両地の
戦後を語るにあたり，まずそれぞれの成り立ちを簡単に整理
しておこう．

　現在香港と呼ばれる地域は，イギリスの植民地化により歴
史の表舞台に登場し，植民地化の順に大きく3つの地区に分
けられる（図1）．最初が香港政庁など主要政府機関の置かれ
た香港島（狭義の香港）で，アヘン戦争の結果締結された南
京条約（1842年）で永久割譲された．次が香港島の対岸大陸
部の先端九龍で，北京条約（1860年）に基づき割譲された．
最後が九龍に接する内陸部および周辺の230余の島嶼から成
る新界（New Territory）で，香港境界拡張専門協約（1898年）
により99か年の期限付きで租借された．

　香港全面積の9割を占める新界の租借により，香港の水や
食料供給を含む防衛上の不安は大幅に軽減
された．ただ香港島と九龍がイギリスに割
譲されたのに対し，新界が租借地だったこ
とは，少なくとも新界は1997年6月30日
をもって中国に返還される，ということの
法的根拠になった．

　返還前の香港の政治体制は，典型的な植

*1　語源は「香木の
出荷される港」など諸
説ある．「ほんこん」
は広東語の発音「Hēu-
nggóng」の英語表記
「Hong Kong」に由来
する熟字訓である．

図1　香港・マカオ地図

民地統治システムで，イギリス国王によって任命された強大
な権限をもつ総督（Governor）が統治した．総督は副総督
（Lieutenant Governor），輔政司（Colonial Secretary），行政評議
会（Executive Council），立法評議会（Legislative Council）の補
佐を受けたが，総督の諮問機関である行政評議会のメンバー
は基本的にはイギリス人実業家により選ばれ，時に総督の意
向に反対し，その権限を抑制することもあった．

　香港は自由港——関税を取らずに外国貨物の自由な出入り
を認める港——として発展したが，その属性は，第一義には
植民地であり，諸制度がイギリスの利益を最優先するために
整備された点は，香港を考える上でのポイントの一つである．
香港の政治制度は1980年代の部分的民主化までさほど変化
せず，行政評議会にも華人のメンバーはほとんどいなかった．
また中国からの過剰な移民を防ぐ意味もあり，華人に対する
社会福祉も抑えられていた．

　一方，マカオ[*1]の歴史はイギリスの香港領有から数百年さ
かのぼる．15世紀（明代）に，貿易の利益を求めて東アジア
に進出したポルトガルが，珠江南西の半島（マカオ半島）に拠
点を置いたことが，その起源である．1557年には現地の中国
側官憲が正式にポルトガル人の居住を認め，見返りにポルト
ガルは中国側の地方政府に租借料を納めた．ただ後年の香港
と異なり，マカオは居留地にすぎず，中国側も海関を設けて
役人を派遣していた（混合管轄）．

　この関係が変わるのはアヘン戦争後である．1845年にポル
トガルは一方的にマカオが自由港であると宣言し，1849年に
は中国側機関および租借料を廃止した．さらにポルトガルは，
武力で半島に近いタイパ島（氹仔島／1851年）とコロアネ島
（路環島／1864年）を順次マカオに編入し，1887年のリスボン
議定書および同年の中葡和好通商条約（葡清北京条約）で限定
的ながら[*2]，ポルトガルのマカオ統治権（主権ではない）が認
められた．

*1　マカオ（澳門，
葡：Macau，英：Ma-
cao）の名は，海運と
漁業の神である媽祖を
祀った「媽閣廟（マコ
ウミュウ）」に由来す
るとされる．また漢字
表記は，「澳」が，水
の深く入り込んだ湾や
入り江，「門」が，周
辺の山を指すという．

*2　条約には「マカオ
および附属地が永久に
ポルトガルの占有と支
配の下にある」（第2
条），「中国の同意なく
して，ポルトガルはマ
カオを他国に譲渡しな
い」（第3条）が明記
された．

16世紀以降，マカオにはポルトガル居留民から成る自治組織（マカオ政庁）と防衛を担う総督（Governador de Macau*[1]）が存在したが，19世紀以降はポルトガル本国の介入が強まった．さらに1932年にポルトガルでサラザール（António Salazar)*[2] が政権を取り，ポルトガル憲法が改正されると，それに基づく植民地法によりマカオの自治権は撤廃された*[3]．

日本の敗戦とイギリスによる香港統治の再開

1945年9月1日，イギリスは正式に香港軍政府の成立を宣言した（日本軍の投降式典は9月16日*[4]）．香港が日本軍に占領されたのは日本の対米英開戦直後の1941年12月25日のことだった（⇨3-①）．この日は香港史上「ブラッククリスマス」と呼ばれている．日本統治下の香港では，香港が白色人種の支配から脱し，東亜に戻ったことが喧伝されたが，日本の統治は過酷なものだった．とりわけ日本軍票と香港ドルとの強制的な交換（日本敗戦後，軍票の価値はなくなった．⇨図版解説6，145頁）や，人口抑制のための「疎散政策」（当時の人口約160万のうち約100万人を香港から強制移住させた）は，香港住民を苦境に陥れた．

香港では暗黒の「3年8か月」として記憶されている日本統治だが，この時期には戦後の香港を考える上で象徴的な動きもみられた．それは蔣介石による香港返還要求である．重慶の国民政府を率いていた蔣介石はアメリカの支持を得て*[5]，1942年中頃からイギリスに対し香港返還に向けて働きかけを始めていたのである．

折しも当時の日本は，正式な中国政府として承認していた南京の国民政府（汪精衛政権）に対し，不平等条約を撤廃し，上海や天津の租界をはじめとする諸権利を返還する動きを見せていた．こうした動きを睨みながら米英は重慶の国民政府を相手に不平等条約の撤廃を進めていたが，その過程で香港の帰属問題がクローズアップされたのである．

*1　起源はポルトガル国王（もしくはインド総督）派遣の「中国と日本航路のカピンタン・モール」（Capitão-Mor das viagens da China e do Japão）で，南蛮貿易における航海，通商，外交の権利を付与され，1623年以降返還まで127代にわたって続いた．

サラザール

*2　1889-1970．ポルトガルの経済学者で，蔵相として財政赤字の解消に手腕を発揮し，1932年に首相に就任，1970年代まで「エスタド・ノヴォ」（新国家体制）と呼ばれる保守的な権威主義体制をしいた．

*3　「マカオはポルトガルの海外領土で，かつポルトガル植民地帝国の一部」（第3条）と規定された．

*4　英代表は軍政府総督ハーコート（Cecil Harcourt）海軍少将，日本代表は岡田梅吉陸軍少将と藤田類太郎海軍中将，ほかに中国代表潘華国少将，アメリカおよびカナダの代表らが参加した．

*5　カイロ会談（1943年）で蔣介石はローズベルト大統領から香港返還について同意を得ていた．

3-① 日本軍の香港占領

しかし，イギリス植民地省は1943年初めには戦後の香港保持を決定し，蔣介石もそれを受け入れた．蔣は，香港返還交渉をきっかけに世界大戦における英米との協調路線が崩れることや，香港接収に際し共産党が介入することを恐れていたのである．このため香港返還は，戦勝後の再交渉の余地を残しつつも，実現しなかった．なお日本は，汪政権に香港の返還を提案することはなかったものの，小磯国昭内閣時に対重慶国民政府の和平条件案には香港返還を盛り込んでいた．

日本による香港占領と，蔣介石の香港返還要求は，イギリスによる戦後の香港政策にも微妙な影響を及ぼした．たとえば戦後まもなく，ピーク条例*1 など一連の人種隔離を規定した法令は廃止されたが，この背景には日本統治期にイギリスの人種差別的政策に対する批判が喧伝されたことがあった．イギリスも，現地華人の意向を無視しては，香港統治の正当性を維持できないことを意識せざるを得なかったのである．

継続されたポルトガルのマカオ統治

ポルトガルは中立国だったこともあり*2，戦時中もマカオ統治は継続された*3．日本にとっても欧米の物資が入手できる中立地マカオの存在は重要で，日本軍の特務機関が置かれ，汪精衛政権樹立工作の舞台ともなった．中立地のマカオでは各国のスパイが暗躍し，経済も活況を呈したのである．ただ，日本軍はマカオ商船を接収したり，水上警察を含むあらゆる人員の出入りを管掌したりするなど，実態は占領に近いものだった*4．戦後のマカオ経済界の実力者スタンレー・ホー（何鴻燊）*5 も，日本軍への物資供給で頭角をあらわした人物である．

日本敗戦後の一時期，マカオの中国返還も模索された．民国の外交部はマカオの回収を駐ポルトガル公使に訓令し

*1 香港島の高台地区への非欧米系住民の居住は禁止されていた．

*2 心情的にはファシズムに親近感をもちながら，英国と緊密な関係を保ち，また大西洋上のポルトガル領サンタ・マリア島には米軍が基地を置いていた．

*3 ポルトガル領ティモールは1942年2月に日本軍が占領した．ポルトガルは再三，日本に撤退を迫ったが，それが無視されると1943年6月にイギリスとの協力を密約した．

*4 戦時期のマカオの新聞は日本側の検閲を受けていたが，報道姿勢は中立ないしは連合国寄りだった．

*5 1921-2020，香港皇仁書院ついで香港大学に学び，英語，日本語，ポルトガル語に堪能で，戦時期に日本軍も出資する聯昌糧油公司で頭角をあらわした．1961年に澳門旅遊娯楽公司を創業した．

（1945年9月），広州附近に駐屯していた張発奎[*1]率いる第2方面軍がマカオへの食糧供給を絶つ経済封鎖を実施したのである．これに対しマカオ当局もマカオ返還の可能性と中国の領土保全に言及した．しかし，民国は国際情勢を理由に香港とマカオの回収は時機を待って交渉をおこなうことを声明し（同年12月），マカオの経済封鎖は解除された．この背後には香港復帰を望むイギリスの強硬姿勢が強く働いていたのである．

張発奎
*1 1896-1980．国民党の軍人で，国共内戦期には陸軍総司令を務めた．戦後香港に隠棲し，反共反蒋の第三勢力の一翼を担った．

香港民主化の模索——ヤング・プラン

　短期間の軍政時期を経て，1946年5月には日本占領前に香港総督だったヤング（Mark Young）が再び総督に就任した．当面の課題はイギリスの香港統治をいかに継続するかであった．ヤングは，香港も他の英国植民地と同様に英連邦内の都市国家になり得る，と考えていた．香港住民のイギリスへの帰属意識を植え付けるためにヤングが提案したのは，新たに市議会を設け，その3分の2を主に華人有権者から投票で選出するという政治体制改革と，公務員を欧州系から華人に変える現地化の強化であった．イギリス植民地省も概ねヤングの改革を支持した．

ヤング

　しかし1947年5月に総督となったグランサム（Alexander Grantham）は，ヤングとは異なり，香港の中国からの独立は難しく，イギリスの植民地でなければ中国に返還されるしかない，とみていた．また，大部分の華人はイギリスの統治を望んでいると考え，改革は不要と判断していた．イギリス外務省も，改革に反対する華人や外国人商人の存在，あるいは民主化の推進が中国に与える刺激を警戒した．

　後述するように，国共内戦の勃発により大陸中国から香港への避難民は急激に増えていた．そうした状況下で民主化が実施されれば，香港が中国の政治状況に巻き込まれる可能性があったのである．こうして香港史上最も急進的とも呼ばれ

3-② 香港ドル

*1 1949年6月の段階で，香港ドルの発行総額は9億元で，その3分の2は中国本土とりわけ広州を中心とする華南地域で1950年中頃まで流通した．

*2 たとえば，上海の中央信託局勤務の包玉剛（1918-91）は，1948年に香港に移住して環球航運を創業し，「アジアの海運王」と呼ばれた．同じく中央信託局の安子介（1912-2000）も内戦後に香港に移り，香港の繊維製造業を牽引した南聯実業を創業した．また上海の中国航運経営者の董浩雲（1912-82）は，戦後香港で海運会社の東方海外を創設し，息子の董建華は初代香港行政長官となった．

3-③ キャセイパシフィック航空ラベル

*3 社名のキャセイ（Cathay）は，「契丹」を語源とする中国の古称である．

るヤングの政治体制改革は，立法評議会の権限を多少拡大しただけに終わった．

人口流入と経済回復

戦後の香港経済はインフレや失業といった混乱はあったものの，まもなく回復基調に乗り，1945年11月までに状況は好転した．日本統治下で60万人にまで減少した人口も，戦後は月に10万人のペースで増加し，1947年には180万人に達した．貿易も戦前の6割程度まで回復し，早くも香港政庁は1947-48年度の決算で黒字を計上した．インフレにより中国市場が不安定だったこともあり，香港ドル（⇨3-②）は華南を中心に実質的な本位貨幣の役割も担うようになった*1．

これには社会主義政権を忌避する中国人の企業家の動きも影響していた．1947年から1949年にかけて，上海の主要な企業家はほぼすべての業務を香港や台湾に移し，その資本とビジネスの経験を注入した*2．外資系企業の多くも，拠点を大陸中国から香港に移した．イギリスにとっても香港の重要性は高まったのである．香港を代表する企業の一つであるキャセイパシフィック航空（国泰航空，⇨3-③）*3の設立も1946年のことであった．また政情が不安定だった東南アジアからも，多額の資金が香港に流れ込んだ．こうした「逃避景気」により，香港は上海にかわる中国貿易の拠点となり，他の東アジア地域と比べても，いち早く経済発展の軌道に乗ったのである．ただ，そこでの主役は華人であり，イギリス人が香港の経済界で再び支配的地位を回復することはなかった．

共産党の香港政策

戦後まもなく，香港では共産党組織が活動を再開していた

が，国共内戦が当初国民党に優位な状況で推移し，首都南京をはじめ都市部の共産党代表が撤退を余儀なくされると，共産党にとって香港の役割は重要性を増した．1947年1月には共産党中央香港分局（のち共産党中央華南分局）の設置が決定され，香港は大陸中国や海外華人向けの活動拠点となったのである．またこれに先立って設置された新華社香港分社[*1]は，香港政庁との交渉にあたった．

*1 新華社（新華通訊社）は共産党の通信社で，1931年11月に成立した紅色中華通訊社（紅中社）を前身とし，1937年1月に新華通訊社と改称された．

　共産党を含む左派系知識人も，避難地として香港を選択したが，その後，内戦が共産党の優勢に傾いていったため，徐々に大陸中国へ戻った．しかし，香港政庁は植民地主義と帝国主義の消滅を標榜する共産党勢力の拡大に警戒感を強めた．

　香港政庁は1948年10月に公安条例を制定して騒乱の煽動などを禁止したが，翌1949年4月には人民入境統制条例で叛乱煽動や公共秩序の攪乱の疑いのある者の入境を禁止した．さらに5月には社会団体登記条例で，香港で活動するあらゆる団体の登録を義務付け，8月には人口登記条例により，12歳以上の全住民の身分証取得を義務付けるとともに，警察に家宅捜索権や危険人物の追放権を付与した．このように香港政庁は一貫して入境者の取り締まりを強化し，左派系記者や共産党組織を弾圧したのである．

　この間，1949年4月には長江で人民解放軍の砲撃を受けたイギリスの戦艦アメジスト号（⇨3-④）が香港に避難する事件も起き，香港の緊張は高まった．

3-④　砲撃を受けたアメジスト号

人民共和国の成立と朝鮮戦争の勃発

　1949年10月1日，北京で人民共和国の成立が宣言された．その直後の同月17日，人民解放軍は香港と接する広東省深圳にまで迫った（⇨3-⑤）．ところが，共産党は香港とマカオの回収にこだわらず現

3-⑤　香港と深圳の境界にある中英街の中英両国兵士

実的な対応に終始した．それは人民共和国（中国）にとって香港とマカオが外の世界——とりわけ西側世界——に通じる窓口として有用だったからである．中国は，香港とマカオを通じて，外貨や中国では生産できない産品の入手ができたほか，香港を利用した英米両国の対中政策の分裂をも目論んでいた．

こうした姿勢は周恩来の「長期打算，充分利用」の言葉に象徴される．毛沢東も，イギリスが香港の華人を苛酷に扱わない限り，中英関係は不変であり，むしろその気になればいつでも実行できる香港回収を焦るべきではないと考えていた．

イギリスも，かりに中国が実力を行使すれば，香港を防衛できないことを理解していた．潜在的には中国が有利な立場にあるなかで，どのように香港統治を継続するのか．以後，イギリスの対香港政策はこの点を軸に進められることになる．

1950年，イギリスは西側諸国で初めて中華人民共和国を承認した．これは「実効的支配をおこなっている政府を承認する」というイギリス外交の伝統による面もあるが，香港の安全を保障し，イギリスの統治を継続する思惑があったことは言うまでもない．

ただ一方でイギリスは，地域としての台湾の地位は未確定との立場から駐台北領事館を維持し[*1]，1972年まで人民共和国との間では代理大使のみを交換する状態が続いた[*2]．このイギリスの立場は朝鮮戦争への対応にもあらわれた．イギリスは中華人民共和国を承認していたものの国連軍として参戦し，中国が支援する北朝鮮と戦ったのである．

朝鮮戦争の勃発により，香港とマカオは中国の物資調達基地となり，戦争特需の活況を呈した．しかし，アメリカが香港とマカオを経由した対中輸出の全面禁止を実施すると（1950年），香港とマカオの貿易中継地としての意味は低下し[*3]，経済は危機を迎えた．

この危機は，貿易業を中心とした香港の産業構造が軽工業

*1　1868年に台湾北部淡水にある紅毛城に置かれ，1972年3月に閉鎖された．

*2　「半国交」とも呼ばれる．

*3　マカオと広東には，人民共和国の海軍部，貿易部，特務機関の関わる大規模な密輸機構が組織され，物資が大陸中国に流入していた．

へ転換するきっかけとなった. 1953年度に貿易額の30％を占めるにすぎなかった香港での製造品は, 1959年度には70％を超えた. 香港は, 紡織品, 懐中電灯, 電池, アルミ製品, トランジスタラジオ, また俗に香港フラワーと呼ばれるプラスチック製の造花の製造*1などで, 軽工業の一大拠点となった. これを支えたのは華人資本家と大陸中国からの豊富で安価な労働力だった.

イギリスが早々に人民共和国を承認したのとは対照的に, ポルトガルは民国との国交を維持し, 人民共和国承認は1975年と大幅に遅れた. この主要因は朝鮮戦争の勃発と東アジアにおける冷戦体制の固定化にあった. マカオには民国の外交部駐澳門専員公署のほか, 国防部情報局の機関が置かれ, 「大陸反攻」政策の拠点となっていた.

戦後のマカオ経済を支えていたのは金の自由取引*2とカジノ収入だったが, 水や生鮮食料品のほとんどを広東省に頼っていたマカオは, 香港と比べても大陸中国への依存度が高かった. マカオには1949年に共産党の影響下に南光貿易公司*3が設置され, 海南島など周辺地域の物流にも従事した.

1951年, ポルトガルの憲法改正により植民地法が廃止された. 以後マカオは海外州とされ, 総督が財政の自立も含め自治権を行使することになったが, これはポルトガル本国の保護支援能力の低下を意味していた*4. こうしたなか, 中国とポルトガルの力関係が明確に示されたのが, 1952年に勃発した通関ゲートでの紛争である（関閘事件）. きっかけは双方の衛兵の衝突だったが, その背景にはマカオから中国への物資流入に対する規制強化があった*5.

当初は米英の力を頼んだポルトガルだったが, これに抗議した中国側がマカオとの関門を閉鎖すると, たちまちマカオは物資不足に陥り物価は高騰した. 多くの住民が香港に避難し, マカオ政庁も窮地に追い込まれた. 中葡間に正式な外交関係がないなか, この橋渡しを務めたのがマカオきっての資

李嘉誠

*1 李嘉誠（1928-　）は, ホンコンフラワーの製造で財をなした後, 長江実業を設立して不動産業に転じ, 同グループを香港最大の企業集団に発展させた.

*2 マカオは, 金1オンス＝35ドルで固定した1944年のブレトンウッズ協定の拘束外にあった.

*3 共産党華南分局第一書記の葉剣英の指示を受けた柯正平が設立し, その基礎の上に1987年9月に新華社澳門分社が成立した.

*4 1961年12月にはゴアがインドに奪取され, 1963年1月にはギニアビサウで, 1964年9月にはモザンビークで植民地解放闘争が始まった.

*5 アメリカは, 軍需物資がマカオを通じて大陸中国に流入することを警戒し, ポルトガルに圧力をかけていた.

何賢

*1　1908-83．日本軍
の香港占領後にマカオ
に移り，大豊銀号経理
として食糧安定供給の
ため日本側と折衝した．
1950 年にマカオの中
華総商会理事長に就き，
政治協商会議特聘委員，
マカオ立法会副主席な
どを務めた．「マカオ
王」と呼ばれ，邸宅は
総督官邸より豪壮とい
われた．

*2　たとえば 1955 年
の「マカオ開港 400 周
年記念祝賀」に人民共
和国が抗議すると，マ
カオ政庁は祝賀行事の
一部取消を発表した．

スタンレー・ホー

産家何賢*1 である．交渉の結果，ポルトガルは中国に賠償金を支払うことで事件を解決した．以後，マカオ政庁は中国に配慮し協力関係の維持に努めるようになった*2．

　1961 年，マカオ政庁は賭博娯楽章程を公布した．これは小規模賭博の抗争混乱を避けるために賭博の独占権を競争入札させるものだが，権利獲得者の負担でマカオの観光都市政策を推進する狙いもあった．この独占権を得たのがスタンレー・ホー率いる STDM（Sociedade de Turismo e Diversões de Macau，澳門旅游娯楽有限公司）で，カジノ経営権が対外開放される 2002 年までの 40 年間にわたりマカオのカジノ産業を独占した．STDM はカジノ客誘致のため，香港とマカオを結ぶ交通手段の整備やホテル建設といった観光関連事業を進めた（⇨図版解説 9，164 頁）ほか，病院や学校，福祉施設も数多く建設した．本来であればマカオ政庁がおこなうべき社会基盤の整備を，STDM が代行したのである．

諸勢力の梁山泊としての香港

　冷戦期の香港は，共産党，国民党，ソ連，アメリカの諸勢力が対峙する場所でもあったが，いずれの勢力よりも立場の弱かった香港政庁は，複雑な政治から距離を取った．そのため香港を舞台にさまざまな勢力が比較的自由に活動することができ，また法治への志向も強まった．

　イギリスは，当初，中国に対し香港への総領事館設置を提案していた．しかし正式な外交機関の設置は，香港がイギリスの植民地であることを認めることにもなるため，中国はこれを拒絶した．一方，中国は外交特派員辦事局の設置を模索したが，イギリスはこれに反対した．このため先述の新華社香港分社が実質的な中国代表の役割を継続した．また，中国銀行，香港中国国貨公司，裕華公司，華潤公司といった中国系の企業，港九工会聯合会（労働組合）なども共産党の活動拠点となった．

一方，台湾で「大陸反攻」を掲げる民国は，国民党の特務機関のほか，港九工団聯合総会（国際自由労聯）といった労働団体を通じて活動した．香港は二つの中国が抗争する舞台となったのである．これを象徴する事件が 1955 年のカシミール・プリンセス号事件である．折しもバンドンで開催されるアジア・アフリカ会議[*1] に出席する周恩来の搭乗予定だった飛行機が香港の啓德空港（カイタック）[*2] 離陸後，北ボルネオ沖上空で時限爆弾により爆破され墜落した．人民共和国は香港政庁に徹底調査を要求し，墜落は国民党特務機関によることが判明した．

香港の住民もいずれの中国を支持するのかで二つに分かれ，とりわけ毎年 10 月にこれは顕在化した．というのも，人民共和国支持者は五星紅旗（人民共和国国旗）を掲げて 10 月 1 日の国慶節を祝ったのに対し，民国支持者は青天白日満地紅旗（民国国旗）を掲げて 10 月 10 日の双十節を祝ったからである（⇨図版解説 7，146 頁）．

1956 年 10 月の九龍暴動も，公共住宅の窓から吊るされた青天白日満地紅旗が，管理事務所によって撤去されたことがきっかけだった．これに抗議する国民党支持者のデモは，警察との衝突から，共産党支持者の経営する商店などへの略奪へと拡大した．香港政庁は戒厳令を出し暴動を鎮圧したが，2 週間で 59 名の死者が出る事態となった．

国共両党のいずれとも相容れない政治信条の人びとの存在も忘れてはならない．反共反独裁を標榜した中国民主社会党の張君勱（ちょうくんばい）や中国青年党の左舜生（さしゅんせい）らは，香港で『自由陣線』（1949-59 年）や『聯合評論』（1958-64 年）といった雑誌を発行し，中国における民主や憲政を論じた．国民党の反蔣介石派の軍人張発奎やアメリカもこうした動きを支援した[*3]．

香港にはかつての汪精衛政権関係者も少なくなかった．許錫慶（しゃくけい）（元汪政権中央電訊社副社長）が香港政庁の教育委員に就き大学で教壇に立っていたほか，樊仲雲（はんちゅううん）（元汪政権中央大学

*1 第一章 37 頁参照.

*2 1925 年に運用が開始された啓德空港は，九龍半島の北東端に位置し，戦後は香港の発展にともない拡張され，東南アジアのハブ空港となった．市街地に近く，着陸に技術を要することから「世界一着陸が難しい空港」と称された．1998 年，赤鱲角の新空港開業にともない廃止され，現在はクルーズ船の波止場として利用されている.

*3 国民党やアメリカから資金援助を受けていた友聯社が支えていた．ただ論調が国民党の独裁を批判するようになると，国民党からの支援は停止した.

胡蘭成

錢穆

唐君毅

学長），金雄白（元『中報』編集長），陳彬龢（元『申報』社長）のように評論活動を継続する者もいた．彼らのなかには，1960年代初頭までは流動的ともみえた東アジア情勢を背景に，香港から日本やアメリカへと広がる第三勢力のネットワークを構想する者もあり，香港から日本へ渡った胡蘭成（元汪政権宣伝部次長）や趙毓松（中国青年党員で元汪政権農礦部部長）らとも緩やかなつながりをもっていた*1．

香港は，西側諸国にとっても，大陸中国の情報を得るための重要拠点だった．イギリスは小西湾に諜報基地を置き，収集された情報は，300-400人を擁するアメリカ総領事館や，中国人スタッフ40人を擁する友聯研究所（Union Research Institute）を通じて分析され，成果は主に英文で出版された．アメリカの文献調査では地方紙の調査が最も重視された．そのため，国外流出が認められていなかった中国各地の地方紙や部隊の内部紙，また全国紙や年鑑類でも輸出規制がかけられたものは，高値で取引された．日本も，アメリカほどの規模ではなかったが，駐香港総領事館に調査部を置き，外務省特別研究員として派遣された研究者が大陸中国を研究した．

学術の世界でも香港は独特な位置を占めた．中国から逃れた歴史学者の錢穆*2や哲学者の唐君毅ら*3は，1949年，九龍の深水埗のビルの一室に亜洲文商学院（翌年新亜書院と改称）を設立し，「宋明時代の書院の講義精神を学び，西欧の大学の師弟制度を採用し，人文主義の教育によって，東西の文化を交流し，人類の平和と社会の幸福をはかる」ことを謳った．

錢や唐のほかにも，張君勱，徐復観や牟宗三といった学者——現代儒家もしくは新儒家と総称される——が中華文明の立場から共産主義や人民共和国を批判した．彼らは西洋哲学を参照軸に儒教（さらに仏教と道教）に新たな意義を見出して，中国の伝統文化を再評価した．新亜書院は民国の資金援助も受けながら，こうした学風の拠点となった．

新亜書院は，1963年に崇基書院と聯合書院を併せて香港

中文大学となり，香港大学と並ぶ香港の最高学府として現在に至っている．東西の比較から中国の思想史研究に多くの成果を残した歴史学者の余英時も，銭穆に学んだ新亜学院の第1期卒業生であった（⇨第二章116頁）．

　中華の正統を唱える現代儒家の気質は，中国史上にしばしばみられる「遺民[*1]」の心情とも共通性をもつが，これを通俗文学の世界で体現したのが香港の人気武俠小説作家の金庸（査良鏞）[*2]といえるかもしれない．とりわけ1950年代から1960年代にかけて，異民族（モンゴル）との対立を軸に連載された『射鵰英雄伝』『神鵰俠侶』『倚天屠龍記』の三部作は，「遺民ナショナリズム」小説として読むことも可能である．金庸のファンは香港のみならず中華圏に及び，魯迅や巴金と並ぶ現代中国の代表的作家として評価されている．

*1　主君や王朝が滅亡した後も，遺風を伝えている人びと．また，節を持して，新しい主君や王朝に仕えようとしない者．

金庸

*2　1924-2018．世界の中国語圏で人気を誇る．

文化大革命の影響──一二・三事件と六七暴動

　香港の人口構成も戦後大きく変わった．香港政庁は1950年5月に大陸中国からの自由な移住を制限し始め，中国も1951年2月に国内から広東省への移動を制限した．しかし密入境は続き，1955年の段階で香港の人口は250万近くに達した．ほとんど着の身着のままで香港にたどり着いた人びと（逃港者）は，バラックなどで密集して暮らさざるを得なかった（⇨3-⑥）．

　香港政庁はこうしたスラム街が衛生や治安の上で問題があるとみなし，1952年から定住計画を進めた．折しも1953年のクリスマスに発生した九龍石硤尾のスラム街火災で1万戸以上が消失，5万人以上が焼け出されたことは，この計画を大きく推進させた．香港政庁は被災者に住宅提供を開始し，香港における公共住宅政策の嚆矢となった（⇨図版解説7, 146頁）．

　大陸からの移住はその後も続き（難民潮），中国の「大躍進」政策の失敗とその後の3年間の飢饉の影

3-⑥　新しいアパートの下に残るバラック（1965年・香港）

響を受け，香港の人口は 500 万近くに達した．1964 年の段階で，そのうち 50 万人近くがバラックなど劣悪な居住環境で暮らしていた．こうしたなかで醸成された不満は時に爆発し，1966 年 4 月には香港島と九龍を結ぶスターフェリー値上げへの抗議をきっかけに，暴動が発生した（九龍および 荃湾暴動）．

1966 年 5 月に中国で文化大革命が勃発すると，その影響はまもなく香港とマカオにも及んだ．1966 年 11 月，総督代理率いるマカオ当局[*1]と，タイパ島で小学校建設を進めていた親共産党系住民とが衝突した．背景にはマカオ社会で中流階級を独占していたマカエンセ（Macaense）と呼ばれる人びとの中国に対する警戒感もあった．マカエンセとはポルトガル人と現地および近隣地域の人びととの間に生まれた人との子孫を核とするエスニック・グループの総称で，支配階層であるポルトガル人との関係を後ろ盾に安定した立場を確保し，中国人コミュニティとは一線を画していた[*2]．中国人の台頭を阻止するためにマカエンセがおこなった差別的な対応が，中国系住民の不満を爆発させたのである．

共産党の介入で紅衛兵組織も生まれていたマカオではデモが拡大し，12 月 3 日にはマカオ当局の発砲により計 80 名を超える死傷者が出た（一二・三事件）．これに対し人民共和国は軍事介入を示唆し，海上封鎖を実施した．また広東省人民委員会外事処はポルトガルとマカオ政庁に対し，①事件の謝罪と責任者の処罰，②遺族への慰謝料，③共産党系住民の政治参加，④民国側機関の活動停止，などを要求した．

結果として，800 人足らずの軍を擁するにすぎないマカオ政庁は全面的に屈服し，1967 年 1 月には総督カルヴァーリョ（Nobre de Carvalho）が謝罪文書に署名した．治安維持に自信を失った総督は共産党にマカオの 1 か月以内の中国への返還を提案したといわれているが，共産党はこれを拒絶した[*3]．これ以後マカオは事実上人民共和国の影響下に置かれ，民国

*1 当時マカオ総督は空席だった．

*2 実際にはポルトガル人の血統を全く受け継がないマカエンセも少なくない．このため厳密な定義は難しく，マカエンセとしてのエスニック・アイデンティティをもっている人がマカエンセである，ということもできる．

*3 この背景としては，①西欧的な民主政治と自由と人権思想の影響を阻止するため，②ソ連と紛争中で余裕がなかったため，③香港の動揺を防ぐため，④有利な金交易維持のため，⑤国内混乱の際に矛先を向ける対象とするため，などが考えられる．

側の諸機関および関連団体はマカオから撤退し，青天白日満地紅旗の掲揚も禁止された．

3-⑦　総督官邸前で抗議する親共産党の民衆

一方香港では，1967 年 5 月に発生した九龍新蒲崗（サンポウコン）の造花工場での労働争議が半年に及ぶ暴動に発展した（⇨3-⑦）．左派系労働者は，文化大革命の影響を受けて香港政庁を非難する壁新聞を貼り，毛沢東の語録*1 を掲げて，自動車やバスに放火するなどした．運動には共産党港澳工作委員会や広東省での党内対立や前年のマカオでの一二・三事件も影響を与えていた．

人民共和国外交部は北京のイギリス代理大使に香港の労働者の要求受け入れと逮捕者の釈放などを求めたが，香港政庁は壁新聞を禁止し，警察と暴徒は衝突を繰り返した．この一連の出来事は，香港政庁からすれば「暴動」（六七暴動）であり，共産党からすれば「反英抗争」という性格を有するものだったが，結局，政庁による警察と軍の動員，運動内部の分裂，人民共和国からの支持の喪失によって，1968 年 1 月に収束した．

この後，人民共和国こそが中国であると考える「愛国左派」と呼ばれる社会思潮が一部で高揚した（⇨3-⑧）．1971 年には尖閣諸島（釣魚島）の中国領有を主張する香港保釣行動委員会のデモが，警察に鎮圧されて負傷者も出た．しかし文化大革命に対する冷めた見方が広まったこともあり，その後 1980 年代に至るまで，香港では「愛国左派」的な運動は下火となった．

香港政庁の「積極的不介入」政策

文化大革命の影響を受けて香港でも左派的な社会騒乱は起きたものの，これを支持する住民は限られた．そもそも香港住民の多くは共産主義への違和感

*1　正しくは『毛主席語録』．ほかにも，同様の体裁で毛の文章を編纂した『最高指示』『毛沢東思想勝利万歳』『毛主席指示』などがある．また『林副主席語録』『魯迅語録』なども作られた．第一章49・69 頁参照．

3-⑧　中国銀行香港分行に掲げられた「中華人民共和国万歳」の垂れ幕

から移住してきており，むしろ暴動を抑えた香港政庁を支持する人びとが増えたのである．ただ暴動に懲りた香港政庁は，住民の政治からの疎外感を緩和し，騒乱の再発防止のため，従来の自由放任政策の方針転換を進めた．1961 年に財政司に就任したカウパースウェイト（John Cowperthwaite）は，経済発展のための自由放任を認めつつも，住民が必要な公共事業やサービスを香港政庁が提供する方針を進め，1971 年の退任までに，香港の実質賃金は 50% 上昇し，貧困家庭の割合は 50% から 15% に減少した．

1964 年に総督に就任したトレンチ（David Trench）も，社会騒乱は認めない姿勢を示す一方で民政処制度を導入し，民政主任（City District Officer）に政庁と住民との橋渡しを担わせた．また社会福祉の拡大や労働者保護法制の整備を進めた．これにより 1970 年からは週 1 日の休日が義務化された．

1971 年に総督に就任したマクルホース（Murray MacLehose）は，戦後初の植民地省出身ではない総督だった（元外交官）．社会福祉の役割を重視していたマクルホースは，トレンチ総督の方針を継承し，積極的な公共インフラ投資を進めた．10 年間の公営住宅建設計画では，バラックなど狭隘な住空間の改善を宣言し，新界にニュータウン（衛星都市）を計画・推進した（⇨3-⑨）．この結果，1983 年には香港人の 40% 以上が公営住宅に居住できるようになった．公務員も 1973 年の 10 万 2000 人から 1983 年には 17 万 4000 人に増加した．後年こうした香港政庁の姿勢は「積極的不介入*1」と呼ばれ，1970 年代以降返還までの香港の経済政策を象徴する言葉となった．

初中等教育制度も整備された．香港政庁は大量に流入する難民の教育に十分対応できず，不足は宗教団体や慈善団体，また共産党系の各種学校が補っていた．香港政庁は小学校拡張七年

*1　経済活動への不介入を原則としつつも，事案によっては積極的に判断して必要に応じて介入する姿勢．

3-⑨　新しく建設された集合住宅
（1970 年）

計画（1955年）で小学校の拡充を発表していたが，小学校の義務教育化が決定したのはトレンチ総督の退任間際の時だった（実施は1971年9月）．さらに，中学校までの9年間の無償教育が認められたのはマクルホース総督の時だった（実施は1978年9月）．

マクルホース総督の改革で最も高く評価されているのが，政庁内部の汚職や腐敗の取り締まりである．象徴的だったのは，贈収賄にかかわり香港からイギリスに逃亡した警視正ゴッドバー（Peter Godber）への厳しい対応で，廉政公署（1974年設置）はゴッドバーの逮捕と身柄引き渡しに成功した．これにより住民の植民地行政に対する懐疑的態度は大幅に改善され，香港政庁への信頼は増した．

香港アイデンティティの醸成

1950年代から1970年代にかけての急激な人口増加，それにともなう経済発展は，広東語による映画，音楽，テレビといった媒体の発展につながった．これにより，19世紀から存在した香港アイデンティティの感覚も徐々に強められた．

3-⑩ ショウ・ブラザーズスタジオ

映画産業は，戦前の中国映画をリードした上海の映画人が多数香港に移住したことで急成長した．邵逸夫（ランラン・ショウ）が1961年に設立したショウ・ブラザーズ（邵氏兄弟，⇨3-⑩）やその元幹部である鄒文懐（レイモンド・チョウ）らのゴールデン・ハーヴェスト（嘉禾）はその中心で，華人が多い東南アジア諸国でも広く人気を集めた（⇨図版解説8，146頁）．1970年代にはブルース・リー（李小龍）のカンフー映画が世界的にも知られた．ちなみに日本映画でも，1960年代に東宝が香港映画界の協力を得て『社長洋行記』*1や『香港の星』など*2香港を舞台とする作品を複数製作し，そこで描かれた香港には，中国イメージも投影された*3.

*1　劇中「私は中国語もやりますよ」と中国語を話す主演の森繁久弥は，満洲国の新京中央放送局赴任の経歴をもっていた．また，三木のり平が宴席で唄う「わたしゃ十六香港娘〜」は，戦前のヒット曲「満洲娘」（1938年）の替え歌である．

*2　両作品ともに香港の俳優尤敏が登場する（⇨図版解説8，146頁）．

*3　1955年11月封切のアメリカ映画『慕情』は，日本で香港ブームを巻き起こした．

民間ラジオ放送は1949年の「麗的呼声」（Rediffusion）が嚆矢で，1957年に初の有線テレビ局「麗的映声」が，また1967年には無線テレビ局TVBが放送を開始した．1970年代半ばからは広東ポップスもメディアとして影響力をもった．これは西洋スタイルの流行音楽に広東語の歌詞をつけた歌曲で，香港に隣接する広東から広西にまで広まった．共産党はこうした香港メディアの流入による人民の「精神汚染」に気をもむことになった．このほか，「巴士（バス）」や「士多（ストア）」など香港式広東語の大陸中国への影響も大きかった．

　香港域内の交通網も発達した．1972年には最初の海底トンネルが開通し，香港島と対岸の九龍が結ばれた．1979年には地下鉄（Mass Transit Railway: MTR）が開業し（石硤尾―観塘），その後も新線の建設が進んだ．これにより，かつては農村だった新界もベッドタウン化し，香港島と九龍との一体化が進んだ．

　こうして大陸中国とは異なる香港独自の文化が形成されていった．その特徴は，中国の伝統的価値と西洋の現代的価値を軸にさまざまな文化が混ぜ合わさった雑種性にある．そのなかで醸成された香港のアイデンティティは，「自分は何者か」ではなく，「自分は他人と違う」という差異性に重きを置いたが，皮肉なことにその他者は中国だった．1970年代末以降，香港人が大陸中国や台湾の社会に直接接する機会が増加したことで，香港人は自らが中国にルーツを有するものの，共産党政権下で暮らす中国人とは異なる，という感覚を強めることになったのである．

〈解説〉

　香港統治期に日本軍は香港ドルと日本の軍用手票（軍票）との交換を強制した．香港で発行した軍票の総額は当時の額面で 19 億円にのぼるといわれる．日本の敗戦後，軍票は価値を失ったが，1951 年に締結されたサンフランシスコ平和条約でイギリスが賠償請求権を放棄したため，その植民地である香港の軍票問題も，補償がなされないまま解決済みの形となった．補償を求める人々は 1968 年 9 月に香港索償協会（「索償」は賠償の意味）を組織し，最盛期は 2 万人の会員を擁した．日本の裁判所も 1999 年に，日本政府が軍票を発行して強制交換させたことにより，香港住民に犠牲を強いて損害を与えたことは認定した．ただ軍票はすでに無効との立場で，損害賠償請求権は認めていない．

図版解説 7 九龍石硤尾の新興集合住宅

〈解説〉

　たなびく青天白日満地紅旗で，住民の民国支持がわかる．ビルの谷間の旗で飾られた廿型は，1911 年の武昌蜂起を記念する民国の祝日「双十節」（10 月 10 日）のシンボルで，ビル側面には孫文の肖像をあしらった花牌も見える．1960 年代から香港で本格化した集合住宅は大陸からの難民のほか，水上生活者の転居先となった．香港だけで 15 万人を超え，名物でもあった水上生活者（蜑民）は，政府の移住政策や埋立で，1990 年代にはほぼ消滅した．写真は 1970 年のものである．

　（図版出典：高添強『彩色香港──1970s-1980s』三聯書店（香港），2014 年）

図版解説 8 香港の映画雑誌

〈解説〉

1950 年代以降，香港では映画産業が活況を呈し，数々の映画雑誌も出版された．写真は 1960 年代の香港の映画雑誌で，表紙はいずれも当時の香港を代表する映画スター尤敏（1936-96）である．尤敏は 1961 年に民国の第 1 回金馬奨を受賞し，日本での人気は，当時ブームを起こした日本の皇太子妃に次ぐと言われた．1964 年にマカオ富豪の息子高福球（エリック・コー）と結婚し，引退した．

2. 返還への動きと社会の変容

人民共和国の国連代表権獲得と香港

1971 年 11 月，民国に代わって人民共和国が国連の代表権を獲得すると，翌年 3 月，黄華国連大使は「香港の政治的地位はイギリス当局が占領した中国の領土である」とし，香港とマカオを国連の植民地リストから除外するよう要求した．また，香港問題は内政問題であり，人民共和国は，条件が整った時に，適当な方式を用いて解決すること，香港の将来の地位はイギリスではなく中国によって決定されることも表明した．これを受け，イギリスは香港の属性を直轄植民地から属領に変更した．

カーネーション革命とマカオへの影響

1974 年 4 月，ポルトガルで国軍と左翼（社会党と共産党）によるクーデターが勃発し*1，40 年以上続いた独裁体制は崩潰した（カーネーション革命，⇨3-⑪）*2．新政権

3-⑪　カーネーション革命

はすべての海外州を独立させる脱植民地政策へと舵を切り，1975 年 1 月には人民共和国を承認して，マカオの返還を申し出た*3．ただ，中国は，急速な返還が香港を動揺させることなどを憂慮して，これを拒否した．同年末，マカオ駐留のポルトガル軍は警察組織に再編された約百人を残して完全撤退した．

*1　ポルトガルは 1960 年代から植民地での戦争に多額の国費を投入し，当時西ヨーロッパ最貧国と呼ばれるまでに転落していた．

*2　革命の 3 目標は，①政治的民主主義，②植民地解放，③新しい社会経済政策である．兵士たちは戦車や銃口にカーネーションを飾り立てて行進した．

*3　1974 年から 1977 年までの間にポルトガルは中国に返還を 3 度申し入れた．

*1 定数17名の内訳
は，任命5名，間接選
挙6名，直接選挙6名．
また有権者について，
中国系には「マカオに
5年以上居住する者」
の条件が適用された
（マカオ系とポルトガ
ル系にはなし）．

*2 中国は，ポルトガ
ル革命の理念への配慮
とマカオ住民の独立機
運を刺激しないように，
部分的な直接選挙を黙
認したといわれる．

1976年4月，ポルトガルで新憲法が施行され，マカオの地位は「ポルトガルの海外州」から「ポルトガルの統治下にあり，その特殊な状況に即した法により統治される領域」（第5条第4項）へと変更された．また，これに先立ち2月には「マカオ組織章程」が公布され，定数の3分の1を直接選挙で選ぶ立法会が設けられた*1．ポルトガル本国の民主化の波及により，ポルトガル系住民による政治団体も誕生した．中葡両国の微妙な関係のなかで，マカオの部分的民主化が進められたのである*2．

1979年2月，両国は正式に国交を樹立した．この際，両国は秘密裏に「マカオはポルトガルの海外州ではなく，ポルトガルの行政管理下にある中国領」であること，また「機が熟せば両国は交渉によって返還の問題を議論する」という合意を交わした（公表は1987年）．マカオ返還の地ならしが進みつつあったのである．

中英交渉の開始と中英共同声明

1979年3月，現職の香港総督として初めて中国を訪問したマクルホースは鄧小平（副総理）と会談し，新界の租借期限について議論することを提案したが，鄧はこれを拒絶した．この事実は，当時は明らかにされず，香港の投資家は安心してよい，という鄧小平の言葉のみが注目された．

より具体的な交渉は，1982年9月のサッチャー（Margaret Thatcher）首相の訪中により始まった．サッチャーは，「香港

マクルホース

3-⑫　サッチャー・鄧小平会談

に関する中英間の条約は変更することしかできず，決して廃止はできない．イギリスは香港市民に対して道義的責任を負っている」と主張したが，対する鄧小平（共産党中央顧問委員会主任）は，条約は不平等条約であり廃止されるべきとの立場を譲らなかった（⇨3-⑫）．

中国の立場は，「回収主権，設立特区，港人治

港，制度不変，保持繁栄（主権を回収し，特別行政区を設立し，香港人が香港を統治し，制度を変えず，繁栄を維持する）」の「二十字方針」に明確で，たとえ交渉が決裂しても香港は回収するとの立場を堅持したのである．2年にわたる交渉は難航したものの，基本的に中国ペースで進められた．ただ，そこに香港市民がかかわることはなかった．

　1984年12月，サッチャー首相と趙紫陽総理が中英共同声明に署名した．これにより，①香港は1997年7月1日に中国の統治下に入る，②香港は外交と国防以外の高度の自治を有する特別行政区となる，③香港の現行制度，社会制度と経済制度は変わらない*1，といった「一国二制度」の方式が決定した．もともと「一国二制度」は人民共和国が台湾統一のために表明したプランだったが，これが香港に援用されたのである．

　中英共同声明を受け，大多数の香港市民はイギリスの統治を希望するものの，それがもはや現実的ではない，ということを理解していった．香港の共産党系政論誌としてスタートした『七十年代』は，1984年に『九十年代』と改称したが，徐々に共産党政権との距離を広げ，その自由な議論は大陸中国にも浸透した*2．また，香港市民が返還交渉の過程から排除されたことへの憤りは，香港で多くの政治団体が組織されることにつながった*3．他方，「一国二制度」の行方に不安をもつ市民も少なくなく，オーストラリア，イギリス，カナダ，アメリカなどへの移住者は増加した．

民主化をめぐる中英の相剋と香港基本法
　中英共同声明では返還後の行政長官が選挙あるいは話し合いによって選出されること，また香港の立法機関は選挙で選出されることが明記されていたが，そこには解釈の余地が存在した．すでにイギリスは香港の返還を見据えて1981年には議員の一部を普通選挙で選ぶ区議会を設置していたが，よ

*1　この結果，イギリスのコモンローに基づく独立した司法が維持され，2019年でも香港の法の支配指数は＋1.60だった．これは，日本の＋1.54，米国の＋1.46よりも高い（ちなみに中国は−0.27）．

*2　『九十年代』は1989年の第2次天安門事件後は反共の立場を強めた．第二章113頁参照．

*3　香港前景研究社，匯点（Meeting Point），新香港学社，香港論壇，港人協会などが設立された．

り民主化を進めて，1985年から立法評議会への間接選挙の導入を決めた．

　一方，中国はイギリスの進める民主化を牽制した．1985年7月には香港特別行政区基本法起草委員会を組織し59名（大陸側36名，香港側23名）の委員が任命され，香港では香港市民180人から成る基本法諮問委員会が組織された．

　中国の反発を受けたイギリスは民主化のペースを緩め，中国との間で「収 斂」という合意がなされた．これは平穏な返還を実現するために，返還時の香港の政治体制と，香港特別行政区基本法（香港基本法）が定める返還直後の政治体制を一致させておく方法である．これによりイギリスによる急進的な民主化は抑えられ，一方で中国も返還時のスタート地点を規定されることになった．

　後述する第2次天安門事件も，基本法の起草に影響を与えた．学生を抑えるために中国が布告した戒厳令に反対して，査良鏞（先述の金庸）[*1] と鄺広傑（聖公会大主教）が起草委員会を脱退したのである．また，民主化を鼓吹した香港市民支援愛国民主運動聯合会（支聯会）の委員2名が職務から外された．

＊1　本章139頁参照．

　イギリスは中国に対し，香港への軍の駐留や緊急事態宣言に関する基本法の条文修正を試みた．しかし中国は，香港政府が中国を転覆する行為を禁止する第23条を加えて対抗した．こうして5年間にわたる起草，諮問，修正を経て，1990年4月に全国人大は基本法を可決した．

天安門事件とパッテン改革

＊2　第二章86頁参照．

　1989年6月の第2次天安門事件[*2] は，香港市民にも大きな衝撃を与えた．香港の中立的な新聞『明報』も対中批判を強め，直後のデモの規模はそれまでにない100万人に達した．これを受けてイギリスは，1989年12月にイギリス国籍（香港）法案を公布し，香港で要職にある5万人とその家族にイギリス本国の居住権を与え，1991年6月には，国際人権規

約に適さない既存法の改正を盛り込んだ香港人権法案条例を制定した*1.

香港市民の不安は，株価の 25% 下落，不動産価格の下落，移民申請者の大幅増加などとしてあらわれた．とくに移民は，1989 年の年間 4 万人から，1990 年には同 6 万 5000 人に増え，1984 年から 1997 年の返還前夜までに香港総人口の約 1 割が香港を離れた．

時の総督ウィルソン（David Wilson）は，1991 年の立法評議会の直接選挙で選出する議員を増やさなければ，1997 年以降の香港政治に対する市民の信頼感が失われると，中国の関係者を説得し，1991 年の立法評議会選挙では 18 議席，1997 年の香港特別行政区立法会では 20 議席を直接選挙で選ぶとの合意に達した．その結果，1991 年 9 月の立法評議会選挙では 18 議席中 16 議席を民主派候補が占めた*2．ただウィルソンは，その対中協調姿勢が弱腰との批判を受け，総督を更迭された．

新たに総督に就任したパッテン（Christopher Patten）は，従来の官僚出身の総督とは異なり，保守党幹事長を務めた有力政治家で，これまで定着していなかった民意が反映される政治システムを返還後の香港にも残すことを目ざした．1994 年から 1995 年にかけて，パッテンは職能別選挙の有権者数を拡大し，立法評議会の代表性を高める大幅な民主化改革を提案した．これはリベラルな香港政界人の願望を反映したものでもあった．

パッテン改革を受けて実施された 1995 年の立法評議会議員選挙では，民主派が過半数を占め，民主化は一時的に大幅に前進した．しかし，パッテンの改革案はほとんど中国側に諮られることなく実施されたため，中英の協調関係は崩れた．中国は対抗措置として，返還と同時に立法評議会を解散し，第 1 期立法会の選挙までは，北京の中央政府が選抜した推薦委員会の選挙による臨時立法会の設置を発表した．立法評議

*1 一方，米国では 1992 年に米国—香港政策法が議会を通過した．同法は返還後も香港を中国とは別個の独立した関税地域とみなす一方，米国大統領が，香港の自治の状況が，中国と異なる扱いをすると認定した場合には，特別扱いの停止を命令できると規定していた．

*2 民主派は，法の支配，市民の自由，社会正義といったリベラルな価値観を尊重し，「一国二制度」の枠組みの下で香港基本法が規定する行政長官と立法会の普通選挙の完全施行を支持する立場．略称は「泛民」．

パッテン

会議員が 1997 年以後も留任する「直通列車」方式の構想は潰えたのである.

マカオ返還交渉とマカオ基本法

中英の思惑がしばしば衝突し 2 年を要した香港返還交渉に比べると，マカオ返還交渉は比較的スムーズに進められた. 1985 年 3 月，新華社香港分社社長許家屯[*1] は返還後のマカオが「一国二制度」に基づくことを初めて公表した. 同年 5 月にはポルトガル大統領エアネス（António Eanes）が趙紫陽総理と会談し，マカオ問題の交渉開始を声明し，1987 年 4 月にはマカオに関する中葡共同声明が北京で調印された.

共同声明の骨子は，①マカオは中国の領土で，1999 年 12 月 20 日に中国はマカオの主権を回復し行使する，②中国は「一国二制度」の方針に基づき，マカオを特別行政区とする，③「中国マカオ」は中央政府の直轄とし，外交と国防を除き，自治権をもつ，④基本政策は全国人大がつくるマカオ特別行政区基本法（マカオ基本法）で規定する，といったものであった. ただ，ポルトガルは，ポルトガルの旅券を所持するマカオ住民の国籍がマカオ返還後も有効であると宣言したため[*2]，二重国籍を認めない中国との間に見解の相違があった.

1993 年 3 月，マカオ基本法が全国人大を通過した. マカオ基本法は香港のそれと類似しているが，人権や社会的諸権利について詳細でより丁寧に規定されている点に特徴がある. これはカーネーション革命の社会主義的傾向の影響といえる. また，マカエンセの慣習と文化的伝統の尊重，環境保護，宗教組織への配慮といった諸規定も，香港基本法にはない特徴である.

1980 年代以降，マカオ政庁の人員も変化した. これはカーネーション革命後最初の総督であるレアンドロ（José Garcia Leandro）が，ポルトガル本国から帰国したマカエンセにマカオ政庁のポストを認める方針を採ったためである. ポルトガ

*1　1916-2016. 1983 年から 1990 年まで新華社香港分社社長を務めたが，天安門事件では学生側を支持した. 1991 年 4 月にアメリカに出国し，共産党籍を剥奪された.

*2　香港では，返還後の香港市民は中国籍になるとされた.

ル本国出身者で占められた高級公務員のポストに，中国語を話すことができるマカエンセが登用される機会が増えたのである．また，将来のマカオ行政を担う人材育成のため，1981年に開学したマカオ初の大学である東亜大学が公立大学化され，1991年にはマカオ大学と改称された（⇨3-⑬）．

3-⑬　マカオ大学

大陸中国とのつながりと経済発展

　1970年代，香港の製造業は人件費の高騰から国際競争力を徐々に失っていったが，これを補ったのが大陸中国との再融合だった．中国の改革開放政策にともない1970年代末以降，香港とマカオの企業が人件費の安価な広東省の珠江デルタ地帯に工場を建て，そこで生産された商品を香港とマカオを通じて世界に販売するという形態[*1]が一般化したのである．

　香港は中国と世界を中継する貿易センターとして再び脚光を浴び，1980年代を通じて中国への直接投資額の半分を香港とマカオが占めた．1970年代後半から1980年代にかけて香港は高い経済成長を維持し，台湾や韓国やシンガポールとともに新興工業経済地域（NIEs）と呼ばれ，アジア経済を牽引した．

　1980年代には日本の百貨店やスーパーマーケットも多数香港に進出し，日本製品のみならずアニメやゲームといった日本文化がブームになった．1984年から香港とマカオに10店舗を展開し，1990年には本拠を香港に移した小売・流通チェーンのヤオハンは，その象徴的な存在である（⇨3-⑭）[*2]．香港では1990年代後半にもドラマやJポップがブームとなり，日本食への関心の高まりから，2010年代には香港が日本の農産物の最大の輸出先となった[*3]．

　経済発展にともない香港女性の社会進出も進んだが，これを支えるのが家政婦である．1973年に香港政庁が家事労働

*1 「前店後廠」と呼ばれ，「廠」は工場の意味である．

3-⑭　マカオのニュー・ヤオハン

*2 ヤオハンは1997年に経営破綻したが，ブランドとしてヤオハン（八佰半）を名乗る店舗がマカオや上海に残っている．

*3 香港からの訪日客も2019年には2013年の約3倍の229万人（史上最多）を数えた．

3-⑮ 休日を過ごす家政婦たち

3-⑯ 香港返還式典

をするための外国人労働者の受け入れを認めたこともあり，フィリピンやインドネシアを中心とした東南アジアからの家政婦は増加し，彼女らが街角に集まって休日を過ごす様子は，香港の日常の光景となった（⇨3-⑮）．

1990年代に入ると中国企業の株式が香港株式市場で発行，上場されるようになり，拡大する中国経済への投資窓口としても香港は注目された．その一方，存在感を低下させたのはイギリス資本だった．ジャーディン・マセソン（怡和）や香港上海匯豊銀行（HSBC）は香港返還が決定すると，登記上の本拠地をそれぞれバミューダ諸島とイギリスに移転し，傘下企業を中国資本に売却した．

香港特別行政区の成立と経済危機

香港は，1997年7月1日，中国に返還された（⇨3-⑯）．総督に代わる行政長官には，前年に中国による推薦委員会で海運業を経営する大富豪の董建華が選ばれていた．香港市民は返還を自尊心と憂慮と懐古の感情が入り混じる気持ちで迎えたが，香港の前途に対する信頼感は上昇していた[*1]．その背景には，中国が1997年以降の選挙ですべての主要政党の参加を認め[*2]，香港に対する不干渉の立場を表明していたこと[*3]，香港と大陸中国の経済的依存関係が深化し中国経済も順調に発展していたことがあった．

一方，返還後の香港は経済的には危機に見舞われた．返還翌日のバーツ切り下げを発端にアジア通貨危機が勃発したのである．バーツ同様に米ドルとの連動相場制が採用されている香港ドルも直接影響を受け，資産バブルは崩壊し香港経済は低迷した．さらに，鳥インフルエンザによる死者が香港で初めて確認されると，観光業も打撃を受けた．

2001年，中国がWTOに加盟し中国経済が直接国際経済と

[*1] 1997年初頭の調査では6割以上が中国復帰を望み，香港政庁に対する支持率は73%，中央政府に対する満足度は過去最高の38%となった．

[*2] この時期の香港の三大政党は，民主的な祖国復帰を求める反共の民主党，親中愛国の民主建港協進聯盟（民建聯），親共かつ財界寄りの自由党で，香港の経済的な繁栄と政治的安定の維持を求める点では共通していた．

[*3] 返還式典で江沢民国家主席は，中央政府は「香港特別行政区が基本法の規定に基づいて自ら管理することに対して，干渉しないし，干渉することは許されない」と宣言した．

つながるようになると，中国の玄関口としての香港の地位は低下した．深圳や上海などが香港のライバル都市として顕在化したことも香港社会に不安を与えた．2003 年には香港で流行した SARS（重症急性呼吸器症候群）により 300 人近くが死亡し，観光業がさらに落ち込んだことも香港経済の凋落に追い打ちをかけた．

　こうした香港経済の苦境を救ったのが中国だった．中国本土・香港経済連携緊密化取り決め（2003 年）が，香港製品の関税免除や香港企業の優先的な中国市場への参入，そして大陸中国からの香港への個人旅行を認めたのである*1．これにより，2004 年 7 月には香港を訪問した観光客約 200 万人の半数を大陸中国からの観光客が占め，香港経済は好転した．

国家安全条例制定の模索と 50 万人デモ

　返還以前と同様の自由を維持しているかにみえた返還直後の香港だが，北京の中央政府は，水面下で国家安全条例の成立を目ざし，香港政府も 2002 年には基本法第 23 条*2 に基づく立法作業への着手を表明していた．この背景には香港政府高官による法輪功*3 容認発言*4 などの影響もあったが，より本質的には共産党が「和平演変」（平和的手段による体制崩壊）を警戒し続けていたためである．しかし折からの経済不況や SARS への対応不備もあいまって，民主派を中心に香港市民は香港政府への批判を強め，2004 年には 50 万人規模のデモが勃発した*5．市民の強い反発を受け，政府寄りの自由党も立法に反対し，結局条例は廃案に追い込まれた．

　勢いに乗った民主派は行政長官と立法会の普通選挙早期実現を要求した．しかし，中央政府は基本法の解釈権を行使して，2004 年に普通選挙の実施時期および選挙方法の決定権が事実上香港にないことを明確化し*6，早期の普通選挙化を却下した．この際，中央政府が持ち出したのが「愛国者による香港統治」という論理で，「愛国者」には民主派が含まれ

*1　2003 年 10 月には大陸中国とマカオとの間にも同様の取り決めが締結された．

*2　中国に対する反逆，分離，扇動，転覆を禁止する内容の国家安全法の制定を規定している．

*3　李洪志が 1990 年代初めに始めた健康修練法．急速な拡大を警戒した共産党から「邪教」として活動が禁止され，関係者は厳しい弾圧を受けている．

*4　政務司司長の陳方安生（アンソン・チャン）は，法輪功は香港では合法組織であり，一切の活動は香港の法律に違反しない限り，すべて許可されるとの立場を示していた．

*5　「一紙一誌二本のマイク」（『蘋果日報』，『壱週間』，参加型ラジオ番組の人気司会者鄭経翰と黄毓民）と称されたメディアによるデモ参加呼びかけの効果も大きかった．

*6　従来は，基本法の文言から，選挙制度は香港で先に提案できると考えられていた．

*1 「愛国者」の定義
は明示されていないが,
中央政府関係者の間に
は「中国は愛するが,
共産党は愛さないとい
う立場は愛国者とは認
められない」との議論
があった.

*2 2003年12月に基
本法の権威とされる4
名の大陸の法学者が香
港でこうした趣旨の講
演をおこなった.

董建華
*3 1937-. 本章154
頁参照.

*4 第二章99頁参照.

ない可能性が生じた*1. また, 政治制度の選択や行政長官の
選出などを, 香港の議論に任せることは, 中央政府の禁止す
る「独立の政治実体」につながりかねないとされた*2.

2005年, 香港市民から不人気だった董建華*3が病気を理
由に行政長官を辞任し, 後任には政務司司長の曾蔭権 (ドナ
ルド・ツァン) が就いた. 曾は警察官を父にもつ庶民派で共
産党色も薄いとみられており, その財政手腕から市民の人気
も高かった. 香港政治は落ち着きを取り戻し, 返還10周年
の2007年には政治と経済の双方で安定期を迎えた. 胡錦濤
政権の調和社会*4の論理に基づいた「中港融合」は, 香港
の民意には一定程度対応したと言える.

2007年には全国人大常務委員会が, 2017年の行政長官普
通選挙化, 2020年の立法会議員全面普通選挙化が可能であ
ると決定した. 普通選挙実現の具体的日程が示されたことに,
民主派のうち穏健派は一定の評価を与えた. ただそれらの候
補者は, 普通選挙による選抜の前に中央政府による「指名委
員会」によって絞り込まれるとの規定があった. 共産党の考
える普通選挙と香港の民主派の考える欧米型デモクラシーに
よる普通選挙とはまさに同床異夢の状態にあり, このことが
のちに禍根を残すことになった.

「中港融合」の限界

返還10周年の式典で胡錦濤は香港が中国の一部であるこ
とを強調し, 愛国教育の必要性を語った. しかし, 2008年
夏の北京五輪をピークに,「中港融合」の効果は減退し始め
た. 香港に押し寄せた中国人観光客の買占めなどによる環境
悪化や中国資本の流入による不動産価格の暴騰*5が, 住宅
難や生活苦といった社会問題を引き起こしたからである. 市
民の間には中国人観光客をイナゴになぞらえる蔑視や, ヘイ
ト・デモに類する動きも出現した.

香港市民の中国人意識も急速に低下し, 香港人意識はより

*5 2008年に中国製
粉ミルクにメラミンが
混入し30万人近い乳
児に被害が出ると, 中
国人の大量購入により
香港でも粉ミルクが品
薄になった. また子に
香港永住権を与えるた
めに妊婦が香港に殺到
し, 産科病床不足が問
題化した. 不動産価格
は返還後の20年で約
4倍となった.

強まった*1. 香港政府が2010年に発表した「道徳・国民教育」科の必修化*2に対しても，共産党による「洗脳」愛国教育であるとの批判が広がった．高校生の黄之鋒（ジョシュア・ウォン）や周庭（アグネス・チョウ）（⇨3-⑰）率いる学民思潮*3の呼びかけに応じた学生は，2012年9月には政府庁舎前で長期にわたり抗議の座り込みをおこない，その結果，必修化は撤回された（反国民教育運動）．

中央政府の提案が2度までも香港の立法会で否決されたことで，共産党指導部には，「主権は回帰したものの，香港の人心はいまだ回帰していない」との認識が広がることになった．

他方で「中港融合」により，香港の動きが中国国内にも影響を与えた．香港での情報は激増した中国人観光客やインターネットを通じて中国国内にも伝えられ，国内では香港情勢に対する関心が高まった．2011年の広東省烏坎村の農民による自治要求の蜂起や，2013年1月の『南方週末』*4の社説撤回に端を発する職員のストライキも，香港の影響を受けて拡大した側面があった．

3-⑰　羅冠聡・黄之鋒・周庭

*1　2008年6月と2012年9月の調査を比べると，自らを「中国人」と称する香港市民は38.6%から18.3%，「香港人」と称する割合は18.1%から45.6%へと変化した．

*2　香港政府は2012年から2013年にかけて「徳育及国民教育科」の小中学校での導入を発表した．

*3　「学民」は学生と公民の略で，当初は「学民思潮 反対徳育及国民教育科聯盟」と称した．

*4　1984年2月に創刊された広州の週刊紙で，自由主義的な論調で知られた．第二章119-120頁参照．

雨傘運動──行政長官普通選挙をめぐって

「中港融合」により香港の問題点が複数露呈した時期に中国の指導者となったのが習近平である．習近平は「国家の主権と安全と発展の利益」が「香港とマカオの繁栄および安定」に勝るとの姿勢を明確に示した．

同じ頃，香港では2017年の行政長官普通選挙がどのように行われるのかについて注目が集まっていた．2013年3月には民主派が，世界標準の普通選挙が実現しない場合には，香港島中心部の中 環地区の道路を占拠すると宣言した（セントラル占拠行動）．

警戒した中央政府は，2014年6月に「一国二制度」に関する初の白書を発表し，従来の自らの立場を改めて示し，民

主派の求める「真の民主選挙」を明確に排除した．とくに，白書の「中央政府が全面的統治権をもつ」との表現は香港市民に衝撃を与えた．さらに2014年8月，全国人大常務委員会は，普通選挙に出馬できるのは親中派財界人が圧倒的多数を占める指名委員会で過半数の支持を得られた者に限る，と決定した（八・三一決定）．

衝撃を受けた民主派や市民は，政府前広場などで抗議集会を開催し，警察は催涙弾で排除を試みた．これに反発した抗議の声は高まり，香港島の2か所（金　鐘〔アドミラルティ〕と銅　鑼　湾〔コーズウェイベイ〕）と九龍の旺　角〔モンコック〕を中心に，79日間にわたり市民が道路を占拠する事態となった（デモ参加者

3-⑱　「雨傘革命藝術」

が催涙剤を雨傘で防いだことから雨傘運動と呼ばれる）[*1]．これに対し中央政府は，ネガティブキャンペーンをおこなうと同時に，要求を拒絶しながら弾圧もしないという無視の姿勢で臨み[*2]，運動は自然消滅に近い形で収束した．ただ2015年6月の香港立法会では，全国人大提案の選挙方式が民主派の反対により否決された．こうして2017年の行政長官普通選挙の可能性は消滅した．

民主派の分派──自決派・本土派・独立派

雨傘運動の結果，従来の民主派の路線では「真の普通選挙」が実現できないことが明らかになったことで，それまでの民主派から大きく三つの潮流が生まれた．黄之鋒ら雨傘運動の主流派は，「一国二制度」が終わる2047年以降の香港の将来を香港市民みずからが決定するべきだとの立場から学民思潮を発展解消して香港衆志（2016年）を組織した（自決派）．より急進的な梁天琦（エドワード・リョン）らは本土民主前線（2015年）を組織して[*3]，香港と大陸中国との融和や中央政府の香港への政治介入を否定し，香港本土の優先を主張した（本土派）．さらに陳浩天（アンディ・チャン）の香港民族党

*1　抗議運動に参加した人びとによって作られた各種モニュメントは「雨傘革命藝術」と呼ばれている（⇒3-⑱）．

*2　北京で李克強総理への直談判を予定していた学生組織「香港専上学生聯会」の指導者は飛行機への搭乗を拒否され，運動を支持する歌を作った歌手の黄耀明（アンソニー・ウォン）と何韻詩（デニス・ホー），作詞家の林夕らは大陸中国での活動を拒絶された．

*3　梁は香港人を「香港を擁護し，共同の核心文化，価値を守る人」と定義した．

（2016年）のように，中国からの独立を主張する政党も結成された（独立派）.

　3派は，中央政府との対話を迂回して香港の将来を決めようとする志向をもつ点で共通した．若者を中心に中国離れが進み，2016年には香港独立の議論が高まった[*1]．しかし，こうした動きは学生や若者を中心とした範囲にとどまった．民主派の政治家の多くも，香港独立までは支持しなかった．

　香港独立の主張に，中央政府や香港政府は過敏に反応した．2016年9月の立法会議員選挙では，香港独立を主張した梁天琦や陳浩天の出馬資格が無効とされた．史上最年少で立法会議員に当選した香港衆志の羅冠聡（ネイサン・ロー）[*2]ら民主派および自決派の議員6名も，就任宣誓の際の不備を理由に失職した[*3]．雨傘運動など社会運動の指導者や参加者への法的制裁が加えられ，2018年には香港民族党が非合法団体とされた．社会運動は停滞し，「無力感」が時代を象徴する言葉となった．

*1　2016年に就任した香港大学および香港中文大学の学生会会長は，いずれも独立支持を表明していた．

*2　本章157頁参照．

*3　宣誓の際の文言の変更や，意図的に不正確に発音したことなどが理由だった．

逃亡犯条例の改正問題と200万人デモ

　社会運動が低調とみられていたなか，問題化

3-⑲　銅鑼湾書店（中央奥の階段を上った2階）

したのが逃亡犯条例の改正だった．すでにその前触れは2015年から2016年にかけて，銅鑼湾書店（⇨3-⑲）[*4]関係者5名の拘束，2017年の中国の大富豪 蕭 建華の失踪事件などにあらわれていた．香港市民が基本法への侵害や人身の自由に不安を高めていた2019年2月，香港政府が突如として逃亡犯条例の改正を提案したのである．

　1997年に制定された逃亡犯条例は，香港から世界各地への犯罪容疑者の引き渡しを規定していたが，「香港以外の中国」には引き渡しをおこなわないとの明文規定がなされていた．これに対し香港政府は，犯罪者をより適切に裁くためとして[*5]，この「香港以外の中国」の部分の改正を提案したの

*4　銅鑼湾書店は，大陸中国での流通が禁止されている政府の内幕やスキャンダルを暴く「禁書」を扱う書店の一つで，「禁書」を手がける巨流出版社の子会社だった．2020年，台北で営業を再開した．

*5　きっかけは2018年に台湾で女性を殺害した香港人男性がそのまま香港に逃げ帰ったことにあった．香港政府は逃亡犯条例の規定により，「香港以外の中国」である台湾に男を送致できなかったのである．

である．これにより容疑者の大陸中国への引き渡しも可能になるとして，大陸からの難民とその子孫が多数を占める香港社会は騒然となった．

2019年6月9日，民主派が主催した改正反対のデモには103万人が参加した．しかし香港政府は反対の声を無視し，立法会での審議を改めて表明したため，12日には反対する市民4万人が立法会を包囲し，一部は警察と衝突した．15日に林鄭月娥（キャリー・ラム）行政長官は記者会見で審議の一時停止を表明したが，16日のデモは香港史上最大の200万人規模の巨大なものとなった．

抗議活動は激化し，当初の逃亡犯条例改正反対から政権批判へと転化した[*1]．さらに批判の矛先は中央政府へと向けられ，「香港をとり戻せ，革命の時代だ（光復香港，時代革命）」のスローガン（⇨3-⑳）[*2]のもと，デモは中央政府の出先機関である中聯辦（中央政府駐香港聯絡辦公室）のビルを包囲した．

中央政府は武装警察を香港に隣接する深圳に集めて威嚇したほか，経済的な圧力を強めたが，市民は「攬炒（抱きついて共に焼かれる＝死なば諸共）」と呼ばれる方法で対抗した．これは中央政府と結びついた香港の社会と経済に損失を与えることで，間接的に中央政府を攻撃する手法である．

逃亡犯条例改正反対デモの特徴は，SNSによって参加者が行動する「リーダーがいないデモ」[*3]にあった．中央政府はこの実態を的確につかめず，雨傘運動のリーダーや立法会議員を一斉に逮捕した．しかし，11月24日の区議会議員選挙では，前回を20ポイント以上超える投票率で民主派が圧勝した[*4]．

国際社会も香港での事態を注視し，11月にアメリカ議会は香港の人権を害する者の米国への入国拒否や資産凍結，軍民両用技術の中国への輸出制限を盛り込んだ香港人権・民主主義法を成立させた[*5]．

*1　要求には，逃亡犯条例改正案の完全撤回に加え，抗議活動参加者を逮捕，起訴しないこと，警察の権力濫用の責任追及のための第三者委員会設置，林鄭月娥行政長官の辞職，さらには普通選挙の即時実施などが加わった．

3-⑳　「光復香港，時代革命」のスローガン

*2　香港の動きに影響され，2019年11月に広東省茂名市での火葬場建設をめぐる抗議事件では「光復茂名，時代革命」がスローガンとして登場したが，武力鎮圧された．

*3　雨傘運動が内部対立で弱体化したことの反省を踏まえていた．

*4　投票率は71.2%で，民主派が議席の85%にあたる388議席を獲得した．

*5　このほか，米国では2020年7月に，香港の自治の維持に対する，中国からの侵害に関与する外国の個人および団体，およびそれらと著しい取引のある外国金融機関に対し制裁を科すことができる香港自治法が成立した．

香港国家安全維持法の制定——「一国二制度」の形骸化

　逃亡犯条例改正反対に端を発する抗議活動は，2020年初頭に湖北省武漢から広がった新型コロナウイルス感染症の蔓延により突如終焉を迎えた．2021年3月，香港政府は防疫を理由に集会制限令を出し，5人以上の集会を禁止した．これにより毎年恒例の6月4日の天安門事件追悼集会や7月1日の返還記念日デモも不許可となった．

　抗議活動が制限されているなか，中央政府が香港の立法権を無視して一方的に進めたのが香港国家安全維持法（国安法）[*1]の審議だった．審議は5月の全国人大で公表されたものの，審議内容や条文が非公開のまま秘密裏に進められ，1か月後の6月30日には成立，条文公表は7月1日の施行後という，前例のないものだった．

　国安法は，国家分裂，国家政権転覆，テロ活動，外国との結託の取り締まりを謳い，既存の法律に優越すると規定された．また，中央政府が香港の行政司法機関を監視し制御できる仕組みとして，香港政府内に国家安全維持委員会，中央政府の出先機関として国家安全維持公署が新たに設置された．同法は条文規定が曖昧である（何をしたら罪に問われるのか，何をしても罪に問われないのか，がわからない）ため，政権批判や独立の主張をおこなってきた者は萎縮し，施行直前には多数の政治団体が活動停止や解散を表明した．公営図書館では民主派関連の書籍の閲覧を停止し，教育現場では政治の議論に規制がかかった．大学内での行動にも警察が介入するようになり，学術の自由が脅かされるようになった．

　国安法を根拠とした圧力も強まった．「光復香港，時代革命」などのスローガンや「香港独立」の旗幟のほか，チベットや新疆や台湾など各地の独立を主張する旗幟が禁止され，これまで抗議活動にかかわった人びとのなかから検挙される人も出た．共産党に批判的な論調で知られた『蘋果（リンゴ）日報』[*2]の創業者である黎智英（ジミー・ライ）も逮捕され，

*1　正式名称は，香港特別行政区維護国家安全法．

*2　アパレルメーカーのジョルダーノで財をなした黎智英が1995年6月に創刊し，共産党に批判的な論調で知られた．

3-㉑ 黎智英の拘束を伝える『蘋果日報』

*1 6月24日の終刊号は過去最高の100万部を売り上げた.

その資産も凍結された（⇨3-㉑）．このため2021年6月に『蘋果日報』は廃刊に追い込まれた*1．国安法の制定により，香港の「一国二制度」は返還から50年後の2047年をまたず事実上消滅したのである．コロナ禍の影響や台湾や欧州への移民が増加したことで，2020年の香港の人口は前年度より0.6％減少した747万人となり，1961年の調査開始以来最大の落ち込みとなった．

マカオの返還——中国化の進展とマカエンセ文化の探求

　1999年12月20日，香港では実現しなかった「直通列車」方式でマカオは中国に返還され，初代行政長官には中央政府の指名により何厚鏵（エドムンド・ホー，何賢の息子）が就任した．2002年にはカジノ経営権の独占が対外開放され，2006年にはマカオのカジノ収入はラスベガスを抜いて世界最大となった（⇨図版解説9）．コロアネ島とタイパ島に挟まれたコタイ地区の埋め立てと開発も進んだ．

3-㉒ マカオの歴史的建造物を紹介するマカオ切手

*2 2020年時点での割合は，第3次産業95.7％，第2次産業4.3％，第1次産業は0.0％.

*3 2020年の1人当たりGDPはカタールを超えて世界一となった.

　2005年7月にはマカオ歴史地区がユネスコ世界遺産として登録され（⇨3-㉒），観光客は2000年の800万人から2018年には3580万人と4倍以上に増加した．マカオのGDPのうち，カジノ業と観光業による収入は5割を占めるが*2，実質GDPは返還から2013年までで4倍以上上昇した*3．マカオ政府は潤沢な税収に裏付けられ，幼児教育から高校までの15年間の教育費や医療費を無償化したほか，住民への現金給付もおこなっている．

　マカオでは香港に先んじてマカオ国家安全法が立法会で成立しており（2009年），香港と比べると，中央政府の想定する形での「一国二制度」が粛々と進められている．また，ポルトガル国籍保持者には行政への参加が制限されたこともあり，

若い世代のマカエンセ・コミュニティ離れは加速している.

　このため450年にわたって築かれてきたマカエンセ文化の消滅を危惧する動きが生じ,マカエンセ料理*1やマカエンセの言葉であるパトゥア語*2による劇団は,マカオ特別行政区の無形文化遺産に正式に認定された.

　マカエンセを代表する作家の再評価も進んでいる.マカエンセ文学の父と呼ばれているエンリケ・デ・セナ・フェルナンデス(Henrique de Senna Fernandes, 1923-2010)は,『愛と足の指』や『魅力的な三つ編みの少女』で,20世紀初頭から1930年代のマカオを背景に,裕福なマカエンセの生活を描いた.またマカエンセ最初の女性作家デオリンダ・デ・コンセイサォン(Deolinda do Carmo Salvado da Conceição, 1913-57)は,20世紀前半のマカオと中国を舞台にした27篇の短篇小説からなる『チョン・サン(チャイナドレス)』を著した.今後の中国社会におけるマイノリティの帰趨を占う上でも,マカエンセの動向は注目に値する.

*1　ポルトガル料理をベースに,アフリカ,インド,マレー,広東など各地の料理が混ざり合って生まれたマカエンセの家庭料理.

*2　20世紀初頭までマカオで一般的に話されていたクレオール語.ポルトガル語を土台とする文法体系に,マレー語,広東語,英語,日本語,タミル語など多様な言語に由来する語彙をもつ.

〈解説〉

　湖（南湾湖）に面した中央曲線状 12 階建ての建物が，1970 年 6 月に落成した
ホテルリスボア（葡京酒店）．カジノとホテルとレストランを併設し，マカオにおけ
るカジノを象徴する存在である．現在では中国銀行大廈（写真左端の高層ビル・
1991 年落成），マカオ最高層のグランド・リスボア（新葡京酒店，写真左から 2 番目
の蓮の花をイメージした高層ビル・2007 年開業），ウィン・マカオ（永利澳門，写真右
端の高層ビル・2006 年開業）など，新しいビル群に囲まれている．左端の手前に延
びるカルヴァーリョ総督大橋はマカオ半島とタイパ島とを結ぶ最初の橋として
1974 年に開通した．

　スポーツ好きの読者はよくご存じのとおり，オリンピックには中国とは別に，香港や台湾のチームが参加している．この事実は，中華圏をめぐる複雑な歴史を如実に反映している．

　2021 年 7 月，東京オリンピックのフェンシング競技で，香港の張家朗選手が優勝した．表彰式では，人民共和国の国旗である五星紅旗ではなく，バウヒニアの花をかたどった香港旗（特別行政区旗）が掲揚された．一方，国旗掲揚に合わせて流された楽曲は，人民共和国の国歌「義勇軍行進曲」であった．

　香港では，イギリス統治下の 1951 年，香港オリンピック委員会が IOC に承認された．そのため，香港は 1952 年のヘルシンキ大会以降，1980 年のモスクワ大会をボイコットしたのを除き，各大会に選手を派遣し続けている．1997年に人民共和国の特別行政区となってからは，「ホンコン・チャイナ〔中国香港〕」の名称で，上記の旗と楽曲を使用する方式で大会に参加している．なお，旧ポルトガル領のマカオにも，1989 年以来，独自のオリンピック委員会が存在する．ただし，こちらは IOC の承認を受けていないため，オリンピックに選手団を派遣していない．

　台湾の場合，「台湾」でも「中華民国」でもなく，「チャイニーズ・タイペイ」の名称でオリンピックに参加している．旗は民国国旗（青天白日満地紅旗）ではなく，梅の花をモチーフとした中華オリンピック委員会（1973 年発足）旗を使用し，表彰式で流す楽曲も民国国歌（三民主義歌）ではなく，中華オリンピック委員会会歌（中華民国国旗歌と同じ旋律）である．

　近代オリンピックは，スポーツを通じて平和な世界の実現を目ざす祭典として，1896 年に始まった．民国は，1922 年に国際オリンピック委員会（IOC）に加盟し，1932 年のロサンゼルス大会で初めて競技に参加した．戦後，国共内戦による民国の台湾撤退にともない，国際スポーツ界においても台湾と大陸中国のどちらを中国代表とみなすかという問題が発生した．分断後初となった 1952 年のヘルシンキ大会では，IOC 総会が台湾と大陸中国の双方を参加させることを決めた．これを不服とする国府（第四章 171 頁参照）が選手を派遣しなかったところ，人民共和国は急きょ水泳選手を 1 名参加させた．

　1954 年，IOC 総会は大陸中国のオリンピック委員会を新たに承認し，IOC

内に台湾と大陸中国の2つの代表が併存することになった．しかし，国府が1956年のメルボルン大会に参加すると，人民共和国は抗議のために選手団を引き揚げ，1958年にはIOCとの絶縁を宣告した．一方，国府は1960年のローマ大会以降，「中国」ではなく「台湾」名称での参加をIOCから求められ，妥協を余儀なくされた．1968年のIOC総会は，中ソ対立や文革の影響下，国府のオリンピック委員会が「中華民国」を名乗ることを認めた．しかし，1976年のモントリオール大会では，カナダ政府が大陸中国への配慮から国府が「中華民国」を名乗ることを認めず，国府は参加を拒否した．

　1979年，IOC理事会は，大陸中国のオリンピック委員会が「中国オリンピック委員会」としてIOCに復帰することを承認した．同時に，IOC理事会は，台湾については，民国の国号，国旗，国歌を使用しないことを条件に，大会への参加を認める決定をした（名古屋決議）．国府は1981年にこれを受け入れ，1984年のロサンゼルス大会から「チャイニーズ・タイペイ」の名称で参加するようになった．

　オリンピック参加の可否をめぐる中台間の対立は，これで一応の決着を見た．ただし，漢字圏には訳語をめぐる摩擦が残った．台湾側は「中華台北」を自称しているのに対し，大陸中国のメディアはこれを「中国台北」と訳す．後者は「台北は中国の一部である」という語感が強い．ただし，人民共和国は台湾世論の反発を避ける目的もあり，2008年の北京大会や2022年の北京冬季大会の会場では「中華台北」の呼称を使用した．

　なお，台湾では2018年の公民投票において，2020年の東京五輪（実際は2021年に実施）に「台湾」名義で参加すべきか問われたが，反対多数で否決された．台湾の民意は，国際社会が台湾を国家扱いしないことに強い不満を示しつつも，政治問題が原因で選手が大会に参加できなくなることも望んでおらず，郷土愛と現実問題の板挟みにある．

第四章 台　湾
——民主化の成熟（1950 年代—）

1. 中国国民党一党体制の確立と展開

台湾とはどこか

　台湾の戦後史は，1945 年の日本による植民地支配の終わりから始まる．その始まり方は，台湾住民による日本からの独立ではなく，中華民国国民政府（1948 年以降は中華民国政府）による施政の開始という形をとった．

　台湾とは，狭義には福建省の対岸，琉球諸島の西方に位置する，東シナ海に浮かぶサツマイモに似た形の台湾島（およびその周辺の小島を合わせた地域）を指す．しかし，今日私たちが台湾と呼んでいるのは，多くの場合もう少し広義で，上記狭義の台湾に加え，台湾海峡に浮かぶ澎湖諸島，福建省沿岸の金門島，馬祖列島を合わせた地域を指す．これは現在，「中華民国」を自称する政府の統治下にある領域である*1.
人民共和国はこれらの地域を自国の一部とみなしており，中華民国による統治を認めていないが，共産党による実質的な統治が及んでいるわけではない．

　台湾島と澎湖諸島は 1895 年の下関条約により清から日本に割譲され，大陸中国と政治的に分断された．しかし，1945 年の日本の敗戦にともない，同年 10 月 25 日にその施政権は国民党を中心とする国民政府に移管された*2. 国民政府は，これら地域の接収を失地の回復とみなし，「光復」と称揚した*3. その住民は日本統治期には日本国籍者だったが，国民政府はそれらの人びとが民国籍へ復帰したと宣言した*4.

*1　民国は南シナ海の島嶼群も固有の領土としており，東沙諸島や南沙諸島の太平島は戦後その支配下に入り今日に至る．

*2　台湾に居住していた日本人約 30 万人のほとんどは帰国させられた．そのなかには台湾生まれのいわゆる「湾生」も少なくなかった．

*3　1946 年から 10 月 25 日は「光復節」という記念日として祝賀された．

*4　1946 年 1 月の行政院訓令による．

167

1949 年に人民共和国が成立した後，国民党の蒋介石は台湾において，武力により共産党から大陸を取り戻す「大陸反攻」を訴え続けた．しかし，これは叶うことなく，1950 年代の軍事衝突の末，福建省の金門島，馬祖列島までが中華民国の実質的な支配下に残った．上述の広義の台湾は，こうして一つの政治的なまとまりとして固定化されたのである．

台湾の住民構成は，人口のほとんどを占める漢人と，少数の先住民族[1] に大別される．台湾島にはもともとオーストロネシア語族に属する複数の民族集団（今日の先住民族）が生活しており，漢人の移入が活発化したのは 16 世紀後半以降である．澎湖，金門，馬祖はそれ以前から漢人を主体とする地域であった[2]．

*1　現地では「もともと住んでいた民族」という意味で「原住民族」と呼ばれる．

*2　澎湖諸島には宋代の 13 世紀前半時点ですでに漢人が定住していたとされる．

*3　1883-1950．1934年から 1941 年にかけ福建省政府主席を務め，日本統治下の台湾を視察した経験をもつ．

二・二八事件と省籍矛盾

第二次世界大戦末期より重慶の国民政府は台湾接収の準備を開始し，1945 年に台湾接収後の統治機関として台湾省行政長官公署を設置し，陳儀[3] が強大な権限をもつ長官となった．同年 10 月 25 日，台北公会堂（この年から「中山堂」に改称，⇨4-①）において陳儀と日本の安藤利吉台湾総督との間で「受降式典」が実施され，国民政府による実質的な台湾統治が始まった．

4-①　中山堂

台湾の漢人社会では当初，これを「祖国」への復帰として歓迎する雰囲気があった．しかし，台湾住民と大陸から移入した新たな統治者集団との間の軋轢は次第に高まっていった．1945 年以前から台湾に定着していた漢人は「本省人（ほんしょうじん）」と呼ばれるのに対し，1945 年以降，とりわけ後述の 1949 年前後に大陸中国から移入した漢人住民は「外省人（がいしょうじん）」と呼ばれる．

両者間の摩擦の原因は多岐に及ぶが，第一に，陳儀は本省人を日本の「奴隷化教育」を受けた人びととみなしたことが

挙げられる．林献堂*1をはじめとする本省人エリートらは日本統治期より政治参加を強く望んでいたが，陳儀は外省人を主体として台湾統治をおこなった．また，陳儀は台湾を「祖国化」する目標のため，中国語を「国語*2」として普及させるとともに，日本語や日本文化の排除を推進した．本省人エリート層には日本の教育下で近代文明や科学知識を身につけた自負もあったが，光復1周年にあたる1946年10月以降は新聞や雑誌の日本語欄が禁止され，言論空間が狭まった．

　経済面では，陳儀は日本人の経営していた産業施設を国営や省営の企業に編入し，公営企業中心の経済体制を敷いた．また，煙草や酒などの専売事業は日本統治期から継承した．この統制経済下，利権を得られなかった台湾の商人や実業家は不満を強め，また非効率な経営や汚職の多発により社会的混乱も広がった．同時に，台湾の砂糖や石炭などの物資は，国共内戦によって品薄となった大陸中国へと搬出されたため，台湾では食糧不足やインフレが加速した．

　そのようななか，1947年2月，台北市でのヤミ煙草の取り締まりに際し，威嚇発砲で市民が1人死亡する事件が発生した．同月28日，抗議に向かった市民に対して行政長官公署は機銃掃射をおこない，多数の死傷者が出ると，これに激怒した市民が街頭で外省人を殴打するなど暴動へと発展した．一部市民が放送局を占拠して台湾人の決起を呼びかけると，政治暴動は台湾全島に波及した（二・二八事件，⇨4-②）．

　衝突発生後，台湾社会のエリートらは事件処理委員会を組織し，政治改革案をまとめて陳儀に提出した．しかし，3月初旬に高雄要塞司令の彭孟緝（ほうもうしゅう）が独断で市民に対する武力掃討を開始したのに続き，蒋介石が派遣した増援軍が基隆港に到着すると，台湾各地で軍隊と警察による逮捕や虐殺が起こった．その過程では，台湾人の反抗意識を粉砕する意図の下，残忍な処刑もおこなわれた．その後，反政

*1　1881-1956．日本統治下での台湾議会設置請願運動を主導し，1921年10月に成立した台湾文化協会で総理を務めた．

*2　北京音（「京音」）を標準音として，戦前から民国で普及が図られてきた．

4-②　二・二八事件

*1 軍部や情報機関による組織的かつ計画的な処刑がおこなわれたと考えられている.

府的だったジャーナリストら言論人は次々と逮捕されていき, 失踪者も多数にのぼった*1.

この事件により, 台湾社会のエリート層は壊滅的な打撃を受け, 一般庶民にも政治に対する恐怖が刻み込まれた. 本省人と外省人の間の亀裂は決定的となり,「省籍矛盾」と呼ばれる両者の間の対立感情は, その後の台湾社会に長く影を落とすことになった.

中華民国憲法下の台湾

二・二八事件発生に先立つ 1946 年に大陸中国で国共内戦が全面化すると, 国民党は中華民国憲法の強行採択を図り, 同憲法は 1947 年に公布された. この憲法は本来, 議会制民主主義を定めた民主的な内容を有していた. ところが, 1948 年の第 1 回国民大会で反乱鎮定動員時期臨時条項が制定され, 共産党の「反乱」を鎮定することを大義名分として, 総統には憲法の規定に拘束されない強大な権限が与えられた (1991 年撤廃)*2. 総統には蔣介石, 副総統には李宗仁が選出され, 1948 年 5 月に就任した.

*2 序章 18 頁および本章 190 頁参照.

陳誠

*3 1897-1965. 浙江出身の軍人兼政治家. 保定陸軍軍官学校卒業. 台湾で行政院長, 副総統, 国民党副総裁などの要職を歴任.

*4 小作農が地主に納める小作料を, 主要作物の年間収穫量の 37.5% を超えてはならないとした (従来は 50% 程度であった).

*5 4 万旧台湾ドルを 1 新台湾ドルに切り替えた.

蔣介石は, 国共内戦の戦況が危機的となるなか, 1948 年末頃より台湾で再起を図るための準備を進め, 金塊や外国為替といった国庫の資金, 外交文書や文化財などの貴重品を台湾に運び込ませたほか (⇨図版解説 10, 181 頁), 1949 年 1 月には腹心の陳誠*3 を台湾省主席に就任させた. 陳誠の主要な任務は, 台湾での国民党の支持基盤を確保し, 共産党の浸透を排除することであった. 陳誠は人口の 8 割を占める農民を取り込むため, ただちに小作料の引き下げ (「三七五減租」*4) をおこなったほか, ハイパー・インフレを抑制するための通貨改革*5 を実施した.

その後, 人民解放軍が徐々に南下してくると, 多くの大陸住民が台湾へと避難しようとした. それまでも台湾では, 共産党のスパイを取り締まるために戸籍管理が強化されていた

が，1949年4月からは軍人や役人の家族以外の避難民を取り締まるための正式な入境制限が実施された*1.

続く1949年5月，陳誠は台湾全省に戒厳令を敷いた（1987年に解除）．この体制下，治安関係法令が整備されると，台湾社会ではスパイの告発が奨励され，当局による拷問も横行するなか，人びとは反政府や親共産党を疑われれば死罪となる恐怖のなかで暮らしていくことになった．弾圧の対象となったのは漢人社会にとどまらず，先住民族の自治を訴えたウオグ・ヤタウユガナ*2やロシン・ワタン*3らも共産党のスパイだとして命を奪われた．赤狩りを名目とした政治弾圧は，とりわけ1950年代前半に厳しく展開された．1992年の刑法第100条改正に至るまでの時期を総称し，台湾の「白色テロ」の時代と呼ばれる．

冷戦下での分断固定化

中国は，第二次世界大戦で日本を共通の敵とする米国から多大な援助を受けていた．日本の敗戦後，蔣介石は国共内戦を戦うなか，自身への権力の集中を企図する一方で，米国からの援助を維持するため，米国に好まれる民主的な姿勢を示すことにも努めた．しかし，1947年の二・二八事件後，米国は，国民党による台湾統治への不信を強め，台湾を国連ないし米国の信託統治下に置く案を検討し始めた．

1949年8月，米国のトルーマン政権は『中国白書』を発表し，大陸中国が共産党の手に落ちようとしているのは国民党の腐敗と無能が原因であると表明した．同年10月，共産党の主導の下，人民共和国が成立した．一方，国民党は同年12月，政府を台北へと移転することで民国を存続させ，1950年3月には蔣介石が台湾において総統の職務に復帰した*4．以下では，台湾で存続した反乱鎮定動員時期臨時条項下の民国政府を「国府」または「華」と略すこととする．

トルーマン政権は1950年1月，台湾に対し軍事援助を供

*1　1949年前後の時期を中心に台湾に流入した外省人数は約100万人．当時の本省人の人口は600万人ほど．

*2　1908-54．ツオウ族．中国名，高一生．日本名，矢多一生．台湾総督府台南師範学校卒業．46年，阿里山の呉鳳郷の初代郷長となる．台湾共産党メンバーの一部が阿里山で活動していたことから無実の罪で逮捕され，銃殺された．

*3　1899-1954．タイヤル族．中国名，林瑞昌．日本名，日野三郎．台湾総督府医学専門学校卒業．1951年，臨時省会議員に当選し，先住民族の権益擁護に尽力した．

*4　蔣介石は1949年1月に総統職から「引退」し，李宗仁が代理総統となった．しかし，李は病気治療を理由にアメリカに亡命し，のちに北京に渡った．

*1　1903-84. 清華学
校卒業. 米プリンスト
ン大学で博士号取得.
上海市長などを歴任し
た後, 台湾に渡ったが,
蔣介石との緊張関係か
ら1953年に米国へ亡
命.

与しないことを公式に宣言した. これに対し, 蔣介石は米国からの援助を期待し, 1949年12月, 米国側が希望する呉国禎[*1] を陳誠に替えて台湾省主席に就任させていた. 呉国禎は米国の意を汲み, 省政府委員に本省人を多数起用するなどの改革をおこなった.

1950年6月に朝鮮戦争が勃発すると, 台湾を取り巻く状況は一変した. トルーマン大統領は台湾海峡に第7艦隊を派遣し, 共産党軍による台湾攻撃を防止した（台湾海峡の「中立化」）. これにより台湾海峡両岸が急速に冷戦構造に組み込まれると, 米国は国府への経済援助の継続を決定し, 台湾防衛のために軍事物資を提供することも決めた. 1951年5月, 米国の軍事援助顧問団が台北に到着した.

トルーマン

1950年から1974年に打ち切られるまで続けられた軍事援助は, 総額25億ドルにのぼったとされる. また, 一般経済援助は「米援」と呼ばれ, 1965年に打ち切られるまで総額15億ドルにのぼり, 国民党による台湾の経済開発の重要な資金源となった.

一党支配体制の確立

国民党内では従来, 大陸中国各地を地盤とする派閥間の勢力争いが激しかった. これに対し蔣介石は, 台湾撤退を機に地方派閥の軍隊を整理して, 国軍の中央化を進めるとともに, 1950年8月から1952年10月にかけて中央改造委員会を通じて国民党を「改造」した. その結果, 国民党内の派閥は, 蔣介石の腹心である陳誠系および 蔣 経国[*2] 系の勢力が党運営を主導できる状態へと再編された.

この改造が完了した直後には, 中国青年反共救国団（救国団）が設立された. この組織は各種学校における軍事訓練, 娯楽, 政治, サービスなどの活動を通じて青少年を取り込むことを目的とし, 国防部総政治部主任の蔣経国がその主任を兼務した. 救国団は, その後, 蔣経国の協力者を次々と輩出

し，台湾政界の一大勢力となった．また，総統に復帰した蔣介石は，台湾における特務組織*1 の再編もおこない，その実質的な指導を息子の蔣経国に委ねていった．前述の台湾における「白色テロ」の主たる原因は，蔣介石・蔣経国父子が特務人員を放任したためだともみられている．

国民党は，台湾に撤退した後も政権の正統性を主張し続けるため，国民大会代表，立法委員，監察委員という中華民国憲法下で選出された中央民意代表や，党中央執行委員に台湾への移住を求めた*2．本来であれば，立法委員は3年，国民大会代表は6年で任期が終了するはずであったが，大陸中国を失い改選を実施できない状況では，国民党はそれらの任期を延長するほかなかった．このため，外省人が大半を占める議員たちは事実上の終身任期を得ることになり，後に「万年国会」と揶揄される状況が生じた．

一方，中華民国憲法は地方制度として，省自治を認めていた．しかし，中華民国の管轄領域の大部分が台湾省であるという状況下では，省長の公選はおこなわれず*3，本省人の政治エリートが選挙で獲得できる公職は，省議会*4 議員，県長，市長，県市議会議員に限定された．国民党は，地方社会の有力者に利益を供与することで，その影響下にある有権者の取り込みを図った．これは，台湾各地の「地方派系」*5 と呼ばれる社会勢力が国民党に浸透していく契機ともなった．ただし，地方議会議員のなかには，少数派ながら，国民党の政治に異を唱える勢力も常に存在した．

日中戦争の講和

中国は，第二次世界大戦で連合国の一員として日本との戦いの最前線に立ったことにより国際的地位を上昇させ，戦後は国際連合の設立にあたり安保理常任理事国となった．しかし，連合国が対日講和のために開催した1951年のサンフランシスコ講和会議に際しては，人民共和国の参加を求める英

*1 共産党の工作員摘発を主要任務とする秘密工作を実行する組織．

*2 立法委員は1949年12月時点で550人（法定定数の約72%）が台湾に撤退していたと推定されている．国民大会代表は次点者の繰り上げ操作を経て1954年2月の第2回会議では1578人（同53%）の出席が確保された．

*3 省長が民選された場合，官選の省主席と異なり，その任期中に総統や行政院長がその地位を変更することができないため，そのような強い権力の発生が忌避されたとされる．後の民主化過程で，1994年に民選化されるも，省機能を凍結する改革により1998年に民選が廃止された．

*4 省級議会の名称は，1946-51年は省参議会，1951-59年は臨時省議会，1959-98年は省議会．1954年より直接選挙がおこなわれた．

*5 台湾各地において血縁や利益を通じて共同体意識をもち，その内部にリーダーと追随者の関係をもつ集団．

国と，国府を擁護する米国との間で摩擦があり，いずれの代表も招待されなかった．米国は日本が人民共和国と外交関係をもつことに反対し，吉田茂政権に対し国府との講和を要求した結果，1952年4月には日華平和条約が締結された．これにより，日本と民国（国府）との間の戦争状態は終了した．

国府は同条約において，「日本国民に対する寛厚と善意の表徴」として対日賠償を放棄した．条約締結交渉における日本側の強硬姿勢や，国府側の融和姿勢に対し，台湾では国民党内外に不満の声もあった．しかし，蔣介石は，1945年8月15日の日中戦争勝利演説以来，日本人に報復をしないよう国民に訴えており，日本にはこれに感謝する世論もあったことから，国府はここでの対日譲歩も蔣介石の一貫した対日寛大方針に基づくものだと説明した．

なお，この条約は台湾の主権に関して明確な言及をせず，「〔日本がサンフランシスコ条約に基づき〕台湾及び澎湖諸島並びに新南群島及び西沙群島に対するすべての権利，権原及び請求権を放棄したことが承認される」とだけ規定している．このことは，台湾の独立や民族自決を求める人びとが，台湾の法的地位は未定であると考え，国府による台湾統治を疑問視する根拠の一つとなった．

台湾海峡の軍事的緊張

蔣介石は総統職への復帰に際し，共産党から大陸中国を取り戻し，中国の統一を成し遂げる決意を表明し，ほどなくして大陸反攻作戦の計画に着手した．朝鮮戦争の勃発を契機に米国は台湾海峡を「中立化」するための介入をおこなったが，台湾に派遣された軍事援助顧問団は，蔣介石の大陸反攻作戦を支援するためのものではなかった．しかし，蔣介石は，日本人軍事顧問団「白団」*1 に助言を求めて反攻準備を進めたほか，米国CIAの協力の下で，大陸中国沿海部への小規模な海上突撃作戦や，軍用機を西部まで侵入させて宣伝ビラを

*1 蔣介石の寛大な対日戦後処理の恩義に報いるためとして旧日本軍将校を中心に組織され，1950年春から1964年にかけ国府軍幹部の訓練にあたった．団長の富田直亮の中国式偽名が白鴻亮であったことから「白団」と呼ばれた．

散布するなどの作戦を敢行した.

1953年, 米国で共和党のアイゼンハワー政権が成立すると, 同政権は民主党の前トルーマン政権がおこなった「台湾海峡中立化」を解除し, いわゆる「蔣介石の解き放ち」政策をとった. これにともない, 米国は大陸反攻を公式に容認こそしないものの, 対華軍事援助を加速させた.

4-③ 第1次台湾海峡危機

1954年9月, 人民解放軍が国府の実効支配下に残っていた福建省沿岸の金門島に対して砲撃をおこなうと (第1次台湾海峡危機, ⇨4-③), 米国は国府と防衛条約を締結する方針を固めた. 人民解放軍が同年11月に浙江省沿岸の大陳列島に対して攻撃をおこなうと, 米華間の条約交渉は加速し, 12月に米華相互防衛条約が締結された. こうして, 国府は米国が構築をすすめていた西太平洋諸国との安全保障枠組みに組み込まれ, 米国の同盟国としての地位を得ることとなった. 蔣介石は米国の要請により, 1955年2月には浙江省で唯一の実効支配地域であった大陳列島から国府軍を撤退させた. これにより, 国府が大陸中国沿海部で実効支配する地域は福建省の金門と馬祖だけとなった.

この危機の後, 人民共和国は台湾の「平和解放」を主張し, 米国との間で在外大使を通じた協議を始める一方, 国府と米国の間には若干の動揺が生じた. ところが, 1958年8月, 解放軍は金門島に対して砲撃を開始し, 再び台湾海峡の軍事的緊張が高まっ

4-④ 第2次台湾海峡危機

た (第2次台湾海峡危機, ⇨4-④). 米国は事態を収束させるためダレス (John Foster Dulles) 国務長官を台湾に派遣し, 同年10月, 蔣介石との間で共同コミュニケを発表した. ダレスは同コミュニケを, 国府が武力による大陸反攻の放棄を声明したものと解釈した. ただし, 蔣介石は米国の願望を拒絶し, その後も大陸反攻作戦を実行する機会を模索し続けた.

1960年代に入っても国府は反攻の機会をうかがい続け,

ダレス

大陸中国での「大躍進」政策後の混乱や文化大革命（文革）の発生をその好機と認識した．しかし，米国の支持は得られず，また大陸中国の防衛体制が強固だったことから，大規模な作戦発動には至らなかった．1969 年になると，国府の軍事戦略は 1949 年以来続いてきた「攻勢作戦」から，従来よりも台湾防衛に重きを置いた「攻守一体」へと転換した．

この間，国府は大陸反攻の手段として，共産党との貿易戦も重視するようになった．当時，人民共和国は採算を度外視した廉売政策により，香港を中心とする各地に向け大陸製品の輸出を拡大させていた．国府は 1960 年代後半以降，これを食い止め，台湾からの輸出を拡大させるため，香港や東南アジア，日本において台湾の物産や工業製品を売り込む経済作戦を推進した．

経済発展

国府は，前述の三七五減租に続き，1951 年には接収した旧日本人所有地を農民に払い下げ（公地放領），さらに 1953 年には政府による地主所有農地の買い上げと農民への売却（「耕す者其の田有り」政策）を実施し，3 段階の土地改革を完成させた．これに先立つ 1948 年 9 月より，台湾省政府は化学肥料を現金では販売せず，米穀との引き換えとする制度（米肥バーター制度）を導入していた．国府は，公営企業を通じて肥料価格を高く設定することで，農民に不利な交換レートで穀物を吸い上げ，軍や官僚機構を維持するための財政基盤を固めた．

この段階での台湾の工業化水準は低く，戦後初期から 1960 年代半ばまでは，農産物と農業加工品[*1]の輸出が外貨獲得に大きく貢献していた．その間，工業面では復興期の内需を当て込んだ輸入代替工業化政策がとられ，米援にも支えられながら，繊維，食品加工，セメントなどの産業が発達した．

その後，内部市場が飽和したことに加え，1950 年代末より

*1 砂糖，米，茶，バナナ，缶詰など．

米国は国府に対し米援に依存しない経済的自立を求め[1]，国防よりも経済発展を優先するよう働きかけるようになった．そこで，国府の工業化政策は輸出指向型へと転換し，日本やアメリカから外資を導入し，台湾の安価な労働力で製品を組み立て，アメリカ市場へ輸出する経済構造が形成された．こうして，1960年代後半には，繊維やプラスチック，電機といった工業製品が外貨獲得に大きな役割を果たすようになった．

この変化にともない，それまで国府が重点的に保護してきた大都市の公営企業や大陸中国系企業ではなく，農村の民間中小企業が成長し，農村青年の農業離れが進むなどの社会変革ももたらされた．台湾はその後，1970年代，1980年代を通じて高い経済成長率を記録し，韓国の「漢江の奇跡」と並び「台湾の奇跡」と称された．

国民党への反対運動

反乱鎮定動員時期臨時条項下の台湾では，人権の制限が各種法令によって合法化され，新聞の発行制限に加えて政党の新規結成も規制されていた．そのため，国民党以外の合法政党は，中華民国憲法の制定や施行に協力した中国青年党と中国民主社会党だけであった．ただし，両政党は，国民党にとって代われるような影響力をもっていなかった．

言論界では，政論誌『自由中国』が胡適[2]を発行人，雷震[3]を社長として1949年に台北で創刊された．同誌は，共産主義への対抗を主旨とし，自由主義の理念を強調して大きな影響力をもった．同誌は1950年代を通じ，民主政治の理念を実現するためには国民党と競争する「反対党」の成立が不可欠であるとの主張を強めた．1960年，雷震が中国民主党の結成準備を呼びかけると，自由主義を標榜した外省人だけでなく，本省人の省議会議員らも同党に参画するような，大きな政治的うねりが発生した[4]．ところが，新党結成目前の同年9月，政府は雷震らを反乱罪の疑いで逮捕した．雷震

*1　米国の対台湾援助は1965年に打ち切られる一方，同年には国府と日本の間で1億5000万ドルの円借款協定が調印された．

*2　第一章62頁参照．

雷震

*3　1897-1979．京都帝国大学法学部卒業．行政院政務委員などを歴任した後，台湾で総統府国策顧問となったが，蔣介石指導体制と摩擦を強め，1955年初頭に国民党籍を剥奪された．

*4　同時期の香港にも支持する動きがあった．本章201頁も参照．

は軍事法廷で10年の懲役刑を宣告され入獄し，『自由中国』
も廃刊となった（自由中国事件）.

　この事件では，雷震ら外省人が逮捕される一方，中国民主
党の結成準備に参画した本省人の呉三連[*1]，高玉樹[*2]，郭雨
新[*3]，李萬居（り　ばんきょ）[*4] らは，政府の強い抑圧を受けながらも逮捕
は免れた．この事件以降，台湾の民主化運動は本省人が主な
担い手となっていった．一方，政府は，政治改革を求める社
会運動が共産主義や台湾独立運動と結びつくことを警戒し続
けた．

台湾独立運動

　戦後の台湾独立運動としては，早期の事例として辜振甫（こしんぽ）ら
による計画が存在したが，これは大きな影響力をもたなかっ
た．二・二八事件後，反国民党の台湾知識人たちは，廖文（りょうぶん）
毅（き）[*5] を中心に1948年に香港で台湾再解放連盟を結成し，国
連による台湾の信託統治や住民投票による台湾の独立ないし
帰属の決定を主張した．その後，廖は日本に逃れ，1956年
に東京で台湾共和国臨時政府の樹立を宣言し，その臨時大統
領を名乗った．しかし，廖は台湾の私財を国民党に差し押さ
えられ，活動資金が尽きると，国民党からの投降の求めに応
じ，1965年5月に独立運動を放棄して台湾に戻った．

　在日台湾独立運動は，これと前後して，担い手の世代交代
が起こった．王育徳[*6]，黄昭堂[*7] らは1960年に台湾青年独
立聯盟を結成し，日本語の機関紙『台湾青年』を発行して運
動を牽引した．このほか，史明[*8] は，東京で中華料理店を
営みながら，1962年に『台湾人四百年史』を日本語で書き
上げた．同書は1980年に中国語に翻訳され，とりわけ1980
年代末以降の台湾で大きな影響力を発揮した．

　1960年代末より，台湾独立運動の中心は日本から北米へ
と移っていた．1970年，日本の台湾青年独立聯盟はカナダ，
米国，ヨーロッパ各地の台湾人留学生の独立運動団体と合流

[*1] 1899-1988. 台湾
台南出身．日本統治期
にジャーナリストとな
り，戦後は1950年代
前半に無所属の政治家
として台北市長を務め
たほか，実業家として
も活動した．

[*2] 1913-2005. 台湾
台北出身．1954年に
無所属の政治家として
台北市長に当選．

[*3] 1908-85. 台湾宜
蘭出身．戦後は省議会
議員として政府批判の
中核的役割を担った．

[*4] 1901-66. 台湾雲
林出身．日本統治期に
大陸中国に渡り，戦後
は省議会議員として政
策批判を展開した．

[*5] 1910-86. 台湾雲
林出身．同志社中学，
南京金陵大学を経て米
オハイオ州立大学で博
士号（化学工業）取得．

[*6] 1924-85. 台湾台
南出身．言語学者．戦
後日本において旧台湾
人日本兵の補償問題に
も取り組んだ．

[*7] 1932-2011. 台湾
台南出身．政治学者．
昭和大学名誉教授．

[*8] 1918-2019. 台湾
台北出身．早稲田大学
で学んだ後，大陸中国
に渡り共産党の抗日運
動に身を投じ，戦後は
台湾独立運動に転じた．

し，台湾独立聯盟が結成された（1987年より台湾独立建国聯盟に改称）.

彭明敏

　台湾では，1964年，国際政治学者の彭明敏ら<ruby>ほうめいびん</ruby>が，台湾の「台湾人」と「大陸人」が協力して国府に代わって自由で民主的な新しい国家と政府を樹立しようと訴える，「台湾人民自救運動宣言」を起草した（⇨史料解読9，181頁）. しかし，同宣言の散布計画が事前に露見し，彭は有罪判決を受けた. その後，彭は，特赦により出獄するも自宅軟禁状態に置かれたため，海外の支援者の協力を得て1970年にスウェーデンへ脱出し，同年，米国に亡命した. 彭はその後，23年間にわたる海外生活を送ることになり，北米を拠点として台湾独立運動を推進した.

対外危機

　1950年代，60年代の国際社会では，台湾海峡の分断状況を制度化しようとする構想がたびたび提起された. しかし，蔣介石にせよ毛沢東にせよ，いずれも自らの政府を「中国の唯一の合法政府」だと主張し，国際社会からの働きかけに対して「中国は一つ」との立場から反発した.

　中国の合法政府の座は，国府が安保理常任理事国の地位を占める国連において，とりわけ激しく争われた. 1950年1月，ソ連代表が安保理に対し，国連から国府代表を排斥する決議案を提出した. この提案は否決されたが，手続き変更により，中国代表権問題は総会で争われていくことになった. 人民共和国を支持する国々は，毎年の総会でその代表の招請を試みた. これに対し米国は，1951年の第6回総会から1960年の第15回総会にかけ，「審議棚上げ」案を提起し，これを賛成多数で通過させることで国府の地位を守った. しかし，これに反対票を投じる国が年を追うごとに増加したため，米国は，1961年以降，「中国代表権を変えるいかなる提案も重要問題である」とする提案（重要事項指定決議案）を提出する戦術を

*1　同提案が過半数で可決されれば，中国代表権の変更には過半数ではなく3分の2以上の賛成が必要となり，より確実に国府を守れるためである．

とった*1.

　この間，人民共和国を支持するアルバニアなどは，「人民共和国政府の代表を中国の唯一の合法代表と認め，蔣介石の代表をただちに国連から追放する」という提案をおこなった（いわゆる「アルバニア案」）．この提案は，1961年から1969年まで過半数の賛成さえ獲得できなかったが，1970年の第25回総会で初めて過半数を獲得するに至った．米国や日本は，国府の劣勢を目の当たりにして，翌年10月の第26回国連総会で，国府の追放のみを重要事項とする提案（逆重要事項指定案と呼ばれる）をおこなうことで，中国代表権問題の現状維持を図ろうとした．しかし，これは反対多数で否決され，アルバニア案が賛成多数で可決された．こうして国府は国連の代表権を喪失した（⇨4-⑤）.

4-⑤　中華民国の国連代表権喪失（アルバニア案採決時の総会の模様）

*2　このような関係の維持が可能であったのは，1960年代に構築された日華間の経済協力関係が断交後も引き継がれたためだとする見方もある．

*3　国際社会が人民共和国に配慮しながら台湾との実務関係を維持する状況は，画期となった年号をとって「1972年体制」と呼ばれることもある．

　米国は，国連での中国代表権問題で国府を支持していたが，ベトナム戦争への対応などから，新たな外交方針を模索しつつあった．キッシンジャー米大統領補佐官は，1971年7月に極秘に訪中し，ニクソン大統領の訪中計画を発表した．いわゆる「ニクソン・ショック」である．翌年2月に，ニクソンは訪中を果たし，米中関係の改善が演出された．

　同年9月，日本は人民共和国との国交正常化を果たした．この時，国府は日本との断交を余儀なくされた．しかし，その後の日台関係は，非政府間の民間関係として，経済や文化面での実質的な交流を維持している*2. このような台湾との関係のとり結び方は，1970年代初頭以降，各国で広く採用された*3.

〈解説〉

　台北市郊外にある「国立故宮博物院」は，台湾観光の目玉スポットの一つである．故宮博物院は，もともと，清朝皇室から接収した美術コレクションを管理し公開する施設として北京の紫禁城に設置された（1925年）．第二次世界大戦後，国民党はその収蔵文物から名品を選りすぐり，分量にして約2割を台湾に運び込んだ．大陸中国では共産党が北京の故宮博物院を維持した．国府は，1965年に現在の台北の巨大展示施設をオープンさせ，中国の伝統文化が台湾で保存されていると内外にアピールした．山を背にした立地となっているのは，共産党との戦闘の可能性を考慮し，文物の安全を期したためである．その後，台湾で民主化が進むと，故宮博物院の存在意義を解釈しなおそうとする議論が起こり，今日に至っている．

史料解読 9　彭明敏・謝聰敏・魏廷朝「台湾人民自救運動宣言」

〈解説〉

　国際法学者の彭明敏（1923-2022）は，日本統治期の台中に生まれ，戦前は東京帝国大学で学び，第二次世界大戦後は台湾大学を経てカナダのマギル大学に留学し，国際航空法を修めた．国民党は本省人エリートの取り込みを図り，彭に入党を促したが，彭は拒絶した．彭は，1964年9月，台湾大学法学院卒業生の謝聰敏，魏廷朝とともに，この「台湾人民自救運動宣言」（彭明敏『自由的滋味──彭明敏回憶録』玉山社，2009年所収）を起草したことで政治犯となり，1970年から長期の亡命生活を余儀なくされた．台湾で社会の自由化が進むと，彭は1992年に台湾に戻り，1996年の最初の総統選挙では民進党候補として出馬した（結果は国民党候補の李登輝が当選）．

〔前略〕台湾は現代化のための良好な基礎を備えている．しかし，腐敗し無能な蒋〔介石〕政権が存在している限り，私たちは現代化からほど遠いままである．だから，私たちは決して「漸進的改革」を期待することはできない．

このような認識に基づき，私たちは以下の主張を提起する．最後の血の一滴を流してでも，私たちはその実現を成し遂げなくてはならない．

甲、私たちの目標

（一）「大陸反攻」は不可能であると認め，蒋政権を覆し，〔台湾に住む〕一千二百万人の力を合わせ，省籍に関係なく，誠意を尽くして協力し，新たな国家を建設し，新たな政府を打ち立てる．

（二）憲法を改めて制定し，基本的人権を保障するとともに，国会に責任を負いきちんと機能する政府を成立させ，真の民主政治を実行する．

（三）自由世界の一員として，改めて国連に加入し，平和を愛するすべての国家と国交を樹立し，ともに世界平和のために努力する．〔後略〕

2. 体制の動揺と民主化

尖閣諸島領有権をめぐる社会運動の発生

国府は 1970 年前後に国際社会での地位を大きく低下させた．これにともない，台湾では国民党の統治に対する不信感が高まっていった．その象徴の一つが，東シナ海の尖閣諸島（台湾では「釣魚台」と呼ぶ，⇨4-⑥）をめぐる領有権問題であった．

1969 年，国連アジア極東経済委員会（ECAFE[*1]）は，東シナ海に石油および天然ガスが埋蔵されている可能性を示す報告書を発表した．尖閣諸島は当時，米国の施政下にあったが，日本の佐藤栄作政権が進めていた沖縄返還交渉により，日本の施政下に移ることが見込まれていた．これに対して国府は尖閣諸島の領有権を主張するようになり，同様の主張は人民共和国や香港で

4-⑥　尖閣諸島

*1　Economic Commission for Asia and the Far East.

も起こったことから[*1]，同海域は日本と中華圏の間で複雑な政治的争いの場となった．

1970年，台湾の船舶が尖閣近海に侵入し，同行した台湾紙『中国時報』の記者らが尖閣に上陸する事案が発生した[*2]．これ以降，琉球政府（沖縄）は，それまで同海域で日常的に操業していた台湾漁船への取り締まりを強めた．すると，米国の台湾人留学生グループがこの問題に敏感に反応し，「釣魚台」の「保衛」を訴える「保釣運動」が米国各地で展開された．この運動は，1971年のデモでピークを迎えた．しかし，その後，青年たちは国府の無為無策に落胆し，共産党への期待を高める者も現れたため，運動は左右に分裂した．共産党は，台湾の青年たちを大陸中国への観光に招待するなど，さまざまな働きかけをおこなった．

北米での保釣運動の盛り上がりは，台湾にも波及し，社会変革を求める青年たちの間で一定の広がりをみせた．保釣運動は，領土保全を訴える「愛国」的な運動であったが，日本や米国だけでなく国府の無力さも批判の対象となり得たため，国府にとって取り扱いの難しい問題であった．その後，台湾社会の関心は国府の国連代表権喪失に移ったため，保釣運動は退潮していった．しかし，台湾大学などでは，保釣運動から派生して政治改革を求める動きが起こり[*3]，国府は危機感を高めた．その結果，台湾大学哲学系では1973年から翌年にかけ，言論の自由や民主政治を求める学生運動を支援していた教員が大量に解雇される事件が発生した（台湾大学哲学系事件）．

対外危機への対応

国府は，大陸中国で選出された民意代表を台湾に帯同し，非改選の議員として維持していることを自らの統治の正統性の重要な根拠としていた．そのため，これら議員の高齢化が進むにつれ，体制改革の必要に迫られていった．1966年の国

*1　第三章141頁．

*2　記者らは島に中華民国旗を立て，絶壁に「蔣〔介石〕総統万歳」と大書した．

*3　政論誌『大学雑誌』では，外省人および本省人の青年知識人による活発な議論が展開された．

民大会において一部の代表は，国府の支配下にある地域（「自由地区」と呼ばれた）での中央民意代表の定期改選実施を提案した．これは否決されたものの，欠員補充選挙をおこなうことは決定された．その選挙は 1969 年に実施され，国民大会代表，立法委員，監察委員がそれぞれ少数ながら選出された．

1971 年に国府が国連代表権を喪失すると，国民党内の危機感が高まり，国会改革は加速した．その結果，非改選議員とは別に，議員の定員を増やして定期改選する枠を設けることで，「自由地区」において選挙を実施していくことが決定された[*1]．第 1 回の増加定員選挙は 1972 年に実施された．

この間，蒋介石は交通事故に遭って体調を崩した（1975 年に死去）．これを機に，蒋経国は自らの権力基盤の強化を図り，国民党歴の旧い元老に対抗するため，若返りと現地化（「本土化」）を特徴とする改革に着手した．上記の国会改革もその一環であったが，このほか，国民党内で能力のある若者を積極的に抜擢する「青年才俊」政策も推進された．これにより，蒋経国の選んだ人物が政府機関の指導的地位に配置されるようになり，そこには本省人も多く含まれた．当時，米国政府内では，台湾の政治的安定のために本省人の政治参加を拡大させるよう求める声もあり，蒋経国の改革はその期待に応える側面も有していたといえる．

国府は 1970 年代初頭の対外危機を経て，国際社会での孤立を深めるなか，政権を維持するため台湾の人心を安定させる必要に迫られていた．そこで，蒋経国は 1972 年に行政院長に就任すると，翌年よりインフラ建設と重化学工業化から成る「十大建設」と呼ばれる大規模な国家投資を推進した．これは，輸出指向工業化が進んだ台湾ではインフラの改善が課題となっていたことや，賃金水準が上昇したため産業構造の高度化が求められていたことへの対応でもあった．1980 年代に入ると，政府は重化学工業化路線からの転換を図り，ハイテク産業を振興するなど，産業育成の重点を電子情報産

業と機械産業へと移していった.

党外運動の興隆

国民党統治下の台湾では,前述のとおり「反対党」の結成は許されず,国民党に属さず政治活動をおこなう人びとは「党外」と呼ばれてきた.ところが,1970年代から中央民意代表の定期選挙が始まったのにともない,国民党に批判的な「党外」の人びとは次第に民主化を求める政治勢力として一つにまとまっていった.

党外政治家である黄信介*1は,1969年の立法院欠員補充選挙において,国民党を罵る選挙戦術をとり当選を果たした.続いて1972年の立法院増加定員選挙でも,反国民党の立場をとる康寧祥*2ら党外の人びとが当選した.本省人である康寧祥は,選挙戦において,「国語」ではなく台湾語*3を用いた演説を駆使して有権者の支持を集めた.

1975年,黄信介と康寧祥は,『大学雑誌』での言論活動から反国民党に転じた張俊宏*4らとともに,政論誌『台湾政論』を創刊した.同誌は同年12月に第5号を刊行した後,発禁処分を受けて停刊した.しかし,この後,党外の政治家らは選挙への参加に加え,「党外雑誌」と呼ばれるさまざまな政論誌を刊行し,人材のリクルート,育成,財源の確保,組織動員など,その後の政党結成につながる経験を積んでいった.その時代背景には,当時の台湾では経済成長にともない流通網の整備が進み,とりわけ都市部で新聞や雑誌の出版市場が拡大していたことがある.政府に批判的な党外雑誌は厳しく取り締まられたが,取り締まりを受ける刊行物ほど読者の関心を集めた.

1977年の統一地方選挙において,国民党は,政府批判を繰り返した許信良*5候補が桃園県長に当選するのを阻むため,開票の不正操作を試みた.すると,これに抗議する1万人を超える群衆が,中壢市の警察署を焼き討ちにする事件が発

*1 1928-99.台湾台北出身.台湾省立行政専科学校卒業.61年,台北市議に当選.

*2 1938- .台湾台北出身.中興大学法商学院公共行政系卒業.69年,台北市議に当選.

*3 台湾の大多数の住民が母語とする.福建省南部由来の言語を指す.閩南語,福佬語(河洛語)とも呼ばれる.

*4 1938- .台湾南投出身.国立政治大学卒業後,国立台湾大学政治学研究所で修士号取得.

*5 1941- .台湾桃園出身.国民党に抜擢され1973年に台湾省議会議員に当選したが,この1977年の選挙では公認を得られず,強行出馬し,党籍を剥奪されていた.

生した（中壢事件）．蔣経国はこの事件に大きな衝撃を受け，以降，党外勢力への締めつけは強化された．

美麗島事件

1978年は，立法委員（任期3年），国民大会代表（任期6年）の増加定員選挙が予定された年であった．党外人士たちは，この選挙戦で候補者を共同で応援する組織として，省議会，台北市議会，立法院の党外議員を糾合して台湾党外人士助選団を結成した．また，中華民国憲法の定める人権の尊重などを訴える共同政見を発表した*1．

この間，党外勢力は中壢事件の評価をめぐり，穏健派と急進派に分裂した．康寧祥らは穏健な政論路線をとり，1979年に雑誌『八十年代』を創刊した．一方，急進派の黄信介らは同年に雑誌『美麗島(びれいとう)』を創刊し，施明徳(しめいとく)*2のリーダーシップの下，活動路線をとった．『美麗島』は創刊号が10万部を超える爆発的な売れ行きをみせ，その後，台湾全島の11か所にサービス・センターを開設して大衆集会を開催していった．

美麗島グループは，1979年12月10日，世界人権デーに合わせ，台湾南部の高雄市内でデモ行進を強行した．この時，警官隊と松明を持った群衆との間で衝突が発生すると，政府は黄信介，施明徳ら党外人士を次々と逮捕した（美麗島事件，⇨4-⑦）．衝突発生後，政府はデモ隊側の暴力性のみを宣伝して事態を収めようとした．しかし，海外の人権活動家らは香港，日本，アメリカなどに向けて情報を発信し，国民党統治の暴力性を訴えた．

4-⑦　美麗島事件

1980年2月28日，美麗島事件で逮捕されていた政治家である林義雄(りんぎゆう)*3の母親と双子の娘が何者かに殺害される事件が発生し，台湾の市民や国際世論は国民党への反発を著しく強めた．米国からの圧力に加え，国民党内か

*1　ただし，1978年末に米中国交正常化が発表されたことを受け，この選挙は1980年までおこなわれなかった．

*2　1941- ．台湾高雄出身．陸軍砲兵学校卒業．1961年に反乱罪容疑で逮捕され，1977年出獄．

*3　1941- ．台湾宜蘭出身．国立台湾大学法律系卒業後，弁護士．1977年，台湾省議会議員に当選．

らも対外イメージへの配慮を求める声が上がった結果，国府は美麗島事件の裁判を公開するとともに，逮捕した容疑者を死刑としない措置をとった．この裁判の弁護団のなかからは，陳水扁*[1]や謝長廷*[2]ら，その後に政界に進出し党外運動を牽引していく人物が現れた．

当時の党外勢力は，さまざまな勢力の緩やかな結束であり，決して一枚岩の組織ではなかった．しかし，国府は党外運動が大陸中国の共産党や海外の台湾独立運動と結びつき，一大勢力となることを強く警戒していた．1980年代には，陳文成事件*[3]や江南事件*[4]といった，国民党の関与が疑われる怪事件が発生した．これらの事件を受け，米国は蔣経国への民主化圧力を強めた．米国は国府との断交後，1979年に制定した台湾関係法のなかで，「台湾のすべての人民の人権の維持と向上」は米国の目標であると宣言していたため，国府はこれを無視して米国の支持をつなぎとめることはできなかった．

「平和統一」攻勢への対応

人民共和国では，1970年代末，鄧小平が実権を掌握するとともに，米国との国交正常化がなされた．これと前後して，人民共和国の対台湾政策は，それまでの「武力解放」を主眼とする路線から，「平和統一」に重きを置く路線へと大きく転換した．1979年元日，全国人大常務委員会は「台湾同胞に告げる書」を発出し，台湾海峡両岸間の航路や郵便を開放し，交流を拡大していくことを呼びかけた．同時に，人民共和国は，第二次台湾海峡危機以降も形式的ながら続けていた金門島への砲撃を停止した（⇨図版解説11，198頁）．

1981年には，全国人大常務委員会委員長の葉剣英が9項目から成る政策方針（「葉九条」）を発表し，大陸中国と台湾の統一が実現した場合でも，台湾は特別行政区として高度な自治権を有することなどが提案された*[5]．人民共和国が社会主義制度をとりつつも，国内の特定の地域は資本主義制度を

陳水扁

*1　1950- ．台湾台南出身．国立台湾大学法律系卒業後，弁護士．1981年，台北市議に当選．

*2　1946- ．台湾台北出身．国立台湾大学法律系卒業後，京都大学で法学修士号取得．民進党の中心的政治家として行政院長などを歴任し，2016年より駐日代表．

*3　1981年7月，米カーネギー・メロン大学の教員であった数学者の陳文成が，帰省中に台湾大学キャンパスにおいて遺体で見つかった事件．陳は『美麗島』誌に寄付金を出すなど，台湾の民主化に関心を寄せていた．

*4　1984年10月，アメリカ国籍の華人で，『蔣経国伝』の著者であった江南（本名は劉宜良）が，台湾の暴力組織「竹聯幇」により，サンフランシスコ郊外の自宅で暗殺された事件．

*5　1982年に改正された中華人民共和国憲法は，第31条で特別行政区の設置について規定した．

保持できるとする国家統一構想，いわゆる「一国二制度」は，この後，台湾に先立ち香港，マカオの返還に際して適用されることになった．

　さて，大陸中国からの新たな働きかけに対し，台湾の蒋経国は「三民主義で中国を統一する」[*1]というスローガンを掲げ，共産党主導による国家統一を拒否した．また，共産党とは「妥協せず，接触せず，交渉せず」という方針（「三不政策」）を提起し，台湾海峡両岸の交流拡大を禁止した．しかし，人民共和国が台湾産品の輸入制限を緩和したことで，主に香港を経由した交易が活発化すると，台湾は機械製品，プラスチック材料，通信製品，皮革製品，工業機器および設備などの輸出を拡大させ，大陸中国への経済的依存を高めていった．国府は，1985年，第三の国や地域を経由した大陸中国への輸出を公認し，1987年には大陸製品の輸入も部分的に解禁するなど，現実を追認していった．

　1986年，台湾の中華航空の貨物機がタイから香港へ向かう途中，機長によりハイジャックされ，広州に降り立つという事件が発生した．機長は四川省出身の外省人で，祖国である大陸中国に定住させるよう要求した．中華航空は，機長以外の乗員および機体を返還してもらうため，香港において人民共和国の中国民航局と交渉をおこなった．これは，「三不政策」の形骸化を象徴する事案となった．蒋経国の最晩年にあたる1987年，国府は台湾住民が大陸中国の親族を訪問することを解禁し，台湾海峡両岸の人的交流も拡大していった．

民主進歩党の結成

　美麗島事件後，1980年代に入り，党外運動のなかで「新生代」と呼ばれる急進的な若手活動家群が台頭した．これに対し，穏健派は批判の対象となり，1983年の立法院増加定員選挙では，それまで運動を牽引してきた康寧祥が落選した．新生代の活動家たちは党外雑誌の発行を活発化させ，社会へ

*1　三民主義はかつて孫文の唱えた政治理論．台湾の経済，社会建設の成果によって，三民主義が共産主義に勝利することを証明しようと訴えた．

の発信力を高めた[*1].

　この間，党外運動は政党結成に向けて動いていった．1982年，台湾全島の党外人士が台北の中山堂に集まり，共同政見を決議した．党外運動は，ここに掲げられた「台湾の前途の住民自決」の旗印の下に，統合されていった．1985年秋の地方選挙に際し，党外の活動家と議員らは合同で後援会を組織し，公認候補を立てて選挙活動に臨んだ．これに成功した党外勢力は，政党結成準備を進めた．1986年，台北の圓山ホテルにて，同年末の立法委員，国民大会代表の増加定員選挙に向け，党外後援会の大会が開かれた．その席上，集まった132人が突如，民主進歩党（民進党）の成立を宣言した[*2]．

　蔣経国は，同年の海外メディアとの会見の場で，いかなる新党も中華民国憲法を遵守し，反共の国策を支持し，台湾独立派と一線を画さなければならないと語った．これは，政党の新規結成を規制してきた従来の政策を転換し，民進党の結成を黙認することを意味していた．蔣経国はさらに1987年，総統令を発し，38年間にわたり続いた台湾省の戒厳令を解除した．これにともない，新聞の発行制限も1988年元日をもって解除された．蔣経国はこの頃には体調がかなり悪く，1988年1月に死去した．

　蔣経国の晩年の改革により，台湾では政治的自由化が進んだ．ただし，反乱鎮定動員時期臨時条項の下で言論を統制してきた諸制度は，まだ撤廃されていなかった．活動家の鄭南榕[*3]は，1984年に党外雑誌『自由時代』シリーズを創刊し，「100％の言論の自由」の獲得を訴えてきた．1988年，同誌が許世楷[*4]「台湾共和国憲法草案」を掲載すると，鄭は反乱罪の嫌疑にかけられた．鄭は裁判所への出頭を拒否し，翌年4月7日，抗議の焼身自殺を遂げ，社会に衝撃を与えた[*5]．

邱義仁

*1　邱義仁（1950-現在）らは1984年に『新潮流雑誌』を創刊した．ここに集ったメンバーはのちに民主進歩党内で台湾独立意識の高い一派を形成する．

*2　美麗島事件弁護団の一人であった江鵬堅（1940-2000）が初代主席に就任した．

*3　1947-89．父は日本統治期末期に福建から台湾に渡った国民党員であったが，鄭本人は強い台湾人としてのアイデンティティをもった．

*4　1934- ．当時は津田塾大学教授，台湾独立建国聯盟主席．

*5　2016年，台湾（民国）行政院は4月7日を「言論の自由の日」に指定した．

憲法改正による民主化

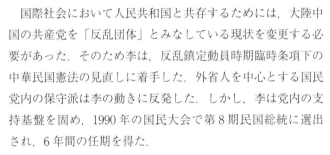

蔣経国が総統在任中に死去したため，1988年1月，副総統の李登輝が本省人として初めて民国総統に就任した*1．また，同月中に国民党の代理主席にも就任した．李はそれまで野心のない政治家と目されていたが，次第に大胆な改革に着手した．

蔣介石・蔣経国時代の国府は，国際社会で人民共和国と共存する道を模索しようとせず，結果的に自らの外交空間を狭めていた．しかし，経済発展や部分的な民主化を経て自信をつけた台湾社会では，相応の国際的地位を求める声が高まっていた．李登輝は台湾（民国）独自の国際的生存空間を求め，1989年に国交のないシンガポールを訪問するなど現実外交を推進した．

国際社会において人民共和国と共存するためには，大陸中国の共産党を「反乱団体」とみなしている現状を変更する必要があった．そのため李は，反乱鎮定動員時期臨時条項下の中華民国憲法の見直しに着手した．外省人を中心とする国民党内の保守派は李の動きに反発した．しかし，李は党内の支持基盤を固め，1990年の国民大会で第8期民国総統に選出され，6年間の任期を得た．

1990年の国民大会期間中，台湾では「万年国会」の解消を求める大規模な学生運動が発生していた（野百合学生運動，⇨4-⑧）．これに対し李登輝は，党内の保守派に配慮しつつも，民主改革派としての姿勢を鮮明に打ち出すことで，反体制派の取り込みを図った．李登輝は，国民党の資金を原資とする手厚い退職金を提示することで，非改選の国民大会代表を説得し，1991年の国民大会で反乱鎮定動員時期臨時条項の廃止を決定させた．同時に，この国民大会は，憲法本文には手をつけず修正条項を追加する方式により，1回目の憲法改正を可決した（第一次改憲）．

4-⑧ 野百合学生運動

李登輝
*1　1923-2020．もともと農業経済学者だったが，1972年に蔣経国行政委員長の下で政務委員（無任所大臣）に抜擢された後，台北市長，台湾省主席として成果を上げ，1984年から副総統として蔣経国の施政を支えていた．

これに先立つ1990年，司法院大法官会議は，万年国会の構成員である非改選の代表は1991年末までに職権行使を終了すべきであるとの憲法解釈を示していた．そのため，第一次改憲では，中央民意代表の全面改選のための選挙制度が規定された．この改正により，選挙人と被選挙人は国外居住者を除き，国府の統治が及んでいる「自由地区」の公民に限定され，「大陸地区」の公民は国政選挙から明示的に排除されることになった．

1992年，国民大会は第2次改憲を可決し，次に選ばれる総統から任期は4年，再任は1回とすることなどが定められた．続いて1994年には第3次改憲が決議され，総統選挙は「相対多数当選の直接選挙」とすることなどが決定した．台湾で最初の総統直接選挙は，1996年3月に実施されることとなった．

大陸中国との関係の再編

李登輝は1990年に国家統一委員会を組織し，翌年には両岸関係[*1]の最高原則として国家統一綱領を決定した．同綱領は，中国を一つに統合するという目標を掲げ，両岸の良好な関係構築を訴える一方，台湾海峡両岸の政府は「二つの異なる政治実体」であるとの認識を示した．

1991年，台湾（民国）の行政院は大陸中国に関する業務を担当する大陸委員会を設置した．同年には，交流の窓口機関として財団法人海峡交流基金会（海基会）が成立した．1993年，海基会の辜振甫[*2]理事長は，大陸中国側の窓口機関である海峡両岸関係協会（海協会）の汪道涵[*3]会長とシンガポールにおいて会談し，両岸の意思疎通ルートは制度化された[*4]．

李登輝政権は対中経済交流の規制を漸進的に緩和する政策をとっており，台湾企業は1990年代に入り大陸中国への投資を加速させた．しかし，李登輝は過度な対中依存を警戒し，1994年前後より，海外投資を東南アジアへ誘導する「南向

*1　台湾海峡を挟んだ中国大陸と台湾との関係を指す．

*2　1917-2005．台湾台北出身．辜顕栄の子．戦後に台湾財界の中心人物となった．本章178頁も参照．

*3　1915-2005．共産党の政治家として上海市長などを歴任．

*4　第二章93頁参照．

4-⑨ 第3次台湾海峡危機

*1 1919-2020. 江蘇出身の軍人・政治家. 国民党保守派の重鎮であった.

*2 1936- . 陝西出身. 国立台湾大学政治系卒業. シカゴ大学政治学博士. 台湾大学政治系教授を経て, 1993年に行政院長就任. 父の連震東 (1904-86) は台南出身で国民党の政治家. 祖父の連横 (1878-1936) は台南出身のジャーナリスト.

*3 1942- . 湖南出身. 国立政治大学外交系卒業後, ジョージタウン大学で政治学博士を取得. 1979年に行政院新聞局長となり, 美麗島事件に対応. 1994年, 台湾省長選挙に当選し, きめ細かい利益誘導により独自の地盤を形成した.

政策」を推進した. その背景には, 台湾では経済発展により賃金水準が上昇していたことに加え, 1987年の戒厳令解除前後から環境保護運動や労働運動が活発化したことで, 労働集約型製品を生産する中小企業が安価な労働力を求めて生産拠点の海外移転を進めていたという事情もあった.

1993年, 李登輝は郝柏村*1を失脚させ権力基盤を固めると, 台湾の主体性を国際社会に印象づける言動を強めた. 1995年6月, 李登輝は母校である米国のコーネル大学で講演をおこない, 台湾の経済発展と民主化の成果を強調した (⇨史料解読10, 198頁). 共産党は李登輝の動きを台湾独立につながるものとして警戒を高め, 同年7月から翌年3月にかけ, 台湾海峡で軍事演習を行った (第三次台湾海峡危機, ⇨4-⑨). この危機は米国の圧力により収束し, 李登輝は脅しに屈しなかったことで台湾での人気を高めた. 1996年3月, 台湾初の総統直接選挙が実施され, 国民党から立候補した李登輝が当選を果たした.

李登輝は当選後, 台湾海峡の緊張緩和を追求する一方, 経済安全保障の観点から, 台湾企業の大陸中国への投資を規制した. 政権末期の1999年, 李登輝は海外メディアの取材に対し, 1991年の憲法改正をもって台湾と中国大陸との関係は「少なくとも特殊な国と国の関係になった」とする, いわゆる「二国論」発言をおこなった. この発言に共産党は強く反発し, 米国政府も李登輝政権に自制を求めた. また, 台湾の株式市場は動揺し, 政局に混乱が生じた.

陳水扁政権と二大陣営の形成

2000年3月, 台湾で2度目の総統直接選挙が実施された. この選挙で, 民進党の陳水扁が国民党の連戦*2, 国民党を割って出馬した宋楚瑜*3に勝利し, 初めての政権交代が起こった. 民進党は台湾独立を志す政党である. しかし, 民意の

広い支持を獲得するため，同党はこの選挙に先立つ1999年
に「台湾前途決議文」を採択し，急進的な独立の主張を凍結
していた．

　民進党は総統選挙で勝利したものの，立法院では過半数を
獲得できなかった．そのため，国民党は新党[*1]，親民党[*2]
と連携し，「ブルー（汎藍）陣営」を形成して陳水扁政権に
対抗した．一方，2001年，国民党を離党した現地（「本土」）
派[*3]の人々により，李登輝を精神的指導者と仰ぐ台湾団結
聯盟（台聯）が結成された[*4]．陳水扁政権は台聯の支持を得
て，「グリーン（汎緑）陣営」を形成し，台湾政治は藍緑の
二大勢力が対抗する図式となった．

　陳水扁政権は当初，穏健な対中政策をとり，両岸交流の拡
大を推進した．2001年には，金門と馬祖の両島と福建省の
間に限り，通商，通航，通信の直接開放（「小三通」）が解禁
された[*5]．一方，陳政権は，李登輝政権と同様，台湾経済の
対中依存が過度に強まることを警戒し，東南アジアやオセア
ニアとの関係を重視する「南向政策」を掲げ
た．

　2003年にSARS（重症急性呼吸器症候群）[*6]
が中国から世界的に拡大すると（⇨4-⑩），台
湾社会では共産党に対する不信感が高まった．
2004年の総統選挙戦で連戦と宋楚瑜が連携
して民進党政権に挑むと，劣勢となった陳水
扁は台湾独立志向の主張を前面に押し出した
（⇨4-⑪）．陳水扁は僅差で再選を果たした．

　これに対し人民共和国（共産党）は，民進
党政権の長期化に危機感を強め，2005年3
月に反国家分裂法を制定し，台湾独立の動き
を牽制した．同年5月，国民党の連戦主席が
北京を訪問し，共産党の胡錦濤総書記と会見
し，両党は歴史的な和解を演出した（⇨4-⑫）．

[*1] 1993年に国民党
内の反李登輝派が離党
して結成した．

[*2] 総統選挙で善戦
した宋楚瑜が2000年
に結成した．

[*3] 台湾は中国の一部
ではなく，一つの国家
であるべきだと考える
人びと．

[*4] 李登輝は，総統選
での敗北の責任を問わ
れ2000年3月に国民
党主席を辞任し，2001
年9月には国民党籍を
剥奪された．

[*5] 第二章93頁参照．

[*6] 第三章155頁参照．

4-⑩　SARSが大陸から台湾へも拡大

4-⑪　李登輝が陳水扁と提携して主導
した「人間の鎖（手護台湾）」デモ
（2004年2月28日）

4-⑫ 大陸を訪れパンダを抱く連戦国民党名誉主席（2005 年 10 月）

以降，共産党は国民党との連携を強め，台湾世論の取り込みを図っていった．一方，陳水扁政権の下，両岸交流は停滞した．

2005 年，国民大会は第七次改憲を可決した．これにより，以降の改憲は，立法院での議決と住民投票を通じておこなうことになり，国民大会は 1948 年以来の役割を終えた．また，この改憲は，立法院の定数削減や小選挙区比例代表並立制の導入も規定し，小政党は議席を獲得しにくくなった．陳水扁総統は 2 期目の任期中，側近や身内の金銭スキャンダルにより支持率を大きく低下させた．このため，2008 年の立法委員選挙では，国民党が民進党に圧勝した．

馬英九政権と大陸中国への接近

国民党の馬英九は，対中関係の改善による台湾経済の活性化を訴え，2008 年の総統選挙に圧勝した．馬政権は窓口機関である海協会と海基会の間で次々と協定を締結し，大陸中国との経済関係を緊密化していった．その際，馬は共産党との関係を安定化させるため，いわゆる「92 年コンセンサス」[*1]を強調した．

*1 1992 年に香港で開かれた海基会と海協会の協議において，両者は中国大陸と台湾がともに「一つの中国」に属すことを口頭で認めたとされる事案が，このように呼ばれた．

馬政権の対中融和政策の成果として，2008 年に大陸からの団体旅行が全面開放され，2011 年には個人旅行の受け入れも始まり，台湾の観光業は潤った[*2]．また，空運と海運による直航便も増加した．2009 年には，中国企業による対台湾投資が解禁された．2010 年，中台間の自由貿易協定に相当する両岸経済枠組協定（ECFA[*3]）が締結され，品目を限定した漸進的な関税引き下げが実施されるとともに，後続協定の交渉も開始された．

*2 大陸から台湾への旅行客数は 2015 年には年間 418 万人に達した．来台旅客の年間総数は，2007 年の約 372 万人から，15 年には約 1044 万人まで増加した．

*3 Economic Cooperation Framework Agreement.

馬政権の対中融和政策は，当初は一定の支持を得ていた．しかし，台湾社会では次第に，経済の対中依存の高まりや，

共産党が文化面で台湾へ浸透していくことへの警戒が高まっ
ていった．2012 年の総統選挙において，馬は民進党の蔡英
文候補を破り，再選を果たした．しかし，2013 年に海峡両
岸サービス貿易協定[*1]が調印されると，台湾世論は馬政権
の対中政策形成過程の不透明さに強く反発した．2014 年 3 月，
台湾の学生たちは，この協定が承認されるのを阻むため立法
院に突入し，1 か月近く議場を占拠した（ひまわり学生運動，
⇨図版解説 12，211 頁）．同年 11 月，国民党が
統一地方選挙で大敗を喫すると，共産党は，
これに危機感を覚え，大陸中国での就学や就
労を推進するなど台湾の若い世代の取り込み
に力を入れるようになった．

*1 医療，金融，印刷，出版などのサービス業の自由化を規定していた．

　2015 年，馬は習近平共産党総書記とシン
ガポールのシャングリラホテルにて会談をお
こなった．これは，分断後初となる，両岸の
指導者同士の歴史的な会談であった（⇨4-⑬）．

4-⑬　馬英九・習近平会談

ただし，この会談は双方の関係性が曖昧なままおこなわれ[*2]，
実務的な意義は薄かった．馬英九政権の支持率は低迷してお
り，任期切れも近かったにもかかわらず，習がわざわざ会談
に応じた理由は，2016 年の総統選挙で民進党政権が成立し
た場合，両岸指導者会談の機会が失われると判断したためで
はないかとされる．

*2 両首脳は「民国総統」「人民共和国主席」という互いの職名には触れず，「習近平さん」「馬英九さん」と呼びあった．

　馬政権の 8 年間を通じ，共産党は国民党に経済的な利益を
供与することで，国民党を代理人として台湾政治に一定の影
響力を行使した．ただし，馬政権は，内政においては台湾の
有権者の「台湾人」としてのアイデンティティにも配慮を示
したほか，2013 年には窓口機関[*3]を通じて日本と漁業協定
を締結するなど，独自の外交も展開した．また，共産党から
譲歩を引き出すことで，国際社会における台湾（民国）の活
動空間を拡大させた面もあった[*4]．

*3 日本側は財団法人交流協会，台湾側は亜東関係協会（2017 年よりそれぞれ日本台湾交流協会，台湾日本関係協会に改称）．

*4 たとえば，2009 年から 2016 年にかけ，「中華台北（Chinese Taipei）」名義で WHO 総会にオブザーバー参加した．

蔡英文

蔡英文政権と近年の動向

2016年の総統選挙で，民主進歩党の蔡英文が当選した．同時におこなわれた立法委員選挙でも，民進党は初めて過半数を獲得した．

蔡政権は，過去の政治的抑圧と向き合い，社会的亀裂の修復と和解を目ざす「移行期正義」*1 の推進を重要な政策課題とした．その一環として，蔡は2016年，台湾の先住民族に対する過去の抑圧について政府を代表して謝罪し，漢民族中心の歴史観を批判した．また，国民党が過去に不当に取得した資産*2 を調査し没収する，いわゆる「不当党産」処理もおこなった．2017年には，過去の国民党による政治的抑圧に向き合い，人権教育を強化するための組織として，国家人権博物館が成立した*3．

蔡政権は，経済面では若者の経済的不満の解消を重要な課題とし，大型インフラ建設計画を発動するなどの対策をとった．また，軍人や公務員や教員の優遇を是正する年金改革*4 や，民間企業に週休2日制を導入させる働き方改革などの内政改革を断行した．ところが，これら改革は既得権益層の強い反発を招き，民進党は2018年の統一地方選挙で大敗した．蔡は党主席を引責辞任し，求心力を大きく低下させた．

蔡政権は，大陸中国との関係については「現状維持」を目ざした．しかし，「92年コンセンサス」の語の使用を避けたため，共産党の反発を招き，海基会と海協会の間の交渉メカニズムは機能を停止させた．また，人民共和国の外交攻勢により，台湾（民国）と外交関係を有する国は減少していった*5．これも，蔡英文が台湾世論の反発を受ける大きな要因となった．

2019年1月，習近平は，台湾政策に関する重要演説をおこない*6，「一国二制度」による中国統一を呼びかけた．同年6月，香港で逃亡犯条例改正反対デモをめぐる情勢が緊迫化すると，台湾では「今日の香港は明日の台湾」という恐怖

感が繰り返し高まった．蔡は民主主義と自由の防衛を訴え，台湾での人気をにわかに復調させた．同年，米国は台湾に新型 F16 戦闘機を売却し，蔡政権を支持する姿勢を鮮明に打ち出した．

　2020 年 1 月，総統選挙が実施され，蔡は国民党の韓国瑜候補を大差で破り再選を果たした．この選挙期間中の 2019 年末より，大陸中国で新型コロナウイルス感染症（COVID-19）が拡大した．蔡政権は早期の厳しい水際対策を成功させ，市民の支持を得た．両岸関係が冷え込んでいたことは，この防疫にかえってプラスに働いた．唐鳳（オードリー・タン）[*1] によるデジタル技術を駆使したマスク供給システムの迅速な構築や，中央感染症指揮センターによる市民に対するきめ細やかな情報公開は，民主体制下で防疫のために国家が市民の権利を制限する際の模範的なケースとして国際的な注目を浴びた．

　近年，大陸中国では経済成長により人件費が上昇するなど，投資環境が変化したため，台湾経済の対中依存度は低下傾向にある．そのため，人民共和国が台湾に影響を与える手段として軍事力の比重が高まり，台湾海峡の緊張は高まっている．これに対し，蔡政権は民主の理念を掲げた「価値観外交」を積極的に展開し，国際社会に支持を求めている．米中摩擦が顕在化していくなか，世界的に大きなシェアを誇る台湾の半導体産業[*2] がどのような役割を演じるのかにも関心が集まっている．

唐鳳
*1　1981-．台湾台北出身のプログラマー．2016 年，35 歳の若さで第 1 期蔡英文政権のデジタル担当の政務委員（無任所大臣）に抜擢され注目を浴びた．

台湾 TSMC
*2　世界最大の半導体受託製造企業 TSMC 社は台湾新竹市に本社を置く．

〈解説〉

　福建省沿岸の金門島は，1949 年以降も民国の統治下に残り，1958 年の第 2 次台湾海峡危機では激しい砲撃戦が発生した．その後も，1979 年に人民共和国が対台湾政策を平和統一路線に切り替えるまで，ビラの入った宣伝弾が大量に撃ち込まれた．今日の金門島では，それらの砲弾から鍛造した包丁が特産品となっている．金門島は 1992 年まで戒厳令が解除されなかったが（台湾本島は 1987 年解除），2001 年には対岸との通商，通航，通信の直接開放（「小三通」）が解禁され，台湾海峡両岸関係の改善を象徴する地域となった．今も島内各地に軍事遺跡が残っており，島の海岸には 2010 年代前半まで地雷原があった．民主化後の台湾の各種選挙において，金門島および馬祖列島の選挙区は，地理的にも文化的にも大陸中国に近いことなどから台湾本島と大きく異なる傾向をみせ，民進党の候補者は概して低い得票率にとどまる．

〈解説〉

　李登輝は，副総統在任中の 1988 年に蔣経国が死去したことで総統に就任すると，初の本省人総統として台湾社会から高い期待を集めた．社会には当初，李を国民党に取り込まれた政治家とみる向きもあったが，李は 1990 年代中頃より台湾の主体性を前面に打ち出す言動を強めていった．李は 1995 年 6 月，1960 年代後半に留学して農業経済学の博士号を取得したコーネル大学の招聘を受け訪米し，「民の欲する所，常に私の心にあり」と題する講演をおこなった（1995 年 6 月 10 日，

米コーネル大学オーリン講座講演，ここではウェブサイト "Taiwan Today" 掲載の講演録より訳出）．これは私人資格での非公式訪問であったが，国際社会での孤立を恐れる台湾社会で強い支持を得た．発言内には蔣介石と蔣経国の経済政策を評価する言葉もみられ，李は党内の保守派にも一定の配慮を続けていたことがうかがえる．

〔前略〕私の言う「台湾経験」とは，台湾の人びとが政治改革と経済発展の成功を通じて近年つみ上げてきたもののことです．その経験はすでに広く国際社会に知られ，多くの発展途上国が見習うべき手本となっています．基本的に，「台湾経験」というのはわが国の年来の経済，政治，社会面での変革から成りますが，その変革はアジア太平洋地域および世界の平和の将来的な発展にとって重大な意味を持つと私は信じています．

　私たちが台湾の中華民国において，いま持っているものを手に入れるために，どのような条件の下で努力してこなければならなかったのかは，思い起こすに値します．土地面積は 14000 平方マイル（ニューヨーク州の面積の３分の１弱）しかなく，人口は 2100 万人です．国の天然資源はわずかで，人口は稠密です．しかしながら，1994 年の国際貿易総額は 1800 億米ドルにのぼり，一人当たりの年間所得は１万 2000 米ドルです．外貨準備高はいまや 990 億米ドルを超え，日本を除く世界のどの国よりも高くなっています．

　「台湾経験」は安定的で持続的な経済発展の上に平和的な政治変革を基礎づけています．台湾は，蔣介石総統および蔣経国総統の下で，驚異的な経済成長を経験しました．目下，台湾は経済発展に加え，完全な民主主義に向けた政治変革を遂げてきたところです．〔中略〕

　率直に言って，わが国民は，国際社会がわが国に与えている地位に納得していません．私は，国際関係を国際法や国際機関によって統制された公式の手続きの観点のみからみるべきではないと考えます．私たちがこのように言うのは，各国の国際活動を拘束するもののなかには，準公式あるいは非公式のルールも存在するからです．だからこそ，私たちが提起したいのは，国際社会に対するある国の実質的な貢献は，非公式の活動の観点からも評価されなくてはならないということです．〔後略〕

3. 中華文化の優勢から多元社会の尊重へ

中国国民党による「中国化」政策

　戦後初期の国民党は，台湾社会に残る日本統治時代の影響を排除し，言語や文化の面で台湾を「中国化」させることを課題とした．当初政府は標準中国語の国語を普及させる教育方法として，方言の一つである台湾語（閩南語）を活用する方向性を模索したが，1950年代中頃から方言を排除する教育方針を固めた．文字については，国民党内には識字率向上のため漢字を簡略化させる考えもあったが，人民共和国が1956年に「簡体字」を導入したため，先を越された国府は改革を実施しなかった[*1]．

　1950年代に入り，国府は徹底的な赤狩りを進めるとともに，台湾社会に反共思想を浸透させるための文化・教育政策を推進した．そのさきがけとして，魯迅[*2]批判が1950年に『台湾新生報』紙上で展開された．1950年代前半は国語が十分に普及していなかったため，台湾語演劇による大規模な反共宣伝活動も展開された．1952年より，反共抗ソ総動員運動が開始され，若者への思想教育と軍事教育の徹底化が図られた．その後，映画館では本編開始前に「国歌フィルム」[*3]が必ず上映され，その間の観客の起立が義務づけられるなど，人びとは日常生活や娯楽においてまで身体の規律を求められていった．

　当時の大衆文化と言語をめぐる複雑な状況は，映画界に如実にあらわれていた．戦前の台湾住民にとって，日本映画は重要な娯楽であったが，1946年に上映禁止措置がとられた．その後，1950年にその輸入が再開されると市場を席巻したため，1954年より輸入量が月2本以下に規制された．そのため，本省人が聞いてわかる映画として台湾語映画が勃興し，1955年以降大量に制作された．政府の検閲下で表現に制約があったものの，台湾語映画は広く大衆の人気を博した．日

*1　民国（台湾）の標準字体は公式には「国字」ないし「正体字」と呼ばれ，一般には「繁体字」とも呼ばれる．

*2　1881-1936，日本に留学し近代文学を学び，帰国後に五・四新文学の旗手となった．1930年，中国左翼作家聯盟を結成．死後，毛沢東から革命家として高く評価されていた．

*3　民国国歌（「三民主義歌」）のメロディと歌詞に映像を合わせたショート・フィルム．鑑賞を強いられた観客は面従腹背していたとも言われる．

本文化に規制がかかる一方，1950年代の台湾社会ではアメリカ文化への傾倒が顕著となり，アメリカ映画も大量に輸入された．一方，国府は国語映画を促進するため，1962年に台湾版アカデミー賞といわれる金馬賞[*1]を創設した．

中国の伝統文化をめぐる対立

蔣介石は台湾において，大陸反攻の実現を目ざすため自身に権力を集中させていた．これに対し，政府内外には中華民国憲法にのっとった権力の「抑制と均衡」を求める自由主義者もおり，両者の間には緊張関係があった．しかし，雷震ら外省人と本省人政治家らが連携しておこなった反対党創設の試みは，1960年の自由中国事件で挫折した．この事件後も，香港の政論誌『聯合評論』では民主憲政論が唱えられ，蔣介石への批判が続いた．国民党はその影響力が拡大しないよう，論壇の内部分裂をうながすなど腐心した．

大陸中国から逃れた知識人のなかには，全面的な西洋化には否定的で，中国の伝統文化を重んじる，現代儒家と呼ばれる人びとも存在した．代表的な論者である牟宗三[*2]や唐君毅[*3]は，香港の政論誌『民主評論』を主な舞台とし，台湾や香港を拠点に言論活動を展開した．また，現代儒家のなかでも徐復観[*4]は，中国の伝統文化のなかにある知識人の専制権力に対する抵抗を重視し，自由主義者にも通じる思想を展開しつつも，胡適や殷海光[*5]ら西洋化を重んじる論陣には与さなかった．

蔣介石は，国府の正統性を主張するため，「法統」とともに，儒教的な伝統（「道統」と呼ばれた）を継承していることも強調した．孔子の直系の子孫である孔徳成[*6]は，国民党の求めに応じて1949年に台湾に移住していた．儒教は，共産党との戦いのために命を惜しまない国民を再生産するためにも必要とされ，台湾では孔子崇拝が広められた．1960年4月には，蔣介石を名誉理事長とする中華民国孔孟学会が設立

*1 共産党との対立の最前線である金門島，馬祖列島の頭文字を賞名とした．

*2 1909-95．北京大学哲学系卒業．1949年，台湾に渡り，東海大学や香港中文大学で教えた．

*3 第三章138頁参照．

*4 1903-82．蔣介石の随行秘書などを経て台湾に渡る．香港で『民主評論』を創刊．

殷海光

*5 1919-69．『中央日報』主筆などを歴任後，台湾に渡り，国立台湾大学哲学系講師となった．

*6 1920-2008．国立台湾大学教授を務めた．

され，民族固有の道徳の復興が呼びかけられた．

　1961 年，胡適が西洋の科学技術の追求などを訴える講演をおこなうと，その評価をめぐり，全面的な西洋化を訴える一派と，中国の伝統的な文化の擁護を訴える一派との間で激しい議論が起こった（東西文化論争）[1]．とりわけ，批評家の李敖[2] らは『文星』[3] 誌上で西洋化に肯定的な論陣を張ったが，同誌は 1965 年に停刊を命ぜられた．かつて『自由中国』誌上で西洋化を訴えてきた殷海光は，1966 年に文星書店から『中国文化の展望』を出版し[4]，伝統文化に対する思考様式の再構築に挑んだ．なお，この文化的課題は林毓生[5] へと引き継がれ，文化ブームが中華圏に広がった 1980 年代には，海外で活躍していた現代儒家の文化論とともに大陸中国にも波及し，人民共和国期に再燃した東西文化論争に刺激を与えた[6]．

　蔣介石は，1966 年，大陸中国で発生した文革に対抗するため，また台湾の文化論争を収束させるため，中華文化復興運動という大規模な官製文化運動を発動した．蔣介石は，孫文から継承した三民主義を掲げて共産主義に対抗するとともに，欧米の研究者が大陸中国における伝統文化の破壊を危惧するなか，国民党によって台湾に中華文化が保存されていることを国際社会に印象づけようと努めた．この運動を通じ，「国劇」と呼ばれた京劇や，「国術」と総称された中国武術など，官製の「国民文化」がいっそう振興された．また，外国語映画や台湾語映画への規制が強められたほか，テレビでは「方言」である台湾語番組が削減され，放送言語の国語への一元化が進んだ．

　1968 年，政府は義務教育を 6 年制から 9 年制に延長した．これにより，産業化のための人材育成が図られるとともに，民族主義教育の徹底が図られた．とりわけ歴史教育では，台湾ではなく「中国」を中心に据えた歴史観が生徒に注入された．そのため，台湾の若者は，学校教育や各種記念施設など

[1]　これは，清末から 1940 年代後半まで大陸中国で繰り返されてきた文化論争が台湾で再燃したことも意味した．

[2]　1935-2018．1949 年，台湾に渡る．1971 年，国民党の独裁体制を批判し反乱罪で投獄される．

[3]　1957 年 11 月に台北で創刊．

[4]　出版後，発禁処分となった．

[5]　1934- ．思想家．国立台湾大学歴史系卒業後，シカゴ大学で博士学位取得．1970 年からウィスコンシン大学マディソン校で中国思想史を教えた．

[6]　第二章 116 頁参照．なお，その状況は，当時の日本の中国研究者たちにも注目された．

を通じ，何の疑念もなく「中国人」としてのアイデンティティをもつようになっていった（⇨史料解読11，212頁）．台湾で「中国」を基軸とした教育からの転換が図られるのは李登輝政権期以降であり，1997年には中学校の教科書として『台湾を知る〔認識台湾〕』が導入される．しかし，日本統治時代に対する評価をはじめ，台湾内部には歴史観をめぐるさまざまな議論があり，台湾の歴史を叙述する方法は今日なお模索途上にある．

蔣経国の文化建設と郷土文学論争

蔣経国は1970年代前半より，台湾に住む人びとの政治参加を拡大させる改革をおこなう一方，文化政策面でも蔣介石時代の方針を転換させ，台湾文化の振興を推進した．大陸中国で文革が収束すると，1977年，蔣経国は文化建設の開始を宣言した．その運営機関として，1981年，行政院に文化建設委員会が設けられると，その初代主任に陳奇禄*1が抜擢された．陳は台湾の土着文化を研究する人類学者であり，これは画期的な人事であった．蔣経国は，地方文化を振興する政策を推進し，1980年代には図書館，博物館，音楽ホールを備えた文化センターが台湾各地で次々と設立された．ただし，蔣経国による文化建設が始まった後も，政府は「中国」を中心に据えて考える文化観や歴史観を放棄したわけではなかった．

1970年代の台湾では，蔣経国の現地化政策の下，政治面では党外勢力による民主化運動が起こっていたが，これと並行して，文芸界では郷土文学運動が興隆した．郷土文学とは，台湾の風景や人物への関心を重視し，歴史記憶の再建や現実社会の反映をテーマとすることを特色とした作品群を指す．そのような文学作品の探求は，台湾では日本統治期からすでに始まっていた．戦後，文化活動は国民党の統制下に入り，外省人が主導的地位を占めるようになったため，本省人によ

*1 1923-2014．台湾台南出身．上海聖ヨハネ大学政治系卒業後，1949年から国立台湾大学で教えた．米ニューメキシコ大学，英ロンドン大学への留学を経て1966年に東京大学の社会学博士号取得．

*1 1900-76. 作家.
台湾新竹出身の客家.
台北師範学校卒業後,
教員や新聞記者として
働きながら創作活動を
おこなった. 代表作に
『アジアの孤児』があ
る.

*2 1937-2016. 作家.
台湾苗栗出身. 1988
年に中国統一聯盟の初
代主席となり, 大陸中
国との交流を積極的に
おこなった.

*3 1976 年 2 月創刊.
1979 年 2 月停刊処分.

*4 1925-2008. 作家.
台湾台南出身. 1943 年,
日本語小説『林君から
の手紙』を発表. 1951
年, 共産党員容疑で投
獄される. 出獄後, 台
湾文学史研究をおこな
った.

る創作活動の場は呉濁流[1] が 1964 年に創刊した『台湾文芸』誌などに限定された. しかし 1970 年代に入ると, 農民, 労働者, 女性, 環境汚染, 外国資本のもたらした不公平などをテーマとする, 台湾社会に強い関心を示す作品が文壇を賑わせ始めた.

これら作品群の評価をめぐり, 1977 年から 1978 年にかけ, 郷土文学論争と呼ばれる論戦が発生した. 論壇で陳映真[2] の作品を親共産党的だとする批判が起こると, これに反発した作家たちは『夏潮』[3] 誌上などで郷土文学を擁護する議論を展開した. 郷土文学にくくられる作家のなかにも, 故郷とすべき土地はどこなのかをめぐり, 見解の対立があった. 葉石濤[4] は, 鄭成功による台湾統治以来の 400 年を主軸とする歴史観を示し, 台湾意識を前面に打ち出した. これに対し, 陳映真は中国意識を強調し, 台湾文学を中国文学の一部と位置づける立場から論陣を張った. 一連の論戦は単なる文芸理念をめぐる争いにとどまらず, 台湾社会において台湾を中心に据えて考える文化観や歴史観が醸成されるのを促進した.

社会運動の拡大

1970 年代の台湾では民主化運動が展開したが, その際, 思想面および行動面で牽引役を果たした存在として, 台湾キリスト長老教会がある. 長老教会は布教のためにローマ字表記の台湾語（閩南語）聖書を用いてきたが, 政府はそれを禁じるなど, 両者の間には緊張関係があった. 1970 年代, 国府が対外危機に直面するなか, 長老教会は政治改革の要求を強め, 1971 年, ニクソン大統領の北京訪問前のタイミングで「国是声明」を発表し, 中央民意代表の全面改選を呼びかけた. 1975 年には, フォード大統領の訪中を前に信仰の自由の保障などを訴える声明を発表し, 1977 年には「台湾の将来は 1700 万の住民全体が決める」「台湾を一つの新しい独

立した国家にせよ」と主張する人権宣言を発出した. 総幹事の高俊明*1牧師は, 1979年の美麗島事件後, 施明徳の逃亡を幇助した罪を問われ入獄した. 長老教会の掲げた, 不義の統治者と戦うという理念は, 1980年代の政治運動に大きな影響を与えた.

4-⑭　台北での反原発デモ（2018年3月11日）

　1970年代から1980年代にかけ, 文学の領域で思想の解放が進む一方, 社会運動も次第に活発化していった. 経済成長にともない, 台湾では住民による反公害, 環境保護などの運動が拡大した. とりわけ, 原子力発電所反対運動は, 原発が国策国営で推進されていたこともあり, 国政レベルの民主化運動と強く結びついた. 民進党は1986年の結党後, 新規原発建設反対を打ち出し, 台湾北部における第四原子力発電所建設計画に反対する民意の代弁者として国民党政治に対抗した*2 (⇨4-⑭). 台湾の市民は, 食の安全など日常生活にかかわる社会問題に高い関心を示し, それら諸問題が政局と結びつきやすい状況は今日まで引き継がれている.

　結党後の民進党は, 民主化を求める学生運動とも密接に結びついていた. そのため, 1980年代末以降に李登輝が進めた民主化改革とは, 国民党側が社会運動を取り込むためにとった措置でもあった. 国民党と民進党の対立が激しくなるなか, 胡佛*3ら自由主義者を自任する学者は, 中立的な立場から民衆に「第三の声」を届けることを目ざし, 1989年に政論団体の澄社を組織した*4.

多文化主義の出現

　台湾は元来, 異なる時期に移住してきた多様な民族集団が混住する社会であった. 国民党はこれらの人びとに対し, 同じ中国人であることを求め, いわば「中国」ナショナリズムによる国民統合を図っていた.

　しかし, その間も, 民族集団間の文化的な不平等は維持されていた. とりわけ非漢人の先住民族は, 社会階層の最下層

*1　1929-2019. 台湾台南出身. 台南神学院を卒業後, 先住民族の伝道者を養成する玉山聖教書院の院長を務め, 1970年に台湾キリスト長老教会総幹事に当選.

*2　民進党は1990年代以降, 急進的な社会運動と一線を画すようになったが, 市民の問題意識は継続し, 2011年3月の日本の福島第一原発事故を機に反原発運動は台湾で再燃した.

*3　1932-2018. 政治学者. 国立台湾大学法律系卒業. 米エモリー大学政治学修士. 台湾大学政治系教授.

*4　澄社内部には国民党, 民進党との距離感などをめぐり分岐があったため, この団体が大きな政治勢力となることはなかった.

4-⑮ タオ人の伝統的漁船「タタラ」

に位置づけられる状況にあった．政府は山地に居住する先住民族を，同じ中国人の同胞という意味で「山胞」と呼ぶとともに，漢人風の姓名を名乗らせ国語教育をおこなった．また，共産党の地下武装組織が僻地で拡大することへの警戒から，1950年代には山地の先住民族を低地に移住させる政策がとられた．このため，多くの先住民族は古くからの居住地を追われ，独自の言語や文化を衰退させた．その後，台湾は急速な経済発展を遂げたが，先住民族は高い収入を得られないことが多く，漢人との所得格差は広がった．台湾の東に浮かぶ孤島である蘭嶼では，先住民族であるタオ人（⇨4-⑮）の同意のないまま核廃棄物貯蔵施設の建設が進められ，1982年に核廃棄物が持ち込まれた．

1983年，台湾大学に通う先住民族の学生らは雑誌『高山青』を刊行し，自分たちを台湾の本来の主人である「原住民」と位置づけるようになった．その後，先住民族の教育権，言語権，文化権などの保障拡大や自治，土地返還を求める運動が展開され，社会の支持を得ていった．これらの運動は，漢人との文化的な同化が進んでいた平埔原住民と呼ばれる人びとによる権利回復運動にも波及した．

一方，漢人社会においても，新たな民族意識が台頭した．1970年代以降，蔣経国が現地化政策を進めると，党外人士

*1 客家は漢人のなかでも移住により独自の習俗や言語を発達させてきた集団．

4-⑯ 台湾苗栗県の客家円楼（2014年オープン）．福建省の伝統家屋がモチーフの文化施設

が選挙演説で台湾語を積極的に使用するなど，社会の側では台湾意識が高まっていった．しかし，ここで使われた台湾語とは，本省人の多数を占める福佬人の母語である閩南語（福佬語）であった．そのため，この福佬人中心主義的な状況に対抗する形で，本省人のなかの少数派である客家人*1による言語保持運動や文化復興運動が勃興した（⇨4-⑯）．

1970 年代以降の社会変動は，外省人の民族意識にも変化を生じさせた．外省人は実際には大陸中国各地の出身者から構成されており，使用する言語や文化的な背景は多様であった．ところが，本省人社会において台湾意識が高まるにつれて，外省人は台湾社会におけるひとまとまりの少数派集団であるとの意識を抱くようになった．1993 年，国民党内で本省人の勢力拡大に不満をもった外省人 2 世らは，離党して新党を結成した．

　これらの変化を通じ，台湾では，台湾社会は先住民族，福佬人，客家人，外省人という 4 つの大きな民族集団（四大族群）から成るのだという考え方が流布していった．そして，それぞれの文化と言語は対等であり，台湾社会は複数の文化や言語を有する多元社会であるとの認識が生まれた[*1]．この認識を肯定することは，台湾住民を一元的な中国文化によって統合しようとした国民党の従来の政策に再考を迫ることと大きく重なっていた．

　こうして，1990 年代の李登輝政権以降，台湾では，多様な文化が共存する社会を肯定する多文化主義が社会統合理念の役割を果たすようになった．その一つのあらわれとして，台湾の地下鉄などの公共交通機関では，多言語でアナウンスがおこなわれるようになっていった．本省人と外省人の緊張関係は，近年では，とりわけ若い世代で和らいできている．

　また，台湾は，1980 年代末頃から，製造業や家事，看護，介護の分野での労働力不足を補うために外国人労働力を受け入れ，現在の台湾にはインドネシア，ベトナム，タイなど東南アジア各国の出身者が数多く居住している．これら外国人労働者や，婚姻にともなう台湾への新規移住者をどう社会に包摂するのかという問題意識から，近年では台湾の民族構成を四大族群として捉える枠組みの再検討も進んでいる．

[*1]　近年の日本では，東山彰良，温又柔，李琴峰ら台湾出身者が日本語で著す文学作品が注目を集めた．

女性運動と性の多様性

中華民国憲法に基づく選挙制度は，1947年の国政選挙以来，各種選挙において女性議席を保障してきた．1950年代から1980年代末にかけての台湾の地方選挙，国政選挙でも，定数の5-10％の議席が女性のために確保されてきた．しかし，社会における女性の地位は決して高くなかった．

呂秀蓮
＊1　1944- ．民進党の政治家．台湾新竹出身．2000年から2008年にかけ陳水扁政権の副総統を務めた．

1970年代に，呂 秀 蓮＊1は伝統的な男性社会を批判し，女性の地位向上を求める社会運動を開始した．呂は1979年の美麗島事件で投獄され，運動は大きな打撃を受けた．しかし，1980年代には文学界において多くの女性作家が活躍し，1987年の戒厳令解除前後には，さまざまな社会運動をおこなう女性団体が次々と生まれた．1991年の中華民国憲法第一次改憲では，「〔国家は〕性差別を除去し，両性の地位の実質的平等を促進しなければならない」との追加条文が書き込まれた．

1996年，民進党は，各種選挙の候補者選出に際し，候補者4人につき男女双方を1人以上とする，ジェンダー中立のクオータ制度を導入した．1998年には，地方議会の議席の4分の1を女性に割り当てる，地方政府法の改正がなされた．2005年の第七次改憲では，立法委員選挙における各政党の比例代表当選名簿において，女性の比率が2分の1以下になってはならないと定められた．女性の政治参与の比率を明示的に規定するこれらの取り組みもあり，女性の政治参加は飛躍的に進み，2020年の立法院における女性議員の比率は40％を超えた．

女性運動の展開と並行して，台湾では性の多様性に対する社会の理解も深まっていった．1990年代の文学界では，性的マイノリティを描写する作品，いわゆる「同志文学」が一大ブームとなった．2004年，性別平等教育法が制定され，小中高校においてジェンダー平等教育が実施されるようになった．この法律は，当初，生物学的な性別としての男女平等

を規定する法律として起草されたが，同性愛
やトランスジェンダーをめぐる問題への社会
の関心の高まりを反映し，性的気質や性的指
向の尊重も明示する内容へと変更された．

　2000年代には婚姻平等化運動も活発化し，
異性愛男性と異性愛女性の法律上の関係を見
直すにとどまらず，法的な婚姻や家族はより
多元的な関係を包摂すべきだとする議論もあ

4-⑰　台湾の立法院で同性婚を認める法
案が可決（2019年5月17日）

らわれた．このような動向に対し，台湾社会には，宗教的な
理由などから，性的マイノリティに対して抑圧的な世論も根
強く残っている．しかし，2019年，立法院は同性間の結婚
の権利を保障する特別法を可決し，蔡英文政権はアジアで初
めてとなる同性婚の合法化を実現させた（⇨4-⑰）．社会の多
様性や少数者の権利を重んじる思想は，国際社会において不
安定な地位に置かれている台湾が，自らの存在をいかに肯定
するかという課題にも通じている．

歴史和解という課題

　1970年代以降，政治の民主化，社会の自由化が徐々に進
んだ台湾では，国民党による圧政をどう再評価するかという
社会的課題が浮上した．とりわけ，省籍矛盾を決定づける契
機となった1947年の二・二八事件[*1]は，事件の責任を住民　　*1　本章169頁参照．
側に求めてきた国民党にとって，最大のタブーであった．し
かし，1980年代には，事件の真相解明や犠牲者の名誉回復
を求める市民の声が高まった．1987年，鄭南榕らは二二八
和平日促進会を結成し，事件の記念日の創設などを求めるデ
モ活動を展開した．

　1989年に公開された侯孝賢（ホウシヤオシエン）[*2]監督の映画『悲情城市』　　*2　1947-　．台湾を
は，二・二八事件当時の台湾社会を描いていた．この作品は，　代表する映画監督．広
　　　　　　　　　　　　　　　　　　　　　　　　　　　　　東出身の客家．1949年，
ヴェネチア国際映画祭で金獅子賞を受賞し，世界的なヒット　家族と台湾に渡った．
作となったことから，台湾におけるタブーの打破に大きく貢

*1 同作品は台湾社会の多言語状況をそのまま表現した点でも画期性があった.

献した*1. 民間からの要求の高まりに応じ，李登輝政権は1992年に二・二八事件の研究報告書を公表した. 1995年には台北に事件の記念碑が完成し，李登輝総統はその除幕式において政府を代表して被害者の家族に謝罪した. 2000年の政権交代により民進党政権が誕生すると，「移行期正義」の推進が政治課題として浮上し，2006年には統治者側の責任問題を検討する報告書が刊行された. しかし，移行期正義の推進は，国民党と民進党の対立のなかで政争の具として扱われかねないという難しさも抱えており，加害者の責任追及は容易には進まなかった.

2017年，戒厳令下の白色テロを題材としたパソコンゲーム作品『返校』がリリースされ，注目を集めた（⇨4-⑱）. 同作品は2019年に映画化され，大ヒットした. 原作のゲームにおいて，プレイヤーは過去のおこないを直視する行動をとらないとエンディングをみることができない. 台湾の若者たちは大衆娯楽を媒介としながら，過去の歴史と向き合う社会的課題に取り組んでいるともいえる.

4-⑱ 白色テロ時代を舞台とするパソコンゲーム『返校』が社会現象に

台湾アイデンティティと中国ファクター

今日の台湾の若者のあいだでは，自分たちは大陸中国とは別の台湾という政治共同体に属しているという意識がほとんど自明の理となっている. 歴史観や目ざすべき国家像をめぐり社会内部に摩擦はあるものの，国民党であれ民進党であれ，人びとの台湾という土地への愛着を無視して支持を獲得することはできない.

人民共和国はこの状況を歓迎しておらず，台湾と大陸中国の将来的な統一に向け，軍事的な圧力を加えるだけでなく，財界やメディアを通じた台湾世論の誘導にも力を入れてきた.

かつて白色テロの時代を経験した台湾社会は，概して言論の自由を重視する．しかし，近年の台湾メディアでは，大陸中国でのビジネスへの配慮から，天安門事件，法輪功，台湾独立，チベット，ウイグルなどのデリケートな話題について自己検閲して慎む傾向も生まれているとされる．

　では，台湾世論は人民共和国によって取り込まれたかといえば，必ずしもそうなってはいない．むしろ，大陸中国の国家統一に向けた熱気が，かえって台湾との溝を深める事案も発生している．2016年，韓国の人気アイドルグループ TWICE の台湾出身メンバーであるツウィ（周子瑜）がインターネット配信番組内の演出で青天白日満地紅旗（中華民国国旗）を手にしていたところ，大陸中国を中心に大バッシングが起こったため，所属事務所がツウィの謝罪動画を公開するという事件が発生した．台湾社会は，憔悴した人気アイドルの姿を通じて人民共和国の影響力の大きさを目の当たりにし，大きな衝撃を受けた．SNS の発達により，台湾海峡両岸の人びとの交流はますます活発化している．しかし，今のところ，台湾社会が大陸中国と未来像を共有しているとは言い難い状態にある．

図版解説12　ひまわり学生運動

〈解説〉

　2014年3月18日，馬英九政権に対して海峡両岸サービス貿易協定の撤回を要求する学生らが，立法院（国会議事堂に相当）を実力で占拠した．占拠は4月10日まで続き，若者たちの一連の行動は「ひまわり

学生運動」と呼ばれた．この運動後，台湾社会では国民党に対する反発だけでなく政治全般への不信が強まり，2014 年の台北市長選挙では国民党とも民進党とも距離をとる無所属の柯文哲が一大旋風を起こして当選した．

　ひまわり学生運動は，同年 9 月に香港で雨傘運動が発生するきっかけの一つともなり，香港と台湾の両地における大陸中国の共産党に対する反対運動は 2010 年代を通じ相互に関心を高めていった．たとえば 2015 年，香港で共産党に批判的な書物を販売する銅鑼湾書店の関係者が拘束され閉店に追い込まれる事件が起こると，同書店は台湾に逃れた店長により 2020 年に台北市内で営業を再開した．

史料解読 11　李筱峰「台湾史は中国史の一部分なのか？」

〈解説〉

　蔣介石・蔣経国時代の台湾の歴史教育において，日本による台湾統治時代のことは「日拠」と略されてきた．これは，大陸中国で日中戦争を戦った国民党の歴史観に基づく，日本の台湾統治を不当な占拠とみなす表現である．民進党政権が成立した 2000 年代より，教科書では比較的価値中立的な「日治」との略称が使われることになった．しかし，2008 年に国民党の馬英九政権が成立すると，これを再び「日拠」に戻す動きが起こり，歴史学者を中心に大きな議論が発生した．ここで紹介するのは，かつて雑誌『八十年代』の編集を担当するなど，反国民党の「党外運動」に携わった経歴をもつ歴史学者の李筱峰による評論である（『蘋果日報』電子版 2013 年 7 月 26 日配信）．

　今日の台湾の人びとは，大陸中国の住民が参加しない選挙を通じ，台湾という一つの政治共同体の構成員としての意識を高めている．しかし，台湾内部にはさまざまな議論があり，「私たち」の共通の歴史をどう描くかという問題に決着をつけるのは容易でない．台湾中心の歴史観は，国民党による歴史観の押しつけへの反発であったと同時に，大陸中国の共産党の歴史観との間にも摩擦がある．国民党と共産党の歴史観は，本来は互いに自らを正統とみなすため相容れないが，清朝時代に欧米列強から受けた屈辱を「私たち」の歴史とする点などで共通する．

　「日治」時代か，それとも「日拠」時代かをめぐる争いが，最近また，心

が中国に向かっている人たちやメディアによって喧伝されている．私自身は「日治」にも「日拠」にもそれぞれ理屈があり，台湾を主体とする立場をとるからといって，「日拠」を使ってはならないこともないと考えている．しかし，〔中国と台湾の〕統一派および統一派メディアの本当の目的は，台湾史を中国史の一部分とみなすことを求め，大中国を台湾史の主体とすることで，台湾史の解釈を台湾に立脚させるのに反対することである．

　私は一つの質問を思い出した．「第二次世界大戦で台湾を空襲したのはどの国の飛行機でしょうか？」これは私が大学 1 年の新入生に何度もテストした問題である．驚くべきことに，100 人のうちなんと 30 人は「日本」と答えるのだ！　「戦前の台湾は日本の植民地なのに，日本はなぜ飛行機を飛ばして自分の植民地を爆撃するのだ？」と私が聞くと，ある学生がこう弁明した．「でも私たちは日本と 8 年間抗戦したではないですか？」答えはついにはっきりした．問題は実は「私たち」から発生していたのだ．「私たち」とは誰か？　過去の教育が学生に教えてきた「私たち」は，大中国の立場に立ち，大中国を主体として思考したものだった．そのために，このように荒唐無稽な歴史イメージが出現したのだ．

　結婚相手は親など周囲の大人が決定する．離婚の自由は認められない．職業選択の自由も著しく制限されている．こうしたさまざまな制約の下に，中国の女性は長らく置かれてきた．

　人民共和国の成立は，上述のような状況を大きく変化させた．中国人民政治協商会議共同綱領の第６条は，女性を封建制度の束縛から解放するよう求め，女性が男性と平等の権利を有すること，および男女の婚姻の自由を認めた．この理念に沿って，1950年５月に公布された中華人民共和国婚姻法は，婚姻や離婚の自由，男女の権利の平等などの保障を謳い，女性に大いに歓迎された．

　このような理念と政策は，都市部の女性の境遇をとりわけ大きく変化させた．人民共和国成立後，民間企業の国営化が進展し，雇用の安定が実現すると，都市部の女性は労働力として重視されるようになった．各「単位」が労働者の社会福祉を保障するなか，女性労働者は産休の取得，託児所の利用，労働時間の短縮などを認められ，女性は結婚により子をもうけても，仕事を継続していくことが可能となった．

　女性が安定的に給与をもたらす存在となったため，家庭内における女性の地位は上昇し，家の外で女性が働くことが当然視されるようになった．そして，従来の価値観が根本的に否定された文革期になると，男性の優位はますます疑わしくなった．男女平等はより徹底され，男性のみが従事していた重労働や危険な作業にまで女性が従事するようになり，「鉄の娘」ともてはやされた．

　このようにして男女の平等は，歴史上，確かに類を見ない規模と程度で実現した．ただし，問題も少なくなかった．「鉄の娘」の実態は，男女の生理的違いを無視し，女性を男性の基準に無理やり適合させるものであった．また，「下放」（党の幹部や知識青年らが農村に送り出されること）先では，女子学生に対する性的暴行が頻発した．

　婚姻法の効果が及んでいたとはいえ，農村部では都市部と異なる光景が広がっていた．男尊女卑の観念が色濃く残る地域は珍しくなく，父系制の下，女児は家の継承者とはなれないとされ，しばしば間引きの対象となった．また，子どもを産めない女性に対する蔑視と差別も深刻であった．

　改革開放の進展は，新たな変化をもたらした．国営企業が統合されるなか，充

実していた子育て支援と公的サービスは崩壊し，働く女性は仕事と家庭の両立に悩むようになった．父母や義父母の補助や各種の保育サービスを利用して仕事を継続できる事例があった一方，それが不可能なために，仕事を辞めて育児に専念しなければならない事例もみられるようになった．後者の事例では，仕事への復帰は容易ではない．また，都市部と農村部にかかわらず，夫の所得が不十分な場合，妻は家の外で働き（農村部の場合，遠方の都市への出稼ぎ）に出なければならないが，家庭に置き去りにされる子どもやその世話にかり出される祖父母にさまざまなしわよせが及んでいる．こうした困難を前にして，さらには価値観の多様化と相対化にともない，近年では結婚しないという選択をする男女も増えてきている．

　以上，確認したように，解決困難な問題も存在しているとはいえ，大陸中国においては，男女の平等はそれまでの歴史と比較してかなりの程度達成され，女性が家の外で働くことは当たり前という意識も広く浸透した．

　台湾や香港では，男女の平等，とくに女性が男性と対等に働くことは，大陸中国以上に当然視されている．総統となった蔡英文（さいえいぶん）や行政長官となった林鄭月娥（りんていげつが）の存在そのものが示すように，女性が指導的立場にあって活躍することも珍しくない．

　しかしながら，男女間の不平等が完全に消滅したわけではない．

　台湾では，日本ほどではないにせよ，女性の家事分担が男性よりも大きい．また，父親の姓が子どもの姓として通常選択される．香港では，労働力人口において女性が男性を上回っており，女性が家の外で働くことは当然視されているが，それが可能なのは，主に東南アジアからやって来る外国人ヘルパーを安価で雇用し，彼女らが子育ても含めた家事を代行しているからである．しかし，外国人ヘルパーが不当な重労働を課せられ，差別の対象となることも少なくない．香港女性の活躍は，外国人ヘルパーの犠牲と負担に支えられている側面もある．

終章　中華圏と中華文明のゆくえ

日本と中華圏

　中華圏の戦後は，本書で示したようなあゆみを経て，現在に至っている．本書は，日本の人たちにとってやや感覚としてわかりにくいことも含めて，日本が中華圏と向き合う際に常識化しておくべき内容を厳選しておいた．こうした着実な理解があればこそ，現在進行中の現象も俯瞰的に捉えられるだろう．たとえば，序章で整理したように，政治と思想の流れに注目して，憲政と革命という20世紀前半の二大主旋律が戦後の中華圏を広く覆っていることを知れば，独裁政治と民主政治をめぐる現在の大陸中国と香港と台湾の摩擦やその奥底にある自由のあり方をめぐる中華圏の普遍的苦悩は，歴史性をともなった必然的現象であると冷静に理解できるだろう．

　現在，何よりも求められていることは，一人ひとりが大所高所から中華圏を見つめ直し，相手に対する興味関心を深めることである．そして，客観的な理解を各自で主体的に獲得し，それらに裏打ちされた相手との是々非々の関係を絶えず発展させていくことである．21世紀の東アジアは，政治面でも経済面でも文化面でも，世界で重要な位置を占めている——中国の大国化，経済大国第2位と第3位の日中の共存，日韓のポップカルチャーの世界的流行——．かりにその勢いが今後衰えたとしても，日本と中華圏の関係は，地理的に接近している以上，永遠に続くことになる．

　しかし，以上の説明が説得力をもっていたとしても，対応

の難しい新たな状況も生まれつつある.

21世紀の今日, 米中が国際政治でしばしば衝突するなか, そもそも米中対立の根底には価値観の相違が含まれている. そのため, かりに日本が米中を仲介する役目を果たし得るにしても, 日本では一種のやるせない感情が広がりつつある. それは, 日中双方が相手に対する正しい認識とそれに基づく信頼関係を構築するだけでは不十分だ, という感情である. 端的にいえば, 共産党が復興しようとしている中華文明の中身が不明確なこともあり, 私たちは, それに歩み寄っていいのかさえもわからない状況におかれている.

もとより, 本書の役割は, 価値観の相違をどう乗り越えるのかを示すことにはない. 私たちは, 各地域に根差したそれぞれの歴史の論理性や合理性を認めつつも, 人類の歴史とは人権を発展させ, 個々のさまざまなしがらみを解放して自由を獲得してきた歴史ではなかったのか, と指摘するにとどめておきたい[*1]. かわって, 本書を結ぶにあたり, 読者の方々がこれから中華圏と向き合う際の一つの参考になる中華文明のゆくえについてまとめておくことにしたい. それは, 中華文明の舵取りを担っている共産党の文明観の変遷についてである.

中国共産党と中華文明

中華文明は, 世界で長らく主要な文明の一つだった. しかし, 19世紀半ば以降, 欧米諸国からの圧迫を受けて, 激しく揺さぶられた. その後, 胡適の文明論[*2]から読み取れるように, いかなる文明をどのように受容あるいは再建し創造するのかが問われるようになった. そうした文明をめぐる混沌とした状況が続くなか, 共産党は, 人民共和国期に社会主義文明観とでも呼ぶべき文明観を漠然とながらも醸成させ, その文明観を具体化すべく, 次第に文明を積極的に語るようになった. その出発点は, 改革開放の初期段階である1970

*1 歴史を自由や啓蒙に必然的に至るはずだとする直線的な進歩史観(19世紀イギリスの「ホイッグ史観」)は, 1960年代から1970年代にかけて批判された. それでも, 歴史の複数性が同一の方向性を含んでいるのか否かは, 今後も考え続けなければならない.

*2 序章20頁参照.

年代末だった.

　辛亥革命を指導した孫文の未亡人で共産党の政権運営に協力した宋慶齢は，人民共和国成立30周年を目前に控えた1979年，文革で破壊された生産能力と科学文化を再建するために，社会主義精神文明が社会主義物質文明とともに必要だ，と訴えた[*1]．共産党機関紙『人民日報』を確認する限り，社会主義精神文明なるタームが初めて公に登場したのは，この演説だった．翌日には，軍の要人で文革の迫害から復権を果たした葉剣英も，周恩来が文革以前から提起していた「四つの近代化」を実現するために，やはり社会主義精神文明が必要だと力説した[*2]．

　こうして社会主義精神文明が1980年代にキーワードになった．改革開放を指揮した鄧小平は，社会主義精神文明を構築するにあたり，次のように説いた.

　　いわゆる精神文明とは，教育，科学，文化（これは完全に必要である）のみならず，共産主義の思想，理想，信念，道徳，紀律，革命の立場と原則，そして人と人の同志のような人間関係などをも含むものである[*3]．

　鄧小平は，共産主義（社会主義）に基礎づけられた精神文明を何よりも重視し，無条件の資本主義化を容認したわけではなかった．鄧は，精神文明が社会主義の枠内に収まる限りにおいて物質文明とともに建設の役割を果たし得るとし，そうなった時に改革開放を軌道に乗せられる，と認識した．この社会主義精神文明論は，共産党の新たな社会主義文明観を形成する際の支柱となった.

　その後，共産党の社会主義文明観は，江沢民の政治文明論を加えて，物質文明と精神文明と政治文明を三本柱とした．平たくいってしまえば，改革開放によって多様化した社会を共産党が安定して統治するためには，その多様性を包み込む政治理論が新たに必要となり，その理論として社会主義政治文明論が提起された，ということである．ちなみに，共産党

*1 「人民的意志是不可戦勝的」（『人民日報』1979年9月29日）.

*2 「在慶祝中華人民共和国成立三十周年大会上的講話」（『人民日報』1979年9月30日）.

*3 「貫徹調整方針，保証安定団結（1980年12月25日）」（『鄧小平文選』第2巻，人民出版社，1983年）.

が統治の安定に腐心する様は，胡錦濤の調和社会というスローガンにもあらわされた．胡は，人と自然のすべての調和を目ざすために生態文明という概念を提起し，これを社会主義文明観に注入した．

　さらに，2010年代には習近平時代が到来し，中華文明復興論が高々と掲げられるようになった．習近平時代を象徴する文明論は，「中国の夢」として語られる政治スローガンでもある．習は，「中国の夢」を国内外にアピールする際に，それを世界で受け入れ可能な生態文明論の一種であるかのように説明し，世界の文明の複数性と多様性を認める政治姿勢を国内外に示そうとした．

　しかし，「中国の夢」という政治性を帯びた中華文明復興論が実際のところ人びとにどの程度受け入れられているのかは，判然としない．むしろ，依然として影響力のある文明論は，その四本柱の物質文明論，精神文明論，政治文明論，生態文明論のうち，1980年代に提起された精神文明論，すなわち社会主義精神文明論のように思われる．なぜなら，この文明論は，2010年代末においても繰り返し言及され[*1]，現在も共産党の社会主義文明観を根底から支え続けているからである．

　ただし，この社会主義精神文明論が1980年代に定義された「共産主義の思想，理想，信念，道徳，紀律，革命の立場と原則，そして人と人の同志のような人間関係」を指し続けているにしても，それが2020年代に具体的に何を意味しているのかは，やはりよくわからない．むしろ，それは，あらゆる政治スローガンに適用される変幻自在な概念のようでもある．たとえば，大洪水が発生した際に，それに立ち向かう精神は「愛国主義，集団主義，社会主義精神を大いに発揚すること，つまり社会主義精神文明を大いに発揚することである」とされた[*2]．また，共産党中央と国務院が発行した『ネット文明の建設を強化することに関する意見』では，「ネッ

*1 「文化興国運興」（『人民日報』2019年4月10日）など．

*2 「弘揚抗洪精神，凝聚中国力量」（『人民日報』2021年9月6日）．

ト文明の建設を強化することは，社会主義精神文明の建設を推進することだ」*1 とされている．

*1 『人民日報』(2021年9月15日)．

　結局のところ，共産党自身でさえ，中華文明の何を復興させて，それが欧米諸国の文明とどう共存し，それをどう乗り越えていくのかについて説得的には説明できていない．外部から観察すると，中華文明の復興は強権化の促進とイコールであるかのように思えてくる．

　事実，共産党は，自らの正史を改訂し（『中国共産党簡史』2021年，⇨終-①），習近平政権の看板政策である反腐敗や「一帯一路」の成果を全体の約3割の紙幅を割いて強調している．そして，強い国家の下で，豊かさを実現する時代から富の再分配（「共同富裕」）を実現する時代へと中国を変化させようとしている．ただし，その変化が平穏に達成されるのかどうかは定かではない．なぜなら，所得税に対する累進課税率の引き上げや資産に対する課税制（相続税や贈与税）の導入が見通されないまま，富の再分配の前提となる国家の強さだけが総書記を核心とす

終-①　『中国共産党簡史』

る政治体制によって追求されようとしているからである．それは，共産党第19期6中全会が第三の歴史決議*2 を採択し，総書記3選への道が切り拓かれたことに象徴的である．国家主席3選への道はすでに拓かれている*3 ことから，特定の個人への権力集中が長期間続くことを防いできた1980年代以来の集団指導体制*4 は集権的指導体制*5 へと完全に切り替わるのかもしれない．

　このように漂流し続ける中華文明が2020年代にどこに向かっていくのかは，日本からもしっかりと観察し続けなければならない*6．もし中華文明がデジタル独裁の土壌になるのだとすれば，隣国の日本もそれに呑み込まれていくのだろうか．あるいは，すでに，民主政治を重んじる文明も，利便性と引き換えにデジタル独裁の仕組みを無自覚に受け入れてし

*2　第二章80頁参照．

*3　第二章105頁参照．

*4　第二章79-80・98頁参照．

*5　第二章104頁参照．

*6　中国政府発行の白書『中国の民主』(2021年12月)は，ある国が民主的であるか否かはその国の人びとが判断すべきであり，その民主の形態は各国によって異なる，と主張している．なお，ここでいう民主は，デモクラシーという意味の民主主義ではない．序章20頁参照．

まっているのかもしれない．だとすれば，デジタル化が加速する時代において，世界の文明が民主政治と独裁政治のどちらへと振れるかよりも，侵すことのできない権利として個人の自由を法の支配によって保障し続けられるかどうかのほうがはるかに重要である．中華文明のゆくえは，香港や台湾を含む中華圏の自由のあり方によって決定づけられるのだろう．

文献案内

大学の学部生がレポートや卒論を作成する際に，まず参考にしてもらいたい日本語文献を精選した．

【概説書】

阿古智子（2014）『貧者を喰らう国——中国格差社会からの警告〔増補新版〕』新潮社

浅井信雄（1997）『マカオ物語』新潮社

阿南友亮（2017）『中国はなぜ軍拡を続けるのか』新潮社

天児慧（2021）『巨龍の胎動——毛沢東 vs. 鄧小平』講談社 ＊初刊 2004

石川禎浩（2021）『中国共産党，その百年』筑摩書房

伊藤亜聖（2020）『デジタル化する新興国——先進国を超えるか，監視社会の到来か』中央公論新社

ヴォーゲル，エズラ・F〔益尾知佐子・杉本孝訳〕（2013）『現代中国の父　鄧小平』（上下）日本経済新聞出版社

笠原十九司（2018）『〔増補〕南京事件論争史——日本人は史実をどう認識してきたか』平凡社

梶谷懐（2018）『中国経済講義——統計の信頼性から成長のゆくえまで』中央公論新社

梶谷懐・高口康太（2019）『幸福な監視国家・中国』NHK 出版

川島真編（2022）『ようこそ中華世界へ』昭和堂

川島真・小嶋華津子編（2020）『よくわかる現代中国政治』ミネルヴァ書房

キャロル，ジョン・M〔倉田明子・倉田徹訳〕（2020）『香港の歴史——東洋と西洋の間に立つ人々』明石書店

久保亨・土田哲夫・高田幸男・井上久士・中村元哉（2019）『現代中国の歴史——両岸三地100 年のあゆみ〔第 2 版〕』東京大学出版会

熊倉潤（2022）『新疆ウイグル自治区——中国共産党支配の 70 年』中央公論新社

倉田徹・張彧暋（2015）『香港——中国と向き合う自由都市』岩波書店

国分良成・添谷芳秀・高原明生・川島真（2013）『日中関係史』有斐閣

高原明生・丸川知雄・伊藤亜聖編（2014）『東大塾　社会人のための現代中国講義』東京大学出版会

高見澤磨・鈴木賢（2017）『要説　中国法』東京大学出版会

田中仁・菊池一隆・加藤弘之・日野みどり・岡本隆司・梶谷懐『新説中国近現代史——日中新時代の見取図』法律文化社

東大社研現代中国研究拠点編（2020）『現代中国ゼミナール——東大駒場連続講義』東京大学出版会

唐亮（2012）『現代中国の政治——「開発独裁」とそのゆくえ』岩波書店

中兼和津次（2021）『毛沢東論——真理は天から降ってくる』名古屋大学出版会

中嶋嶺雄（1997）『香港——移りゆく都市国家』時事通信社

中村元哉（2017）『対立と共存の日中関係史——共和国としての中国』（叢書　東アジアの近現代史第 2 巻）講談社

益尾知佐子（2019）『中国の行動原理——国内潮流が決める国際関係』中央公論新社
丸川知雄（2021）『現代中国経済〔新版〕』有斐閣
毛里和子（2006）『日中関係——戦後から新時代へ』岩波書店
若林正丈・家永真幸編（2020）『台湾研究入門』東京大学出版会

『シリーズ中国近現代史』全6巻，岩波書店
　　1. 吉澤誠一郎（2010）『清朝と近代世界——19世紀』
　　2. 川島真（2010）『近代国家への模索——1894-1925』
　　3. 石川禎浩（2010）『革命とナショナリズム——1925-1945』
　　4. 久保亨（2011）『社会主義への挑戦——1945-1971』
　　5. 高原明生・前田宏子（2014）『開発主義の時代へ——1972-2014』
　　6. 西村成雄（2017）『中国の近現代史をどう見るか』
『超大国・中国のゆくえ』全5巻，東京大学出版会
　　1. 劉傑・中村元哉（2022）『文明観と歴史認識』
　　2. 青山瑠妙・天児慧（2015）『外交と国際秩序』
　　3. 菱田雅晴・鈴木隆（2016）『共産党とガバナンス』
　　4. 丸川知雄・梶谷懐（2015）『経済大国化の軋みとインパクト』
　　5. 新保敦子・阿古智子（2016）『勃興する「民」』

【小説・回想録など】
秋山良照（1977）『中国土地改革体験記』中央公論社
天児慧・高原明生・菱田雅晴編（2020）『証言 戦後日中関係秘史』岩波書店
安藤彦太郎（1972）『中国通信』亜紀書房
安藤彦太郎（1972）『第二・中国通信』亜紀書房
キッシンジャー，ヘンリー・A〔塚越敏彦ほか訳〕（2021）『中国——キッシンジャー回想録』岩波書店
邱永漢（2021）『香港・濁水渓〔増補版〕』中央公論新社
厳家祺・高皋〔辻康吾監訳〕（1996）『文化大革命十年史』（上下）岩波書店
高行健〔飯塚容訳〕（2001）『ある男の聖書』集英社
西条正（1978）『中国人として育った私——解放後のハルビンで』中央公論社
章詒和〔横澤泰夫訳〕（2007）『嵐を生きた中国知識人——「右派」章伯鈞をめぐる人びと』集広舎
戴晴〔田畑佐和子訳〕（1990）『毛沢東と中国知識人』東方書店
董国強編〔関智英・金野純・大澤肇編訳〕（2009）『文革——南京大学14人の証言』築地書館
平野健一郎・土田哲夫・村田雄二郎・石之瑜編（2011）『インタビュー——戦後日本の中国研究』平凡社
福地いま（1984）『私は中国の地主だった——土地改革の体験』岩波書店　＊初刊1954
本田善彦（2016）『台湾と尖閣ナショナリズム——中華民族主義の実像』岩波書店
山口文憲（2021）『香港世界』河出書房新社　＊初刊1984
山崎豊子（1991）『大地の子』（上中下）文藝春秋
余華〔飯塚容訳〕（2017）『ほんとうの中国の話をしよう』河出書房新社　＊初刊2012

李登輝（2015）『新・台湾の主張』PHP 研究所

【史料・資料集】
太田勝洪・小島晋治・高橋満・毛里和子編（1985-1986）『中国共産党最新資料集』勁草書房
外務省アジア局中国課監修（1970）『日中関係基本資料集 1949-1969 年』霞山会
外務省アジア局中国課監修（1993）『日中関係基本資料集 1970-1992 年』霞山会
外務省アジア局中国課監修（1998）『日中関係基本資料集 1949-1997 年』霞山会
加々美光行編（1990）『天安門の渦潮――資料と解説：中国民主化運動』岩波書店
霞山会（2008）『日中関係基本資料集 1972-2008 年』（資料編・年表）霞山会
久保亨・加島潤・木越義則（2016）『統計でみる中国近現代経済史』東京大学出版会
張競・村田雄二郎編（2016）『日中の 120 年　文芸・評論作品選』（全 5 巻）岩波書店
並木頼寿ほか編（2010-2011）『新編原典中国近代思想史』（全 7 巻）岩波書店
日本国際問題研究所中国部会編（1963-1971）『新中国資料集成』（全 5 巻）日本国際問題研究所
日本国際問題研究所中国部会編（1973-1974）『中国大躍進政策の展開――資料と解説』（上下）日本国際問題研究所
毛里和子ほか編（1994-1996）『原典中国現代史』（全 9 巻）岩波書店
矢吹晋編訳（1989）『チャイナ・クライシス重要文献』（全 3 巻）蒼蒼社
六四中国近現代史研究者声明有志連絡会編（1989）『中国　民主と自由の軌跡――天安門事件の歴史的背景』青木書店

【研究案内】
飯島渉編（2020）『大国化する中国の歴史と向き合う』研文出版
岡本隆司・吉澤誠一郎編（2012）『近代中国研究入門』東京大学出版会
川島真・中村元哉編（2019）『中華民国史研究の動向――中国と日本の中国近代史理解』晃洋書房
岸本美緒（2021）『史学史管見』研文出版
久保亨編（2012）『中国経済史入門』東京大学出版会
小浜正子・下倉渉・佐々木愛・高嶋航・江上幸子（2018）『中国ジェンダー史研究入門』京都大学学術出版会
高橋伸夫編（2015）『現代中国政治研究ハンドブック』慶應義塾大学出版会
礪波護・岸本美緒・杉山正明編（2006）『中国歴史研究入門』名古屋大学出版会
中村元哉・大澤肇・久保亨編（2016）『現代中国の起源を探る――史料ハンドブック』東方書店
野澤豊編（1995）『日本の中華民国史研究』汲古書院
野村浩一・伊藤一彦編（1990）『岩波講座現代中国――現代中国研究案内』（別巻 2）岩波書店

【研究書】
青山瑠妙（2013）『中国のアジア外交』東京大学出版会
天児慧（2018）『中国政治の社会態制』岩波書店

飯島渉（2020）『「中国史」が亡びるとき——地域史から医療史へ』研文出版

家永真幸（2017）『国宝の政治史——「中国」の故宮とパンダ』東京大学出版会

五十嵐隆幸（2021）『大陸反攻と台湾——中華民国による統一の構想と挫折』名古屋大学出版会

石川禎浩編（2020）『毛沢東に関する人文学的研究』京都大学人文科学研究所

石塚迅（2019）『現代中国と立憲主義』東方書店

井上正也（2010）『日中国交正常化の政治史』名古屋大学出版会

ヴォーゲル，エズラ・F〔益尾知佐子訳〕（2019）『日中関係史——1500 年の交流から読むアジアの未来』日本経済新聞出版社

江藤名保子（2014）『中国ナショナリズムのなかの日本——「愛国主義」の変容と歴史認識問題』勁草書房

及川淳子（2012）『現代中国の言論空間と政治文化——「李鋭ネットワーク」の形成と変容』御茶の水書房

小笠原欣幸（2019）『台湾総統選挙』晃洋書房

緒方貞子〔添谷芳秀訳〕（1992）『戦後日中・米中関係』東京大学出版会

小野寺史郎（2011）『国旗・国歌・国慶——ナショナリズムとシンボルの中国近代史』東京大学出版会

何義麟（2014）『台湾現代史——二・二八事件をめぐる歴史の再記憶』平凡社

笠原十九司（2017）『日中戦争全史』（上下）高文研

梶谷懐・藤井大輔編（2018）『中国経済論〔第 2 版〕』ミネルヴァ書房

加島潤（2018）『社会主義体制下の上海経済——計画経済と公有化のインパクト』東京大学出版会

金子肇（2019）『近代中国の国会と憲政——議会専制の系譜』有志舎

金子肇（2022）『近代中国の国家と商人——税政と同業秩序のダイナミクス』有志舎

加茂具樹（2006）『現代中国政治と人民代表大会——人代の機能改革と「領導・被領導」関係の変化』慶應義塾大学出版会

加茂具樹・飯田将史・神保謙編（2011）『中国改革開放への転換——「一九七八年」を越えて』慶應義塾大学出版会

加茂具樹・林載桓編（2018）『現代中国の政治制度——時間の政治と共産党支配』慶應義塾大学出版会

川上桃子・呉介民編（2021）『中国ファクターの政治社会学——台湾への影響力の浸透』白水社

川島真ほか（2020）『日台関係史 1945-2020〔増補版〕』東京大学出版会

北岡伸一・歩平編（2014）『「日中歴史共同研究」報告書』全 2 巻，勉誠出版

邱淑婷（2007）『香港・日本映画交流史——アジア映画ネットワークのルーツを探る』東京大学出版会

許紀霖〔及川淳子・徐行・藤井嘉章訳〕（2020）『普遍的価値を求める——中国現代思想の新潮流』法政大学出版局

許珩（2019）『戦後日華経済外交史 1950-1978』東京大学出版会

許雪姫〔羽田朝子・殷晴・杉本史子訳〕（2021）『離散と回帰——「満洲国」の台湾人の記録』東方書店

久保亨編（2006）『1949 年前後の中国』汲古書院

久保亨（2020）『20世紀中国経済史論』汲古書院

久保茉莉子（2020）『中国の近代的刑事裁判――刑事司法改革からみる中国近代法史』東京大学出版会

熊倉潤（2020）『民族自決と民族団結――ソ連と中国の民族エリート』東京大学出版会

倉田徹（2009）『中国返還後の香港――「小さな冷戦」と一国二制度の展開』名古屋大学出版会

倉田徹編（2019）『香港の過去・現在・未来――東アジアのフロンティア』勉誠出版

倉田徹（2021）『香港政治危機――圧力と抵抗の2010年代』東京大学出版会

国分良成編（2003）『中国文化大革命再論』慶應義塾大学出版会

国分良成（2004）『現代中国の政治と官僚制』慶應義塾大学出版会

国分良成（2017）『中国政治からみた日中関係』岩波書店

国分良成・小嶋華津子編（2013）『現代中国政治外交の原点』慶應義塾大学出版会

小嶋華津子（2021）『中国の労働者組織と国民統合――工会をめぐる中央―地方間の政治力学』慶應義塾大学出版会

小浜正子（2020）『一人っ子政策と中国社会』京都大学学術出版会

笹川裕史（2011）『中華人民共和国誕生の社会史』講談社

佐橋亮（2015）『共存の模索――アメリカと「二つの中国」の冷戦史』勁草書房

塩出浩和（1999）『可能性としてのマカオ――曖昧都市の位相』亜紀書房

清水麗（2019）『台湾外交の形成――日華断交と中華民国からの転換』名古屋大学出版会

沈志華〔朱建栄訳〕（2016）『最後の「天朝」――毛沢東・金日成時代の中国と北朝鮮』（上下）岩波書店

菅野敦志（2011）『台湾の国家と文化――「脱日本化」・「中国化」・「本土化」』勁草書房

菅原慶乃（2019）『映画館のなかの近代――映画観客の上海史』晃洋書房

鈴木賢（2022）『台湾同性婚法の誕生――アジアLGBTQ＋燈台への歴程』日本評論社

関智英（2019）『対日協力者の政治構想――日中戦争とその前後』名古屋大学出版会

園田茂人・謝宇編（2021）『世界の対中認識――各国の世論調査から読み解く』東京大学出版会

高橋伸夫（2021）『中国共産党の歴史』慶應義塾大学出版会

高原明生・服部龍二・服部健治・丸川知雄・園田茂人編（2012-2014）『日中関係史――1972-2012年』（全4巻）東京大学出版会

田中明彦（1991）『日中関係1945-1990』東京大学出版会

陳儀深・薛化元編（2021）『二二八事件の真相と移行期正義』風媒社

陳肇斌（2020）『中国市民の朝鮮戦争――海外派兵をめぐる諸問題』岩波書店

陳芳明〔下村作次郎ほか訳〕（2015）『台湾新文学史』（上下）東方書店

鄭浩瀾・中兼和津次編（2021）『毛沢東時代の政治運動と民衆の日常』慶應義塾大学出版会

ディケーター，フランク〔中川治子訳〕（2019）『毛沢東の大飢饉――史上最も悲惨で破壊的な人災1958-1962』草思社　＊初刊2011

唐亮（1997）『現代中国の党政関係』慶應義塾大学出版会

徳田教之（1977）『毛沢東主義の政治力学』慶應通信

内藤理佳（2014）『ポルトガルがマカオに残した記憶と遺産――「マカエンセ」という人々』上智大学出版

内藤理佳（2017）『マカエンセ文学への誘い――ポルトガル人子孫によるマカオ二十世紀文

学』上智大学出版

中兼和津次（2012）『開発経済学と現代中国』名古屋大学出版会

中村元哉（2018）『中国，香港，台湾におけるリベラリズムの系譜』有志舎

中村元哉編（2018）『憲政から見た現代中国』東京大学出版会

沼崎一郎（2014）『台湾社会の形成と変容——二元・二層構造から多元・多層構造へ』東北大学出版会

波多野澄雄・中村元哉編（2018）『日中戦争はなぜ起きたのか——近代化をめぐる共鳴と衝突』中央公論新社

波多野澄雄・中村元哉編（2020）『日中の「戦後」とは何であったか——戦後処理，友好と離反，歴史の記憶』中央公論新社

深串徹（2019）『戦後台湾における対日関係の公的記憶——1945-1970s』国際書院

深町英夫編（2015）『中国議会 100 年史——誰が誰を代表してきたのか』東京大学出版会

福田円（2013）『中国外交と台湾——「一つの中国」原則の起源』慶應義塾大学出版会

歩平編〔高原明生監訳〕（2009）『中日関係史——1978-2008』東京大学出版会

益尾知佐子・青山瑠妙・三船恵美・趙宏偉（2017）『中国外交史』東京大学出版会

マックファーカー，ロデリック／チーク，ティモシー／ウー，ユージン編〔徳田教之ほか訳〕（1992-1993）『毛沢東の秘められた講話』（上下）岩波書店

松田康博（2006）『台湾における一党独裁体制の成立』慶應義塾大学出版会

丸田孝志（2013）『革命の儀礼——中国共産党根拠地の政治動員と民俗』汲古書院

丸山昇（2001）『文化大革命に到る道——思想政策と知識人群像』岩波書店

水羽信男（2007）『中国近代のリベラリズム』東方書店

ミッター，ラナ〔関智英監訳・濱野大道訳〕（2022）『中国の「よい戦争」——甦る抗日戦争の記憶と新たなナショナリズム』みすず書房

毛里和子（2012）『現代中国政治〔第 3 版〕——グローバル・パワーの肖像』名古屋大学出版会

毛里和子・中兼和津次・西村成雄・天児慧・菱田雅晴・小島麗逸・田中恭子編（2000-2001）『現代中国の構造変動』（全 8 巻）東京大学出版会

山口信治（2021）『毛沢東の強国化戦略 1949-1976』慶応義塾大学出版会

吉澤誠一郎（2003）『愛国主義の創成——ナショナリズムから近代中国をみる』岩波書店

吉見崇（2020）『中国司法の政治史 1928-1949』東京大学出版会

若林正丈（1992）『台湾——分裂国家と民主化』東京大学出版会

若林正丈（2021）『台湾の政治——中華民国台湾化の戦後史〔増補新装版〕』東京大学出版会

中華圏を知るための年表

年	中華圏	世界・日本
1901	1.29 変法を約束する上諭（光緒新政） 7. 総理各国事務衙門廃止，外務部創設 9.7 北京議定書（辛丑条約）調印 11.7 北洋通商大臣の李鴻章死去，袁世凱後継者に	3.23 フィリピン，アギナルド降伏
1902	2.8 梁啓超，横浜で『新民叢報』創刊 9.5 中英通商条約（マッケイ条約）締結，のちに日・米間とも同様の条約を締結 9. 上海商業会議公所設立（のちの上海総商会）	1.30 日英同盟締結
1903	4.8 ロシア軍が東北より撤兵せず→拒俄（ロシア拒絶）運動 6.29 『蘇報』事件，章炳麟ら逮捕 12.4 練兵処設置，袁世凱新軍掌握	10.15 幸徳秋水・堺利彦ら平民社設立 11.2 パナマ独立，11.18 アメリカ，運河地帯租借（04.2.29 工事開始） 12.13 イギリス軍，チベット侵入（04.9.7 ラサ条約）
1904	2.12 清朝，日露戦争に対し局外中立宣言 2.15 黄興・宋教仁ら長沙で華興会結成 3.11 『東方雑誌』創刊 10. 蔡元培・章炳麟ら上海で光復会結成	2.8 日露戦争勃発（10 対露宣戦布告） 4.8 英仏協約 5. ベトナムで維新会設立 8.22 第1次日韓協約調印
1905	5-8. 移民問題で対米ボイコット運動 8.20 孫文ら東京で中国同盟会結成 9.2 科挙廃止の上諭（翌年より） 12.22 日清条約（ロシア権益の譲渡など）	1.22 ロシア，「血の日曜日」→第1次革命 9.5 日露ポーツマス条約 10.8 シベリア横断鉄道開通 11.2 清国留学生取締規則公布
1906	9.1 立憲準備布告 12.4 中国同盟会，萍郷などで蜂起失敗 12.16 張謇ら上海で預備立憲公会結成	11.26 南満洲鉄道設立 12.26 インド国民会議派，スワラージ（自治）要求
1907	4.20 満洲の省制施行（→東三省） 10.19 諮議局設置の上諭 ＊中国同盟会の反清蜂起相継ぐ	6. 韓国皇帝，ハーグ密使事件 7.30 第1次日露協約 8.31 英露協商
1908	2.5 第二辰九事件→対日ボイコット運動 9.22 欽定憲法大綱公布 11.14 光緒帝死去，宣統帝（溥儀）即位 11.15 西太后死去	7.23 青年トルコ党革命
1909	1.2 袁世凱，軍機大臣罷免 2.17 各省に諮議局設置を命令 12. 国会請願同志会結成（上海）	3. シャムでイギリスの治外法権撤廃 4.14 アングロ・ペルシア石油会社設立 10.26 伊藤博文暗殺 12.8 アメリカ，日露に満洲鉄道中立化提案
1910	1.24 諮議局代表からなる国会早期開設同志会結成	5.25 大逆事件の検挙開始

年	中華圏	世界・日本
	4.13-15 長沙で米騒動 10.3 資政院開設 11.4 清朝，3年後の国会召集宣布	7.4 第2次日露協約 8.22 韓国併合 8.28 第2インターナショナル，コペンハーゲン大会 11.10 イギリス・ドイツ・フランス・アメリカの四国借款団→対中国鉄道投資
1911	4.27 中国同盟会，広州で蜂起（黄花崗事件） 5.9 幹線鉄道国有化の方針発表→保路運動 10.10 武昌で新軍蜂起→辛亥革命 12.1 外モンゴル独立宣言	2.21 日米通商航海条約改正→関税自主権確立 7-11. 独仏第2次モロッコ事件 9.14 ストルイピン狙撃
1912	1.1 中華民国臨時政府，南京で成立，孫文，臨時大総統就任 2.12 宣統帝退位→清朝滅亡 3.10 袁世凱，北京で臨時大総統就任 3.11 中華民国臨時約法（旧約法）公布 8.25 宋教仁ら，中国同盟会など諸党派で国民党結成（のちの中国国民党とは別組織）	1. 第1次満蒙独立運動 5.5 ロシア，『プラウダ』創刊 7.8 第3次日露協約 7.30 明治天皇死去，大正天皇（嘉仁）即位 10-12. 第1次バルカン戦争
1913	3.20 梁啓超ら進歩党結成 7.12 李烈鈞，江西で挙兵（第二革命） 10.6 袁世凱，国会で大総統に選出 11.4 袁世凱，国民党を解散 11.5 中露，外モンゴルの自治承認	5.2 アメリカ，中華民国承認 5.19 カリフォルニア州議会，排日土地法制定 6-8. 第2次バルカン戦争
1914	1.10 袁世凱，国会解散 5.1 袁世凱，中華民国約法（新約法）公布 7.8 孫文，東京で中華革命党結成 8.6 中国，第一次世界大戦に局外中立を宣言	6.28 サラエボ事件 7.28 第一次世界大戦勃発 8.15 パナマ運河開通 9.2 日本軍，山東省に侵入，ドイツ軍を攻撃 12.18 イギリス，エジプトを保護国化
1915	1.18 日本，対華21カ条要求→反日運動展開 5.9 中国政府，対華21カ条要求受諾 9.15 陳独秀，『青年雑誌』創刊（翌年，『新青年』と改称） 12.12 袁世凱，皇帝即位を承諾 12.25 唐継堯・蔡鍔ら雲南で護国軍組織（第三革命）	4.22 ドイツ軍，初めて毒ガス使用
1916	3.22 袁世凱，帝政取消し 6.6 袁世凱死去，黎元洪が大総統，段祺瑞が総理に 6.29 旧約法復活，国会召集	4.24 アイルランド，イースター蜂起 7.2 レーニン，『帝国主義論』脱稿 7.3 第4次日露協約
1917	1.20 西原借款 7.1 張勲，清朝復辟（12 失敗） 8.14 中国政府，対独墺宣戦 9.10 広州で中華民国軍政府成立（孫文が大元帥に）	2.1 ドイツ，無制限潜水艦作戦を宣言 3. ロシア，二月革命 4.6 アメリカ，対独宣戦 11.2 石井・ランシング協定 11. ロシア，十月革命
1918	5.5 在日留学生，日中軍事協定反対の救国団結成 5.16 日中陸軍共同防敵軍事協定調印	1.8 ウイルソン米大統領，「14カ条」を提起

年	中華圏	世界・日本
	8.12 北京で新国会（段祺瑞ら安福系支配）召集 11.15 李大釗が「Bolshevism の勝利」発表	8.2 日本，シベリア出兵宣言 8-9. 日本，米騒動 11.11 第一次世界大戦終結
1919	2.20 南北和平会談（上海）→決裂 5.4 北京で反日運動開始（五・四運動） 6.28 北京政府，ベルサイユ条約不調印を表明 7.25 ソ連，第 1 次対華カラハン宣言 10.10 孫文，中華革命党を改組，中国国民党結成	1.18 パリ講和会議 3.1 朝鮮三・一独立運動 3.2-6 コミンテルン創立大会 6.28 ベルサイユ条約調印
1920	7.14-20 安直戦争（安徽派没落）	1.10 国際連盟発足 3.19 アメリカ上院，ベルサイユ条約批 　　准を否決
1921	1.28 日中陸軍共同防敵軍事協定廃棄 5.5 広州で護法政府成立（孫文が非常大総統に） 7. 下旬 中国共産党創立大会 12.4 魯迅「阿Q正伝」の連載開始	7.11 外モンゴル人民革命政府成立 11.12 ワシントン会議開催（-22.2.6）
1922	2.4 山東懸案解決に関する日中条約調印 4.28-6.17 第 1 次奉直戦争（直隷派勝利） 5.1 広州で第 1 回全国労働大会 6.16 陳炯明反乱→孫文の護法政府崩壊 　＊このころ湖南などで聯省自治運動盛り上がり	2.6 中国に関する九カ国条約，海軍軍縮 　　条約など調印 6.24 日本，シベリア撤兵宣言 10.29 イタリア，ムッソリーニ首相に 11.1 トルコ，スルタン制廃止（オスマ 　　ン帝国滅亡） 12.30 ソビエト社会主義共和国連邦成立
1923	1.26 孫文・ヨッフェ共同宣言 2.7 呉佩孚，労働運動弾圧（二・七惨案） 2- 旅順・大連回収運動（対日ボイコット） 3. 孫文，広州で軍政府を再組織 6.12-20 共産党第 3 回全国代表大会，国民党と党内合作 　　決定 10.5 曹錕，賄選で大総統に	1.11 ルール出兵（-24.9.） 9.1 関東大震災 11.8 ヒトラー，ミュンヘン一揆
1924	1.20-30 国民党第 1 回全国代表大会，第 1 次国共合作 6.16 陸軍軍官学校（黄埔軍官学校）設立（蔣介石が校 　　長に） 9.15-11.3 第 2 次奉直戦争（直隷派敗北） 11.10 孫文，北上宣言，国民会議運動拡大 12.13 胡適ら『現代評論』創刊（北京）	1. 日本，第 1 次護憲運動 2.1 イギリス，ソ連承認 5.26 アメリカ，新移民法成立
1925	3.12 孫文，北京で死去 5.30 上海で反帝運動開始（6. 広東香港スト） 7.1 広州の軍政府，国民政府に改組 11.22 郭松齢，張作霖（奉天派）に反旗（12.25 敗死）	1.20 日ソ基本条約調印 3.19 日本，治安維持法成立 3.29 日本，普通選挙法成立 7.1 太平洋問題調査会創立大会 12.1 ロカルノ条約本調印
1926	1.1-19 国民党第 2 回全国代表大会（広州） 3.18 北京政府がデモ隊弾圧（三・一八惨案） 7.1 国民革命軍，北伐開始 11.28 国民政府，武漢へ移転	5.3-12 イギリス，大ゼネスト 10.19-11.23 イギリス帝国会議開催，バ 　　ルフォア宣言採択 12.25 大正天皇死去，昭和天皇（裕仁）

年	中華圏	世界・日本
		即位 12.26 イギリス，対華新政策発表
1927	1.5 国民革命軍，漢口英租界回収 3.24 国民革命軍，南京で列強と衝突（南京事件） 4.12 上海で四・一二クーデター 4.18 蔣介石ら国民党内反共派，南京に国民政府樹立 7.15 国民政府（武漢），共産党と分離し，国民政府（南京）に合流 8.1 共産党，南昌蜂起 10. 毛沢東ら井崗山を根拠地に 12.11-13 広州コミューン	3.14 日本，金融恐慌 5.28 日本，第1次山東出兵 6.27 東方会議（東京）
1928	3.10 聞一多ら『新月』創刊（上海） 4.7 国民革命軍，第2次北伐開始 6.4 張作霖爆殺事件 6.8 国民革命軍，北京入城（北京政府終焉） 6.18-7.11 共産党第6回全国代表大会（モスクワ） 7.25 中米関税条約調印 10. 国民政府，訓政実施（蔣介石が主席に） 12.29 張学良，東北易幟（制度上の全国統一）	5.3 第2次山東出兵の日本軍，国民革命軍と衝突（済南事変） 7.17-9.1 コミンテルン第6回大会 8.27 不戦条約調印（パリ）
1929	1.1-25 国軍編遣会議 3.25 広西派，反蔣戦開始するも敗退 7.10-12.22 中東鉄道をめぐり中ソ紛争 9-12. 広西派・西北軍反蔣戦争	1. トロツキーらソ連から国外追放 10.24 世界大恐慌開始
1930	5-11. 山西派等諸派，蔣介石と開戦（中原大戦） 5.6 日中関税協定調印 7.27 共産党軍，長沙占領 10.29 国民党軍，共産党軍根拠地への攻撃開始	4.22 ロンドン海軍軍縮条約 10.27 台湾，霧社事件
1931	5.5 国民会議開催，中華民国訓政時期約法採択 5.28 広州で反蔣派の政権成立 7.2 中朝農民の衝突事件（万宝山事件） 9.18 日本軍，東北侵略開始（柳条湖事件）→満洲事変 11.7 中華ソビエト共和国臨時中央政府成立（瑞金）	5. ヨーロッパ，金融恐慌が深刻化 6.20 フーバー・モラトリアム 9.21 イギリス，金本位制廃止
1932	1.1 国民政府，孫科を行政院院長に選出（-1.28） 1.28 日本軍，上海に侵攻（第1次上海事変） 3.1 満洲国成立 5.22 胡適ら『独立評論』創刊（北平） 12.12 中ソ国交回復	1.7 アメリカ，満洲事変に関し「不承認主義」表明 5.15 日本，五・一五事件 6.16-7.9 ローザンヌ会議でドイツの賠償総額削減 7.21-8.20 英帝国経済会議 10.1 満洲事変に関するリットン報告書公表 12.11 イギリス・アメリカ・フランス・イタリア，ドイツの軍備平等権承認
1933	2-. 日本軍，熱河・河北方面に侵攻 4.6 国民政府，廃両改元を実施 5.31 塘沽停戦協定	1.30 ドイツ，ヒトラー内閣成立 3.9 アメリカ議会，ニューディール諸法可決

年	中華圏	世界・日本
	10.17 国民政府，共産党軍を包囲攻撃（-34.10.14） 11.20 中華共和国，福州に成立（福建事変，-34.1.13）	3.27 日本，国際連盟脱退 10.14 ドイツ，軍縮会議・国際連盟脱退を通告 11.16 ローズベルト米大統領，ソ連承認
1934	2.19 蔣介石，新生活運動を提唱 7.1 北平・奉天間直通列車運行の協議成立 10.10 共産党，瑞金放棄，長征へ	1.26 ドイツ・ポーランド，不可侵条約調印 4.17 日本，天羽声明 6.19 アメリカ，銀買上法（→中国銀恐慌） 9.18 ソ連，国際連盟加入
1935	1.15 共産党，遵義会議 6.10 梅津・何応欽協定，27 土肥原・秦徳純協定 8.1 共産党駐モスクワ代表部，八・一救国宣言 11.1 汪精衛行政院院長狙撃事件 11.3 幣制改革緊急令公布（銀貨の使用を禁止し，法幣にかえる） 11.25 冀東防共自治委員会（冀東政府）成立 12.9 北平で反日学生運動（一二・九運動） 12.11 冀察政務委員会成立	7.25-8.20 コミンテルン第7回大会 8.31 アメリカ，中立法制定 10.3 イタリア，エチオピア侵略戦争開始（-36.5.） 10.7 広田弘毅外務大臣，対華三原則提示
1936	5.5 中華民国憲法草案（五五憲草）公布 5.13 内モンゴルの徳王，日本の支援で蒙古軍政府樹立 5.31 全国各界救国聯合会成立 6.9 陳済棠・李宗仁ら北上抗日を唱えて反蔣の挙兵（両広事変） 11.13-23 綏遠事変 12.12 西安事変	2.26 日本，二・二六事件 3.7 ドイツ，ロカルノ条約破棄を宣言，ラインラントに進駐 7.17 スペイン，内戦開始 11.25 日独防共協定調印
1937	7.7 盧溝橋事件 8.13 日本軍，上海を攻撃（第2次上海事変） 8.21 中ソ不可侵条約締結 8.22 共産党軍を国民革命軍に編成→八路軍，新四軍が成立 9.23 第2次国共合作が正式に成立 10.30 国民政府，重慶遷都・抗戦継続を表明 12.13 日本軍が南京を占領，中国軍民を多数虐殺（南京虐殺事件） 12.14 北京で中華民国臨時政府成立	2-5. 日本，佐藤尚武外務大臣就任（佐藤外交） 10. 日本，国民精神総動員政策開始 10.5 ローズベルト米大統領，侵略国への「隔離」を演説 11.3-24 ブリュッセル会議 11.5 駐華独大使トラウトマン，和平工作開始 11.6 イタリア，日独防共協定に参加 12.11 イタリア，国際連盟脱退
1938	2.7 中ソ軍事航空協定調印 3.28 南京で中華民国維新政府成立 3.29-4.1 国民党臨時全国大代表会（武漢） 10.21 広州陥落，27 武漢陥落 11. 中国支援のビルマ・ルート完成 12.29 汪精衛，重慶からハノイに脱出し，対日和平通電（艶電）	1.16 近衛文麿首相，「国民政府を対手とせず」と声明（第1次近衛声明） 3.13 ドイツ，オーストリア併合 4.1 日本，国家総動員法公布 7.29-8.10 日ソ間で張鼓峰事件 9.20 ミュンヘン協定
1939	3.11 国民政府，国民精神総動員綱領公布 6.30 国民政府，異党活動制限規定公布 9.1 張家口で蒙古聯合自治政府成立	3.15 ドイツ，チェコスロバキア解体 5.11 ノモンハン事件 7.26 アメリカ，日米通商航海条約の廃

年	中華圏	世界・日本
	9.9-18 国民参政会，憲政実行を決議 12. 国民政府軍，山西省で共産党軍を攻撃	棄を予告（40.1. 失効） 8.23 独ソ不可侵条約 9.1 ドイツがポーランドに侵入，第二次 世界大戦開始
1940	1.15 毛沢東，「新民主主義論」発表 3.30 汪精衛，南京で政権樹立（汪政権） 8.20-12.5 百団大戦 11.30 日本と汪政権，日華基本条約締結	6.14 ドイツ，パリ占領 9.23 日本，北部仏印進駐 9.27 日独伊三国軍事同盟成立
1941	1.6-13 国民政府軍，安徽省南部で新四軍を攻撃（皖南 事変） 4.17 アメリカの対華軍事援助開始 10.10 中国民主政団同盟結成 12.9 国民政府（重慶），対日独伊宣戦布告	1.6 ローズベルト米大統領，「4つの自 由」に関する演説 4.13 日ソ中立条約調印 4.25 中国・イギリス・アメリカで法幣 安定基金成立 6.22 ドイツ，ソ連侵攻 7.25 アメリカ，日本の在米資産凍結 7.28 日本，南部仏印進駐 8.14 大西洋憲章発表 12.8 太平洋戦争開始
1942	2.1 共産党，整風運動開始 3.4 アメリカ軍のスティルウェル将軍，連合国中国戦区 参謀長就任（司令官は蔣介石） 5.2-23 毛沢東，「文芸講話」発表 6.2 中米武器貸与協定	1.1 連合軍26カ国，連合国共同宣言調 印 11-. スターリングラード攻防戦（-43.2.）
1943	1.9 汪政権，日本と租界返還などの日華協定締結（10. 30 日華同盟条約） 1.11 イギリス・アメリカ，対華不平等条約撤廃 9.8 国民党第5期11中全会，戦後1年以内の憲法制定 決議 9.10 蔣介石，国民政府（重慶）主席就任	5.15 コミンテルン解散 9.8 イタリア降伏 11.5 大東亜会議（東京） 11.27 アメリカ・イギリス・中国，カイ ロ宣言に署名 11.28-12.1 ローズベルト・チャーチル・ スターリン，テヘラン会談
1944	1.24 日本軍の大陸打通作戦 7.22 アメリカ軍事使節団，延安訪問 9.6 アメリカ大統領特使のハーレイ来華，国共調停企図 9.19 中国民主政団同盟が中国民主同盟に改組 10.18 スティルウェル解任	6.6 アメリカ・イギリス軍，ノルマンデ ィ上陸 6.15 アメリカ軍，サイパン上陸 8.25 連合軍，パリ解放
1945	4.23-6.11 共産党第7回全国代表大会 5.5-21 国民党第6回全国代表大会 8.14 国民政府（重慶），中ソ友好同盟条約調印 9.9 連合国中国戦区陸軍総司令官の何応欽，在華日本軍 の降伏受理 10.10 国共間の「双十」協定 10.25 台北で日本の受降式典，国民政府による台湾統治 開始 11.27 アメリカ，特使マーシャル派遣（-47.1.）	2.4-11 アメリカ・イギリス・ソ連，ヤ ルタ会談 5.7 ドイツ，無条件降伏 7.26 ポツダム宣言 8.6/9 広島／長崎に原爆投下 8.8 ソ連，対日宣戦布告（9 侵攻開始） 8.14 日本，無条件降伏を通告（15 天皇， ラジオ放送） 9.2 ベトナム民主共和国成立 10.24 国際連合成立 11.20 ニュルンベルク国際軍事法廷開廷

年	中華圏	世界・日本
		(-46.10.1)
		12.16 アメリカ・イギリス・ソ連，モスクワ3国外相会議
		12.27 ブレトン・ウッズ協定
1946	1.10 国共停戦協定成立	3.5 チャーチル，フルトン演説
	1.10-31 政治協商会議（重慶）	5.3 極東国際軍事法廷（東京裁判）開廷
	5.1 国民政府，重慶から南京へ還都	(-48.11.12)
	6-. 国共内戦が全面化	10.1 ニュンベルク裁判判決
	9.1 儲安平，『観察』創刊（上海）	11.3 日本国憲法公布
	11.4 中米友好通商航海条約調印	12.19 インドシナ戦争開始（-54.7.）
	11.15-12.25 憲法制定のための国民大会（南京）	
1947	1.1 中華民国憲法公布（12.25 施行）	3.12 アメリカ，トルーマン・ドクトリン発表
	2.28［台湾］二・二八事件	6.5 アメリカ，マーシャル・プラン発表
	3. 延安一時陥落	8.14-15 パキスタン・インド，分離独立
	5.20 南京・上海などで反内戦・反飢餓運動	10.5 コミンフォルム設立
	9.12 中国人民解放軍総反攻宣言	10.30 関税と貿易に関する一般協定
	10.10 共産党，中国土地法大綱公布	（GATT）調印
	11.21-23 国民大会代表の直接選挙	
	12.26 監察委員の間接選挙	
1948	1.1 中国国民党革命委員会結成（香港）	4.11 ベルリン封鎖（-49.5.12）
	1.21 立法委員の直接選挙	5.15 第1次中東紛争
	3.29 憲政実施にともなう第1回国民大会が開幕(南京)，4.19 蔣介石を総統に選出（5.20 就任）	8.15/9.9 大韓民国／朝鮮民主主義人民共和国成立
	5.10 反乱鎮定時期臨時条項（動員戡乱時期臨時条款）公布	11.12 東京裁判，A級戦犯に判決
	5.20 蔣介石・李宗仁，中華民国総統・副総統に就任（国民政府，中華民国政府に改組・改称）	12.10 国連総会，世界人権宣言採択
	9.26 華北人民政府成立（董必武主席）	
	9-. 遼瀋・淮海・平津戦役（三大戦役〔-49.1.〕）	
1949	1.21 蔣介石，総統辞任（李宗仁が総統代理）	1.25 コメコン（COMECON）成立
	7.1 毛沢東，「人民民主独裁を論ず」発表	4.4 北大西洋条約機構（NATO）成立
	8.5 アメリカ国務省，『中国白書』発表	9.7/10.7 ドイツ連邦共和国／ドイツ民主共和国成立
	9.21-30 中国人民政治協商会議第1期全体会議開催	9.25 ソ連，原爆実験成功を発表
	10.1 中華人民共和国（政府）成立宣言	10.2 ソ連，中華人民共和国承認
	12.8 中華民国（政府），台北遷都を決議	12.30 インド，中華人民共和国承認
1950	2.14 中ソ友好同盟相互援助条約調印（モスクワ）	1.5 トルーマン米大統領，台湾不介入を声明
	5.1 婚姻法公布	1.6 イギリス，中華人民共和国承認
	6.30 土地改革法公布	6.25 朝鮮戦争勃発
	8-.［台湾］国民党の改造（-52.10.）	6.27 トルーマン米大統領，第7艦隊の台湾海峡派遣を発表
	10.8 共産党，中国人民志願軍の朝鮮出動決定	9.15 国連軍，仁川上陸
1951	2.21 反革命処罰条例公布	5.2 イラン，石油国有化
	5.18 国連総会，対中・北朝鮮戦略物資禁輸決議	7.10-8.23 朝鮮休戦会談
	10.26 中国人民解放軍，ラサ進駐	9.1 太平洋安全保障（ANZUS）条約調

年	中華圏	世界・日本
	12.8 三反運動開始 12.15 共産党中央, 農業生産の互助・協同化に関する決議（草案）公布	印 9.8 サンフランシスコ対日講和条約・日米安保条約調印
1952	2. 五反運動 6.1 第1回日中民間貿易協定調印 9.15 中ソ両国, 中国長春鉄道返還などの協定調印	4.28 日華平和条約調印 5.27 西ヨーロッパ6カ国, 欧州防衛協同体（EDC）条約調印 7.23 エジプト, ナセル政変 9.8 第1回世界著作権会議 11.1 アメリカ, 水爆実験成功
1953	2.15 共産党中央, 急速な農業協同化を修正 4. 毛沢東,「ソ連に学べ」運動指示 8. 毛沢東,「過渡期の総路線」指示 9.16 毛沢東, 梁漱溟を批判 9.28 中ソ経済技術援助協定調印 12.16 共産党中央, 農業生産協同組合の発展に関する決議採択	1.27 アメリカのダレス国務長官, 対ソ巻き返し政策表明 3.5 ソ連, スターリン死去 7.27 朝鮮休戦協定調印 8.8 ソ連, 水爆保有声明 10.1 米韓相互防衛条約調印
1954	2.6-10 共産党第7期4中全会, 高崗・饒漱石を除名 6.28 周恩来・ネルー会談, 平和5原則声明 9.3 中国人民解放軍, 金門・馬祖両島を砲撃（第1次台湾海峡危機） 9.15-28 第1期全国人大第1回会議, 中華人民共和国憲法を採択・公布 12.2 [台湾] 米華相互防衛条約調印	7.20 インドシナ停戦協定 9.6 東南アジア条約機構創設 10.23 西ドイツ主権回復 11.1 アルジェリア反仏戦争開始（-62.3.)
1955	5.13 胡風批判開始 5.25 ソ連軍の旅順撤退に関する中ソ共同声明 7.5-30 第1期全国人大第2回会議, 第1次5カ年計画決議 7.31 毛沢東,「農業協同化の問題について」演説 8.1 ジュネーブ, 第1回中米会談	1.29 アメリカ議会, 台湾防衛決議 4.18-24 バンドン会議 5.14 ワルシャワ条約締結 7.18 アメリカ・イギリス・フランス・ソ連, 首脳会談（ジュネーブ）
1956	1.4 中国・ソ連・モンゴル, 鉄道連絡に関し共同声明 4.5.『人民日報』論文「プロレタリアート独裁の歴史的経験について」 4.25 毛沢東,「十大関係論」演説 5.26 共産党,「百花斉放, 百家争鳴」呼びかけ 9.15-27 共産党第8回全国代表大会 10.9 [香港] 中華民国旗の撤去に端を発する暴動発生（九龍暴動）	2.14-25 ソ連共産党第20回大会, スターリン批判 4.17 コミンフォルム解散 10.19 日ソ共同宣言 10.24- ハンガリー事件 10.29 第2次中東戦争開始 12.18 日本, 国連加盟
1957	2.27 毛沢東,「人民内部の矛盾を正しく処理する問題について」演説（6.18発表） 6.1 儲安平, 共産党の「党天下」を批判 6.8『人民日報』社説「これはどうしたことか」→以後, 反右派闘争展開 10.15 中ソ国防新技術に関する協定調印 11.2-21 毛沢東ら中国政府代表団が訪ソ 11.17 毛沢東,「東風は西風を圧倒する」演説	3.25 欧州経済共同体（EEC）成立 8.26 ソ連, 大陸間弾道ミサイル（ICBM）実験成功 10.4 ソ連, 人工衛星スプートニク打ち上げ成功 11.14-16 社会主義12カ国共産党会議（モスクワ）

年	中華圏	世界・日本
1958	5.5-23 共産党第8期2中全会，「社会主義建設の総路線」提唱→「大躍進」政策 5.5 『人民日報』社説，ユーゴ修正主義批判 7.31-8.3 フルシチョフが北京を訪問，意見衝突 8.17-30 共産党政治局拡大会議（北戴河），人民公社の設立推進・鉄鋼増産を決議 8.23 中国人民解放軍，金門・馬祖両島を砲撃（第2次台湾海峡危機） 11.28-12.10 共産党第8期6中全会，人民公社政策の行き過ぎを是正	5.2 長崎で中国国旗事件（→日中交流断絶） 6.1 フランス，ド・ゴール内閣成立（12.21 大統領当選） 9.7 ソ連，フルシチョフが対米警告 10.23 ダレス・蔣介石共同声明，大陸反攻否定
1959	3.12-31 チベット動乱（→ダライ・ラマ14世亡命） 4.18-28 第2期全国人大第1回会議，毛沢東に代わり劉少奇を国家主席に選任 7.2-8.1 共産党中央政治局拡大会議（廬山） 8.2-16 共産党第8期8中全会，彭徳懐ら処分 8.25 中印国境で衝突開始 9.30-10.3 フルシチョフ訪中，対立表面化	1.1 キューバ，カストロ革命 1.27-2.5 ソ連共産党第21回大会，フルシチョフが平和共存を強調 6.20 ソ連，中ソ国防新技術協定破棄 9.27 米ソ首脳会談（キャンプ・デービッド），平和共存を確認
1960	4.22 『紅旗』論文「レーニン主義万歳」，ソ連の平和共存路線批判 9.17-22 中ソ党会議（モスクワ） 10.3 ［台湾］『自由中国』停刊	1.19 新日米安保条約調印 2.13 フランス，原爆実験成功 4.27 韓国，李承晩政権崩壊 7.16 ソ連，中国派遣専門家引き揚げ通告 12.14 経済協力開発機構（OECD）設立
1961	1.14-18 共産党第8期9中全会，調整政策を決定 1. 呉晗，『海瑞罷官』発表 7.11 金日成訪中，中朝友好協力相互援助条約調印 7. ［マカオ］賭博娯楽章程公布 ＊1959-61の餓死者は3000万から4500万人	5.16 韓国，軍事クーデター 7.6 ソ朝友好協力相互援助条約締結 9.1-6 第1回非同盟諸国会議（バンドン）
1962	4-. 新疆イリ地区住民の逃亡で中ソ国境紛争 9.24-27 共産党第8期10中全会，毛沢東が階級闘争継続論・農業基礎論を強調 10.20-11.22 中印国境紛争 11.9 日中総合貿易に関する覚書に調印（LT貿易開始）	2.8 アメリカ，ベトナム戦争軍事介入 7.3 アルジェリア独立 10.22-28 キューバ危機
1963	2.9 中国人民解放軍総政治部，「雷鋒に学べ」運動開始 4.12-5.16 劉少奇・陳毅ら東南アジア訪問 5.20 共産党中央，「前十条」公布，四清運動指示 6.14 共産党，ソ連と全面的イデオロギー論争に 9.10 共産党中央，「後十条」公布，農村の社会主義教育運動をめぐる攻防 10.7 周鴻慶事件	5.25 アフリカ統一機構成立 8.5 アメリカ・イギリス・ソ連，部分的核実験停止条約正式署名 11.22 ケネディ米大統領暗殺
1964	2.1 毛沢東，「解放軍に学べ」提唱 5. 中国人民解放軍総政治部，『毛主席語録』（毛沢東語録）発行 10.16 中国，原爆実験成功 12. 第3期全国人大第1回会議，周恩来が近代化を強調	1.27 フランス，中国と国交樹立 8.2 トンキン湾事件 10.10 東京オリンピック開催（-24） 10.15 ソ連，フルシチョフ失脚→ブレジネフがソ連共産党第一書記に

年	中華圏	世界・日本
1965	1.14 毛沢東,「23条」配布, 党内実権派批判 5-9. 中国人民解放軍内で羅瑞卿・林彪論争 11.10 『文匯報』姚文元論文→文化大革命開始	1.21 インドネシア, 国連脱退 2.7 アメリカ, 北ベトナム爆撃開始 3.29 ソ連の『プラウダ』, ベトナム問題で中ソ共同行動呼びかけ 6.22 日韓基本条約調印 9.6 第2次印パ戦争 9.30 インドネシア政変
1966	2.12 共産党中央,「二月綱要」発表 5.7 毛沢東,「五七指示」 5.16 共産党中央, 中央文革小組設置 8.1-12 共産党第8期11中全会,「プロレタリア文化大革命についての決定」 8.5 毛沢東の大字報「司令部を砲撃せよ」 8.18 毛沢東, 第1回の紅衛兵接見（100万人集会） 10.9-28 共産党中央工作会議, 劉少奇ら自己批判 12.3 ［マカオ］一二・三事件勃発	3.7 フランス, NATO軍事機構から脱退 12.23 ソ連共産党, ベトナム支援・毛沢東派非難など声明
1967	1.23 共産党中央, 軍の奪権闘争介入指示 2.5-24 上海コミューン 5. ［香港］造花工場での労働争議, 暴動に発展（六七暴動） 6.17 中国初の水爆実験成功 7.20-21 武漢事件 8.22 紅衛兵, イギリス代理大使館事務所を焼き討ち	6.5 第3次中東戦争勃発 7.1 欧州共同体（EC）成立 7.6 ナイジェリア内戦（-70.1.) 7.14 世界知的所有権機関（WIPO）設立条約調印 8.8 東南アジア諸国連合（ASEAN）結成
1968	3.6 LT貿易を日中覚書貿易に更新（MT貿易） 8.23 周恩来が演説, ソ連を社会帝国主義と規定 9.5 革命委員会, 全国各省・市・自治区で成立 11.27 中国外交部, 中米会談の翌年2月再開を提案 12.21 毛沢東, 紅衛兵の農村下放を指示	3.31 アメリカ, 北爆停止 8.20 チェコ事件 11.12 ブレジネフソ連共産党書記長, 制限主権論を主張
1969	3.2 中ソ国境紛争（珍宝島（ダマンスキー島）事件） 4.1-24 共産党第9回全国代表大会, 林彪を後継者と規定 7.8 中ソ国境紛争（ハバロフスク附近） 6-8. 中ソ国境紛争（新疆ウイグル自治区） 11.12 劉少奇死去	1.20 ニクソン米大統領就任 5.13 マレーシア人種暴動 7.20 アメリカ宇宙船, 月面着陸成功 7.25 ニクソン米大統領, グアム・ドクトリン発表 9.2 ベトナム, ホーチミン死去
1970	1.20 ワルシャワ中米会談再開 4.24 中国初の人工衛星打ち上げ 8.23-9.6 共産党第9期2中全会, 林彪の国家主席設置案が毛沢東の反対で挫折	3.14 大阪万博開催（-9.13) 4.30 アメリカ軍・南ベトナム政府軍, カンボジア侵攻 10.13 中国・カナダ国交樹立
1971	4-. 中国ピンポン外交 9.13 林彪死去, クーデター失敗による逃亡説が流布 10.25 国連総会, 中国代表権を認める決議	2.8 アメリカ軍・南ベトナム政府軍, ラオス侵攻 4.14 アメリカ, 対中貿易制限緩和などの新政策公表 6.17 日米沖縄返還協定調印（72.5.15 返還） 7.9-11 キッシンジャー米大統領補佐官, 秘密裏に訪中

年	中華圏	世界・日本
		7.16 ニクソン米大統領訪中予定発表 8.15 アメリカ，ドル・金交換停止（「ドル・ショック」） 12.3-17 第3次印パ戦争
1972	2.21-28 ニクソン米大統領，訪中 9.25-30 田中角栄首相，訪中→日中国交正常化 10.1 『人民日報』等共同社説，ソ連を非難	5.26 アメリカ・ソ連，SALT Ⅰに調印 7.7 日本，田中角栄内閣成立 12.21 東西ドイツ関係正常化
1973	4.12 鄧小平，副総理として公職復帰 8.24-28 共産党第10回全国代表大会	1.27 ベトナム和平協定（パリ） 10.6 第4次中東戦争開始→第1次石油ショック
1974	1-. 批林批孔運動（江青らの周恩来・鄧小平攻撃） 4.9 鄧小平の国連演説「三つの世界」論 11.10 李一哲の大字報	5.1 国連，新国際経済秩序（NIEO）決議 5.18 インド，核実験成功 8.8 ニクソン米大統領辞任
1975	1.13-17 第4期全国人大第1回会議，新憲法採択 4.5［台湾］蔣介石死去 8.14 毛沢東，『水滸伝』論評	4.30 サイゴン陥落（ベトナム戦争終結） 11.15-17 第1回サミット
1976	1.8 周恩来死去 2.3 華国鋒，首相代行就任 4.5 第1次天安門事件 4.7 共産党中央政治局会議，華国鋒の首相・党第一副主席就任，鄧小平の解任を決定 9.9 毛沢東死去 10.6 江青ら「四人組」逮捕	1.3 経済的・社会的及び文化的権利に関する国際規約（国際人権A規約）効力発生 1.18 シリア軍，レバノン内戦介入 3.14 エジプト，対ソ条約破棄 3.23 市民的及び政治的権利に関する国際規約（国際人権B規約）効力発生 5.14 印パ国交回復 7.2 ベトナム社会主義共和国成立（南北統一）
1977	4.15 『毛沢東選集』第5巻刊行 7.16-21 共産党第10期3中全会，鄧小平復活 8.12-18 共産党第11回全国代表大会，華国鋒，党主席就任，文革終結を宣言 11. 安徽省の一部に生産責任制導入	9.7 パナマ運河新条約調印 10. ベトナム・カンボジア紛争
1978	2.26-3.5 第5期全国人大第1回会議，国民経済発展10カ年計画要綱・新憲法採択 5.11『光明日報』，「実践は真理を検証する唯一の基準である」論文→「すべて派」批判 5.20［台湾］蔣経国，総統就任 8.12 日中平和友好条約調印 12.18-22 共産党第11期3中全会→鄧小平の改革路線	4. ベトナム華僑の大量帰国開始
1979	1.1 中米国交正常化 1.28-2.5 鄧小平副首相訪米 2.17 中国軍がベトナムへ侵攻，中越戦争（-3.18） 3.29 北京市当局，民主化運動を抑圧，魏京生を逮捕 4.3 中国，中ソ友好同盟相互援助条約廃棄をソ連に通告	1.10 ベトナム軍支援の下，カンボジア新政権成立 1-2. イラン，イスラム革命 4.19 靖国神社がA級戦犯を前年に合祀していたことが判明

年	中華圏	世界・日本
	（80.4.10 失効） 4.10 ［台湾］アメリカ，台湾関係法制定 12.5-6 大平正芳首相訪中，日中文化交流協定調印 12.6 北京「民主の壁」閉鎖 12.10 ［台湾］美麗島事件	4.26 在台米軍撤退完了 6.16-18 アメリカ・ソ連，SALT II に調印 7.19 ニカラグア革命成功 12.27 アフガニスタン政変→ソ連軍出兵
1980	2.23-29 共産党第 11 期 5 中全会，劉少奇の名誉回復，胡耀邦を党中央書記処総書記に選任 5.18 中国初の ICBM 実験成功 8.26 深圳・珠海・汕頭・厦門に経済特区設置 8.30-9.10 第 5 期全国人大第 3 回会議，趙紫陽を首相に選任	1.26 エジプト・イスラエル国交樹立 2.22 イラク・イラン戦争開始（-88.8.） 7.19 モスクワ・オリンピック開幕（アメリカ・日本など西側不参加） 8.14 ポーランド，「連帯」主導で大規模スト（グダニスク）
1981	1.25 「林彪・四人組」裁判判決 4.20 『解放軍報』に「苦恋」批判論文 6.27-29 共産党第 11 期 6 中全会，歴史決議を採択，胡耀邦を党主席（華国鋒は降格），鄧小平を党中央軍事委員会主席にそれぞれ選任 9.30 葉剣英全国人大常務委員長，台湾に統一提案 12.9-14 中印国境交渉再開	3.2-16 中国残留日本人孤児 47 名初来日 5.10 フランス，社会党のミッテラン大統領当選 10.6 エジプト，サダト暗殺 12.13 ポーランド戒厳令
1982	7.20 『人民日報』，日本の教科書検定批判 9.1-11 共産党第 12 回全国代表大会 9.12 共産党第 12 期 1 中全会，党主席廃止，胡耀邦，党総書記就任 10.4-21 中ソ外務次官級会談	3.24 ブレジネフソ連共産党書記長，対中タシケント提案 4-6. フォークランド紛争 6.25 日本，教科書検定で「侵略」を「進出」に書き直させていたのではないかと問題化 11.10 ブレジネフ死去，アンドロポフ，ソ連共産党書記長就任
1983	5.5 中国民航機乗っ取り事件→中・韓対話 6.6-21 第 6 期全国人大第 1 回会議，李先念を国家主席に選任 10.11-12 共産党第 12 期 2 中全会，整党決議 10-. 精神汚染反対キャンペーン	7-. スリランカ，タミール人独立派の武装闘争開始 9.1 大韓航空撃墜事件
1984	1.1 共産党中央，1984 年の農村政策の通知，土地請負 15 年間・土地請貸・農民転業承認 5.10 国務院，国営企業の自主権拡大に関する暫行規定公布 6.22 鄧小平，一国二制度提起 12.18 イギリスのサッチャー首相訪中，19「香港返還に関する中英共同声明」正式調印（97.7.1 の返還決定）	2.9 アンドロポフ死去，チェルネンコ，ソ連共産党書記長就任
1985	6. 全国の人民公社解体，郷鎮政府樹が完成 9.18 中曽根康弘首相の靖国神社参拝問題で反日デモ（北京）	3.10 チェルネンコ死去，ゴルバチョフ，ソ連共産党書記長就任 8.6 南太平洋非核地帯条約 8.15 中曽根康弘首相，靖国神社を公式参拝 9.22 プラザ合意
1986	4.12 義務教育法採択，民法通則公布	2.25 フィリピン，アキノ大統領就任（フ

年	中華圏	世界・日本
	9.28［台湾］民主進歩党結成 12.5 安徽省合肥で民主化要求の学生運動，以後各地に 12.30 共産党，鄧小平「旗幟鮮明にブルジョア自由化に 　反対せよ」を党内に伝達	ィリピン民主革命） 3.19 日本，第1次教科書訴訟の控訴審 　で原告敗訴 7.28 ゴルバチョフ，ウラジオストク演 　説で対中国関係改善呼びかけ 10.11-12 アメリカ・ソ連，レイキャビ 　ク会談 12.15 ベトナム，ドイモイ（刷新）政策 　採択
1987	1.16-22 共産党中央政治局拡大会議，胡耀邦の辞任承認， 　趙紫陽，党総書記代行就任 2.9 中ソ国境交渉，9年ぶり再開 4.13 中国・ポルトガル，マカオ返還に関する共同声明 　調印 7.15［台湾］戒厳令解除 9.27 ラサでチベット独立要求デモ 10.25-11.1 共産党第13回全国代表大会，政治体制改革， 　社会主義初級段階論提起	12.8 アメリカ・ソ連，中距離核戦力 　（INF）全廃条約調印
1988	1.13［台湾］蔣経国死去，李登輝副総統，総統に 10.26 銭其琛，中国外相として32年ぶり訪ソ	4.14 アフガニスタン和平協定調印（ジ 　ュネーブ） 8.20 イラン・イラク停戦
1989	1.6 方励之，鄧小平宛書簡で政治犯釈放要求 1.27［台湾］党禁解除 3.5 ラサで独立運動，8 ラサに戒厳令布告 4.15 胡耀邦死去，北京・上海等に胡耀邦追悼，民主化 　要求の運動 4.26『人民日報』，社説「旗幟鮮明に動乱に反対せよ」 5.15-18 ゴルバチョフ訪中，鄧小平と会談，中ソ関係正 　常化宣言 5.17 天安門広場で100万人の民主要求デモ 5.20 北京に戒厳令 6.4 戒厳軍，天安門広場に突入，学生・市民死傷多数 　（第2次天安門事件），各地で軍・警察介入で運動を 　鎮圧 6.23-24 共産党第13期4中全会，趙紫陽党総書記解任， 　江沢民就任 9.24 パリで民主中国陣線成立 10.11 呉学謙副首相，中国首脳として19年ぶりインド 　訪問 11.6-9 共産党第13期5中全会，鄧小平，党中央軍事委 　員会主席辞任，江沢民就任	1.7 昭和天皇死去，明仁皇太子即位 2.15 ソ連軍，アフガニスタン撤退完了 日本，消費税導入 6.4 ポーランド，上院で自由選挙 6.29 南アフリカ国民党，アパルトヘイ 　ト改革計画作成 7.14 パリで西側先進国サミット，中国 　非難・経済制裁決定 9.25 ベトナム軍，カンボジアから撤退 10.7 ハンガリー共産党，社会党に改組 11.9 ベルリンの壁崩壊 11.20 国連，子供の権利条約採択 12.2 マルタ米ソ首脳会談，冷戦終結を 　確認 12.20 アメリカ軍，パナマ侵攻 12.22 ルーマニア民主革命 12.28 チェコスロバキア，ドプチェク復 　権
1990	1.10 北京市の戒厳令の翌日解除を決定 2. 共産党，ゴルバチョフ改革批判の文書配付 4. 新疆各地で少数民族の騒乱，鎮圧される 4.23 李鵬，中国首相として26年ぶり訪ソ 6.25 方励之のイギリスへの出国を認める 8.8 中国・インドネシア，国交回復 9.22-10.7 北京でアジア競技大会開催	2.17 モンゴル，一党独裁放棄表明（3.2 　ソ連軍撤退合意） 3.11 リトアニア独立宣言 3.13-15 ソ連，憲法改正案採択，ゴルバ 　チョフを初代大統領に選任 8.2 イラク軍，クウェート侵攻（湾岸戦 　争勃発）

年	中華圏	世界・日本
	10.20 中国・韓国，貿易事務所開設で合意 12.19 上海に中華人民共和国初の証券取引所，正式開業	9.30 韓国・ソ連国交樹立 10.3 東西ドイツ統一
1991	1.26 王丹・包遵信らの民主化運動指導者に判決 5.1 [台湾] 反乱鎮定時期臨時条項（動員戡乱時期臨時条款）廃止 10.3-13 北朝鮮の金日成国家主席，中国訪問 10.17 『人民日報』評論員論文，「台湾独立」に警告 11.1 中国政府，『中国人権白書』発表 11.10 中越関係正常化宣言 12.16 海峡両岸関係協会発足，会長は汪道涵 12.21 [台湾] 国民大会代表選挙，民進党24%得票	1.17-4.11 アメリカ軍など多国籍軍，対イラク戦争 7.1 ワルシャワ条約機構解体 7.31 アメリカ・ソ連，戦略兵器削減条約（START）調印 8.19-21 ソ連保守派クーデター挫折→共産党解体へ 9.17 南北朝鮮，国連加盟 12.25 ゴルバチョフソ連大統領辞任→ソ連邦，消滅
1992	1.18 鄧小平「南巡」（-2.21），改革開放加速化 3.19 『人民日報』社論，留学生の帰国呼びかけ 4.6-10 江沢民共産党総書記，訪日 7.21 前共産党中央政治体制改革研究室主任の鮑彤に実刑判決（10. 釈放，渡米） 8.9 深圳の株式発行に約100万人殺到，騒乱に 10.7 [香港] パッテン総督，返還前の民主化促進表明 10.12-18 共産党第14回全国代表大会，社会主義市場経済提起 10.23-28 天皇（当時）訪中 12.19 [台湾] 44年ぶりの立法委員総選挙	1.1 国連事務総長にエジプト人のガリ就任 1.17 宮沢喜一首相，日韓首脳会談で従軍慰安婦問題を謝罪 1.28 ASEAN首脳会議，ASEAN自由貿易地域（AFTA）創設で合意 1.30 北朝鮮，IMF核査察協定調印 3.15 国連貿易開発会議（UNCTAD）活動開始 3-. ボスニア内戦 5.17-20 タイで民主化運動 6.3 地球環境サミット，リオデジャネイロで開催 6.15 日本，国連平和維持活動（PKO）協力法案成立 6.30 フィリピン，新大統領にラモス前国防相就任 8.24 中国・韓国，国交樹立 12.18 韓国，大統領選挙で金泳三当選
1993	2.17 第2次天安門事件で投獄されていた王丹ら仮釈放 2.23 [台湾] 連戦が台湾籍として初めて行政院長に就任 3.15 第8期全国人大第1回会議，憲法に社会主義市場経済を明記 7.15 中国国営企業，香港株式市場に初上場（青島ビール） 8.22 [台湾] 国民党から離脱したグループ，新党結成 12.20 公司法採択	1.1 欧州共同体（EC）市場統合 1.1 チェコとスロバキア分離 1.3 アメリカ・ロシア，STARTⅡ調印 1.19 ロシア・モンゴル友好協力条約調印 1.20 クリントン米大統領就任 3.12 北朝鮮，核拡散禁止条約（NPT）脱退宣言 3.16 日本の最高裁，第1次教科書訴訟で検定制度合憲の判断 8.4 日本，従軍慰安婦の調査結果を発表し謝罪（河野洋平官房長官の謝罪談話） 11.1 欧州連合（EU）発足 11. アジア太平洋経済協力（APEC），初の首脳会議（シアトル）
1994	1.1 外為レート一本化，外貨兌換券撤廃	4.1 対共産圏輸出統制委員会（COCOM）

年	中華圏	世界・日本
	8.23 愛国主義教育実施綱要公布 10.2［香港］民主党結成 12.3［台湾］台北市長選で民進党の陳水扁当選 12.14 三峡ダム着工 ＊この年, 小売物価上昇率, 1952 年以来最高の 21.7%。また, この年に愛国主義教育も始まる	解体 4.10 NATO 軍, ボスニア・ヘルツェゴヴィナ紛争で初の空爆実施 4.28 中国・モンゴル友好協力条約調印 5.26 アメリカ, 中国の人権問題と最恵国待遇供与の切り離し表明 6.13 北朝鮮, 国際原子力機関（IAEA）脱退発表 7.8 北朝鮮, 金日成死去 7.25 ASEAN 地域フォーラム（ARF）開始 9.7 アメリカ, 経済関係強化などの新台湾政策発表（9.13 中国が非難） 10.21 核問題で米朝枠組み合意
1995	5.17 中国, ダライ・ラマ 14 世によるパンチェン・ラマ後継者認定拒否（11.29 別人を認定） 6.7 台湾の李登輝総統の訪米（-12）にともない, 中国が駐米大使召還（-17） 8.17 この年 2 回目の核実験, 日本は無償援助圧縮で抗議 9.17［香港］復帰前最後の立法評議会選挙, 民主派圧勝 12.13 魏京生に政府転覆罪で 14 年の実刑判決	1.1 世界貿易機関（WTO）, GATT を継承して発足 1.17 日本, 阪神・淡路大震災 2.26 日本, 中国遺棄化学兵器調査団派遣（この年 3 回派遣） 3.20 日本, オウム真理教が営団地下鉄線で猛毒サリンを散布（地下鉄サリン事件） 6.12 北朝鮮, 軽水炉提供に関するアメリカとの交渉妥結 7.18 日本, アジア女性基金が成立（-07.3.31） 8.5 ベトナム, アメリカと国交樹立 8.15 日本, 戦後 50 年の村山富市首相談話
1996	3.8 中国軍, 台湾周辺で軍事演習（-25） 3.23［台湾］初の総統直接選挙で李登輝再選 4.26 上海ファイブ首脳会議（中国, ロシア, カザフスタン, キルギス, タジキスタン）開催 7.18 中国, 日本の政治結社が尖閣諸島に灯台を設置したことに抗議 7.29 この年 2 回目の核実験（通算 45 回目）後, 暫時停止表明 10.30 王丹に政府転覆罪で懲役 11 年の判決 12.11［香港］初代行政長官に董建華を選任	1.6 国連人権委員会, 従軍慰安婦問題で報告書提出 3.1-2 アジア欧州会議（ASEM）開始, ASEAN+3 だけの首脳会合も初めて実現 9.10 包括的核実験禁止条約（CTBT）への署名開始 10.11 OECD, 韓国加盟承認（アジアでは日本に次いで 2 番目の加盟） 11.27 南アフリカ, 台湾との断交と中国との国交樹立表明
1997	2.5 新疆でウイグル人の独立運動（7.22 容疑者 9 人処刑） 2.19 鄧小平死去 6.18 重慶市, 周辺地域を合併し中国第 4 の直轄市に 7.1 香港, 中国に返還（香港特別行政区） 8.19 アジア通貨危機の波及で香港の株価暴落 9.12 共産党第 15 回全国代表大会, 鄧小平理論を党規約に明記, 江沢民党総書記再任 9.24 日米防衛協力の新ガイドラインを批判	2.13-15 ASEM 第 1 回外相会議 8.11 IMF, 通貨危機のタイ向け金融支援協議開催（東京） 9.23 日米防衛協力のための指針（ガイドライン）合意 10.8 北朝鮮, 金正日, 朝鮮労働党総書記就任 11.8 北朝鮮日本人配偶者 15 人, 初の里帰り

年	中華圏	世界・日本
	10.25 経済的・社会的及び文化的権利に関する国際規約（国際人権A規約）に署名 10.29 米中共同声明，首脳間ホットライン設置で合意 11.16 民主活動家の魏京生，病気療養を名目に仮釈放，アメリカへ出国	12.1「ASEAN+6」の蔵相会合，IMF中心の新通貨危機支援の枠組み支持 12.11 京都議定書採択
1998	3.17 李鵬の後任として朱鎔基が首相就任 4.19 天安門民主化運動のリーダーの一人王丹，病気療養の名目で釈放，同日アメリカへ出国 5.24［香港］復帰後初の立法会選挙 6.10 文化大革命以来断絶の日中両国共産党，関係正常化合意 6.25 クリントン，第2次天安門事件後，アメリカ大統領として初訪中 10.5 市民的及び政治的権利に関する国際規約（国際人権B規約）に署名 10.14 海峡両岸関係協会会長と海峡交流基金会理事長の中台会談，5年ぶりに開催 11.25 江沢民国家主席，中国国家元首として初来日（-11.30） 12.5［台湾］台北市長選で国民党が4年ぶりに市政奪還	5.11 インド，24年ぶりの地下核実験実施 5- インドネシアで暴動，スハルト大統領辞任 6.7 北朝鮮赤十字，日本人配偶者の一時帰国の取消し発表 8.31 日本，北朝鮮の弾道ミサイル発射を公表 10.10 韓国，日本映画解禁 11.14-18 APEC閣僚会議・非公式首脳会議，ロシア，ペルー，ベトナムが参加して21カ国となる
1999	3.15 第9期全国人大第2回会議，鄧小平理論を憲法に明記 4.25 北京中心部で気功集団の法輪功，1万余人が合法化を求め座り込み 7.9［台湾］李登輝総統，中台関係を「国と国との関係」と発言（7.12 中国政府，発言を非難） 7.22 法輪功を非合法組織と認定，全国で幹部ら逮捕 11.15 中国・アメリカ，中国のWTO加盟で合意 12.20 ポルトガル領マカオ，中国に返還（初代特別行政区長官に何厚鏵）	3.24 NATO軍，ユーゴスラヴィアの軍事施設などを空爆（初の国連決議なしの空爆） 4.6 戦時強制連行の韓国人，損害賠償・謝罪要求の訴訟で日本鋼管と和解 5.7 NATO軍，ベオグラードの中国大使館を誤爆 6.10 NATO軍，空爆を停止し，コソヴォ紛争終結 8.30 東ティモールが住民投票でインドネシアからの独立決定（02.5. 独立） 12.1-3 日本の超党派国会議員団，北朝鮮訪問，国交正常化交渉の再開を促す
2000	1.5 チベットの活仏の一人であるカルパマ17世，ひそかにインドへ出国 2.21 武力統一の可能性を認める『台湾白書』発表 3.18［台湾］総統選挙で民進党の陳水扁当選 4.13 法輪功メンバー，天安門広場で弾圧抗議のデモ 6.4［香港］第2次天安門事件記念の4万人集会，中国各地でもハンスト 6.14 新疆ウイグル族自治区で「国家分裂罪」の5人処刑 9.10［香港］立法会選挙，民主派，過半数維持 9.13 黒龍江省で旧日本軍の遺棄化学兵器を処分	5.7 ロシア，プーチンが大統領に当選 6.13-14 韓国，金大中大統領，訪朝 7.27 ASEAN外相会議，地域フォーラムに北朝鮮が初参加 12.12 北朝鮮・イギリス，国交回復
2001	1.1 廈門と金門・馬祖島の間で「小三通」（通郵，通商，通航）開通 2.28 経済的・社会的及び文化的権利に関する国際規約	1.20 アメリカ，ブッシュ（子），大統領就任 2.27 アジア・フォーラム開催（ボアオ）

年	中華圏	世界・日本
	（国際人権 A 規約）を批准 4.1 中米両軍機が海南島附近上空で衝突 4.2 市場経済秩序整頓・規範化全国会議（-4） 6.15 上海協力機構（SCO）発足 7.1 江沢民国家主席，「三つの代表」思想と私営企業家の入党解禁表明 7.16 中露善隣友好協力条約締結 9.3 江沢民国家主席，北朝鮮を 11 年ぶりに訪問 12.11 中国，WTO に加盟	3.28 ブッシュ米政権，京都議定書から事実上の離脱表明 4.3 日本，「つくる会」の中学校歴史教科書，検定合格，その内容と採択の是非をめぐる論争，国内外で活発化 8.13 小泉純一郎首相，靖国神社参拝 9.11 アメリカ同時多発テロ 10.7 アメリカ，アフガニスタンで対テロ戦争開始 10.21 日本，対中円借款削減を通告 10.29 日本，テロ対策特別措置法成立
2002	1.1 ［台湾］WTO に正式加入 2. ［マカオ］カジノ経営権の独占を対外開放 4.4 李鵬全国人大常務委員長，小泉純一郎首相と会談（東京） 4.22-26 ［台湾］李登輝前総統来日 5.8 北朝鮮を脱出した一家 5 人，瀋陽の日本総領事館に駆け込むが，中国側が連行・拘束（22 マニラを経由して韓国へ） 8.2 ［台湾］企業や個人による中国への直接投資解禁 8.5 陳水扁総統の「一辺一国」論を批判 11.4 南シナ海行動宣言調印	5.31 日韓共催のワールドカップ開催 6.13 アメリカ，弾道弾迎撃ミサイル（ABM）制限条約から撤退（→同条約消滅，6.14 ロシア，START2 放棄） 7.9 アフリカ連合（AU）発足 9.17 小泉純一郎首相，訪朝 10.15 拉致被害者 5 名が北朝鮮より帰国 12.12 米朝枠組み合意に基づく北朝鮮への重油提供が中止
2003	3.15 第 10 期全国人大第 1 回会議，江沢民国家主席の後任に胡錦濤を選出　16 朱鎔基首相の後任に温家宝を選出 4.13 新型肺炎（SARS）を法定伝染病に指定（-7.28 SARS 終息宣言） 10.8 日中韓三国間協力の促進に関する共同宣言を発表，平和と繁栄のための戦略的パートナーシップに関する中国 ASEAN 共同宣言を採択，中国が東南アジア友好協力条約（TAC）に署名 10.15 有人宇宙船（神舟 5 号）の打ち上げ成功	1.10 北朝鮮，核拡散防止条約（NPT）から脱退 2.4 ユーゴスラヴィア連邦消滅 3.20 アメリカ，イギリス等とともにイラク攻撃開始 7.26 日本，イラク復興支援特別措置法成立 8.27 北朝鮮核問題で六者協議開始 10.23 イラク復興支援会議開催（マドリード） 11.4 北朝鮮での軽水炉建設事業を一時停止
2004	3.14 第 10 期全国人大第 2 回会議，憲法改正（「三つの代表」思想，私有財産制，人権の尊重と保障など） 3.20 ［台湾］陳水扁が国民党主席の連戦を破り総統に再選 3.24 釣魚島（尖閣諸島）に初めて中国人が上陸 9.19 共産党第 16 期 4 中全会，江沢民から胡錦濤に党中央軍事委員会主席交代 10.25 東シナ海等に関する第 1 回日中協議（北京） 11.21 胡錦濤国家主席，小泉純一郎首相と会談，靖国神社参拝の中止を要求（ラオス） 11.28 温家宝首相，第 8 回 ASEAN+3 首脳会議に出席 12.11 ［台湾］立法委員選挙で国民党ら野党連合，過半数を制す	1.27 日本，衆議院本会議で自衛隊イラク派遣の承認案件が審議入り（1.31 衆議院本会議で野党欠席のまま可決） 5.1 中欧・東欧 10 カ国が EU に加盟 5.22 小泉純一郎首相，再訪朝 6.18 欧州憲法草案採択 6.28 連合国暫定当局（CPA）が主権をイラク暫定政府に正式移譲 9.20 インドネシア，国民の直接投票によりユドヨノを大統領に選任
2005	1.17 趙紫陽死去	1.30 イラク，国民議会選挙の投票実施

年	中華圏	世界・日本
	1.29 中台直行チャーター便，広州から台北に到着 3.12 ［香港］董建華が行政長官辞任　→6.21 無投票で曾蔭権が行政長官に 3.14 第10期全国人大第3回会議，反国家分裂法採択 4.9 北京で反日デモ 4.14 WTO2004年次報告により，中国が日本を抜いてアジア最大の貿易国となったことが判明 4.29 国民党主席の連戦，中国大陸訪問，胡錦濤国家主席と会談，「台湾独立」反対等で合意 5.23 来日中の呉儀副首相，小泉純一郎首相との会談を中止して急遽帰国 7.21 人民元切り上げ 10.28-30 胡錦濤国家主席，北朝鮮訪問 12.14 温家宝首相，第1回東アジア・サミット首脳会議出席	2.16 京都議定書発効 3.16 島根県議会，竹島の日条例制定（6. 韓国の慶尚北道議会，毎年10月を独島の月とする） 7.5 日本，郵政民営化法案可決 12.14 ASEAN+3にオーストラリア・ニュージーランド・インドを加えて，東アジア共同体に向けての東アジア・サミット（EAS）開幕（クアラルンプール）
2006	1.1 農業税全廃 1.24 『氷点周刊』停刊処分 3.5-16 第10期全国人大第4回会議，第11次5カ年計画採択（「科学的発展観」及び「調和のとれた社会」など） 4.18 胡錦濤国家主席，初の訪米 5.9 国連人権理事会理事国に選出 6.1 ［台湾］国民党機関紙『中央日報』停刊 7.15 ［香港］曾蔭権行政長官，2012年以降の普通選挙化に言及 9.10 初の米中海軍合同演習実施 10.8-9 日本の安倍晋三首相が訪中，胡錦濤国家主席と戦略的互恵関係構築で一致 10.14 北朝鮮の核実験に対する国連安保理の非難決議に加わる 11.4 中国・アフリカ協力フォーラム開催（北京） ＊この年，胡錦濤・プーチン首脳会談が5度行われる	6.6 日本，延期中の2006年度対中円借款740億円の供与を決定 10.9 北朝鮮，核実験実施
2007	3.16 第10期全国人大第5回会議，物権法採択 4.11 温家宝首相，訪日（-13） 6.12 最高人民法院，商標権侵害問題で中国企業にヤマハ発動機への損害賠償を命じる 6.29 全国人大常務委員会，労働契約法可決 8.9 上海協力機構，対テロ合同軍事演習（ウルムチなど）（-17） 8.30 全国人大常務委員会，独占禁止法可決 9.30 ［台湾］民進党，正常国家決議文採決 10.22 共産党第17期1中全会，習近平らを政治局常務委員に選任 12.27 福田康夫首相，訪中	1.15 第2回東アジア・サミット開催（セブ） 7.31 アメリカ下院，慰安婦問題で日本に公式謝罪を求める
2008	1.12 ［台湾］立法委員選挙で民進党敗北 1.3 日本で中国製冷凍餃子の中毒事件報道 3.14 チベットのラサで当局が僧侶らを弾圧，衝突拡大 3.22 ［台湾］総統選挙で国民党の馬英九が当選	3.2 ロシア，メドヴェージェフ大統領当選 3.25 北京オリンピックの聖火リレー開始，リレー実施の世界各地で中国の

年	中華圏	世界・日本
	5.6 胡錦濤国家主席，訪日（-10） 5.12 四川大地震，死者・行方不明者は 8 万 7000 人，被災者は 4616 万人 6.1 ［台湾］漁船が尖閣諸島沖で日本の巡視艇と衝突して沈没 8.4 カシュガルで国境警備の武力警察に襲撃事件 8.8 北京オリンピック開幕（-24） 9.7 ［香港］立法会選挙，親中派が 37 議席，民主派が 23 議席 9.11 粉ミルクへのメラミン混入事件公表，死者 6 人を含む乳幼児 20 万 6000 人に被害 11.4 両岸の「三通」（空運・海運・郵便の直行）に関する取り決め調印，12.15から実現 12.9 劉暁波ら，民主化を求める「08 憲章」発表	チベット政策への抗議行動 6.18 日中両国，東シナ海の天然ガス共同開発合意 9.15 アメリカ，証券大手が経営破綻，世界金融危機（リーマン・ショック） 11.4 アメリカ，民主党のオバマが大統領当選 11.14 G20 首脳会議（主要 7 カ国に中，露，韓，印など参加）開会 11.25 タイで反政府デモ隊，空港占拠 12.13 初の日中間サミット，福岡で開催
2009	1.5 北京で新型インフルエンザ死者，以後，感染拡大 5.19 趙紫陽元共産党総書記の回想録が香港で出版 6.14 上海協力機構，ロシアで開催，エカテリンブルク宣言採択 7.5 新疆で大規模な反漢族暴動，広東で起きたウイグル人殴打事件（6.26）がきっかけ 8.31 中台間に定期直行便の運行開始 10.10 鳩山由紀夫首相，訪中 11.11 「独身の日」のショッピングイベント開始 11.15 オバマ米大統領，訪中 12.25 劉暁波に国家政権転覆扇動罪で懲役 11 年の判決	1.26 アイスランドの連立政権，経済危機の深化で崩壊 4.5 オバマ米大統領，チェコのプラハで核なき世界演説 4.11 タイの反政府デモで，ASEAN の会議混乱 5.9 新型インフルエンザ，日本でも初患者，感染拡大 5.23 韓国，盧武鉉前大統領自殺 6.1 米の自動車メーカー GM，経営破綻 8.30 日本，民主党が選挙に勝利し，政権交代（9.16） 12.1 EU の新しい基本条約（リスボン条約）発効
2010	1.31 日中歴史共同研究の成果，両国で発表 3.26 中国製餃子中毒事件の容疑者拘束を発表 5.1 上海万博開幕（-10.31） 5.21 台湾の電子部品メーカー富士康の深圳工場でこの年 10 人目の自殺者，過酷な労働条件が社会問題化 9.7 尖閣諸島沖で中国漁船が日本の巡視艇に衝突 10.8 劉暁波，ノーベル平和賞授賞決定 10 成都，西安などで反日デモ 10.28 習近平，共産党中央軍事委員会副主席に選任され，次期国家主席の有力候補となる	1.12 ネット検索事業のグーグル，検閲を受ける中国本土からの撤退検討を表明（3.22 香港に展開拠点を移動） 3.26 黄海で韓国の哨戒艦天安が爆発し沈没，北朝鮮関与か 5.2 IMF とユーロ圏，ギリシャの財政危機支援で合意 6.2 鳩山由紀夫首相が退陣表明，菅直人内閣発足（6.8） 10.22 ウィキリークス，ネットで米機密文書の公表開始 11.23 北朝鮮，韓国の延坪島を砲撃，民間人にも死者
2011	1.4 日本の文化や日常などを紹介する『知日』創刊 4.21 白書『中国の対外援助』発表 6.28 中台間の個人旅行解禁 7.28 ハイアール（海爾），三洋の白物家電部門買収 7.23 高速鉄道の脱線転落事故が発生，その後，事故対応が問題となり鉄道部廃止（13.3.14） 10.27 白書『中国の特色ある社会主義法律体系』発表	3.11 東日本大震災発生，福島原発事故 4.11 日本政府，『人民日報』等に震災支援に対する感謝メッセージ掲載 12.17 北朝鮮，金正日死去（30 金正恩，朝鮮人民軍最高司令官就任） 12.18 イラク駐留米軍が撤退完了，この年の初め，アラブ諸国での政変が続き，アラブの春と呼ばれる

年	中華圏	世界・日本
2012	1.14 [台湾] 総統選挙，国民党の馬英九再選（5.20 就任） 1.17 『人民日報』，尖閣諸島（釣魚島）の領有権を「核心的利益」と表現 3.15 薄熙来重慶市共産党委員会書記解任の報道（9.28 党籍剝奪） 3.25 [香港] 行政長官選挙，親中派の梁振英当選（7.1 就任） 7.29 香港で「道徳的・国民教育科」導入反対のデモ（9.8 事実上の撤回） 9.15 日中国交正常化以来最大規模の反日運動 9.25 白書『釣魚島は中国固有の領土』発表，初の航空母艦遼寧就航 10.11 莫言，ノーベル文学賞受賞 11.15 共産党第 18 期 1 中全会，習近平を党総書記に選任 11.29 習近平共産党総書記，講話「中国の夢」発表	3.4 ロシア，プーチン大統領 3 選 4.11 北朝鮮，金正恩，朝鮮労働党第一書記就任 6.18 アメリカ下院，中国人移民排斥法（1882 年制定，1943 年廃止）に謝罪する法案を全会一致で可決 9.11 野田佳彦内閣，尖閣諸島の国有化閣議決定 11.6 アメリカ，オバマ大統領再選（13.1.20 就任） 12.16 自民党が選挙で勝利，与党復帰（12.26 第 2 次安倍晋三内閣発足）
2013	1.4 広東省党宣伝部による『南方週末』紙 3 日付新年号の改竄判明 3.5 第 12 期全国人大開幕，習近平を国家主席に，李克強を首相にそれぞれ選任 5.11 共産党中央，「普遍的価値」「報道の自由」「党の歴史的過ち」など 7 項目の大学での講義を禁じる指示（「七不講」）を出したと香港紙『明報』が報道 9.22 薄熙来に無期懲役判決（10.25 刑確定）	1.21 アメリカ，国連安保理に北朝鮮への制裁強化決議案提出 5.9 東アジア地域包括的経済連携（RCEP）第 1 回交渉会合，ブルネイで開催（−13） 6.19 アメリカ，オバマ大統領がベルリンで戦略核削減発表 12.13 日本，特定秘密保護法公布 12.17 日本，国家安全保障戦略決定
2014	3.3 周永康の汚職問題が報道 3.19 [台湾] 中台サービス貿易協定に反対するひまわり運動 5.2 中国が南シナ海で大規模な石油掘削設備導入（6 ベトナム政府が抗議，7 現場海域でベトナム・中国船衝突） 7.30 国務院，農業（農村）戸籍と非農業（都市）戸籍の区分を撤廃する方針発表 9.28 [香港] 行政長官の普通選挙を求める雨傘運動発生（12.14 強制排除により収束） 11.1 反スパイ法施行 11.17 上海・香港間の株取引自由化	3.18 ロシア，プーチン大統領，クリミア自治共和国の編入宣言 3.26 WTO，中国のレアアース輸出規制を協定違反と認定 5.27 アメリカ，オバマ大統領がアフガニスタン駐留米軍を 16 年末までに完全撤廃と発表 8.5 『朝日新聞』，過去の慰安婦報道の一部を取り消す 11.16 沖縄県知事選で普天間基地の辺野古移設に反対の翁長雄志当選
2015	6.29 中国主導のアジアインフラ投資銀行（AIIB）の設立協定調印，日米不参加（12.25 正式発足） 7.1 国家安全法成立 10.5 屠呦呦，ノーベル医学・生理学賞受賞 10.6 中国の人民元が日本の円を初めて上回り，第 4 位の国際通貨になったと発表 11.7 習近平国家主席と馬英九総統がシンガポールで中台分断後初の会談 12.27 反テロ法成立	7.20 アメリカとキューバが 1961 年の断絶以来，54 年ぶりに国交回復 8.14 ユーロ圏財務相会合，ギリシャ金融支援で合意 9.19 日本，参院本会議で安保関連法成立（30 公布） 10.10 ユネスコ，南京大虐殺をめぐる資料を世界記憶遺産として登録と発表（14 安倍晋三首相が遺憾の意を表明） 11.8 ミャンマー，民政移管後初の総選挙でアウンサン・スーチー率いる NLD が圧勝

年	中華圏	世界・日本
		11.13 パリ，同時多発テロ 12.28 日韓，慰安婦問題で合意（日本の歴史学関係団体が批判表明）
2016	1.1 一人っ子政策廃止 1.8 人権派弁護士らを国家政権扇動転覆容疑で相次いで逮捕 1.16 ［台湾］総統選挙で民進党の蔡英文当選（5.20 就任） 3.2 ［香港］雨傘運動を主導した学民思潮解散（4.10 新政党の香港衆志結成） 4.28 第 12 期全国人大常務委員会，外国非政府組織国内活動管理法採択（17.1.1 施行） 6.16 上海ディズニーランド正式オープン 7.11 ［香港］六四記念館閉館 9.9 北朝鮮の核実験に反対表明 10.9 ［香港］民主派新人議員らの就任宣誓が承認されず 10.24 共産党第 18 期 6 中全会，習近平国家主席を初めて公式に「核心」と位置づける 11.4 第 12 期全国人大常務委員会，インターネット安全法採択（17.6.1 施行） 12.2 アニメ映画『君の名は。』が公開，日本映画の興行収入が過去最高を記録	1.6 北朝鮮，核実験実施 2.7 北朝鮮，長距離ミサイル発射 3.26 北海道新幹線開業 5.9 北朝鮮，金正恩を朝鮮労働党委員長に選出 5.26 伊勢志摩サミット開幕（−27） 5.27 アメリカ，オバマ大統領，広島訪問 6.23 イギリス，国民投票で EU 離脱が過半数 9.4 杭州で G20 開幕，中露など新興 5 カ国（BRICS）も首脳会談 9.9 北朝鮮，過去最大規模の核実験 11.8 アメリカ，共和党のトランプが大統領当選 11.29 韓国，朴槿恵大統領が知人の国政介入疑惑をめぐって任期前の辞任表明〔12.9 朴大統領弾劾可決〕 12.10 大隅良典東京工業大学名誉教授，ノーベル医学・生理学賞受賞 12.21 日本，高速増殖炉もんじゅの廃炉決定 12.27 日米首脳，真珠湾で慰霊
2017	1.1 ［台湾］交流協会，日本台湾交流協会に名称変更 1.3 教育部，小中学校の教科書で抗日戦争の期間を 8 年から 14 年にするよう通知 3.5 第 12 期全国人大第 5 回会議，香港独立思想を公式の場で初めて批判 3.26 ［香港］行政長官選挙で親中派の林鄭月娥当選 5.17 ［台湾］亜東関係協会，台湾日本関係協会に名称変更 6.29 習近平国家主席，就任後初めて香港訪問 7.13 投獄中にノーベル平和賞を受賞した劉暁波死去 7.29 外交部，北朝鮮の ICBM 発射に非難声明 8.14 ［台湾］蒙蔵委員会の年内廃止を表明 9.1 第 12 期全国人大常務委員会，国歌法可決 9.5 北朝鮮に対する全面禁輸開始 10.18 共産党第 19 回全国代表大会，習近平総書記が「新時代の中国の特色ある社会主義思想」をみずからの指導理念として提唱，自身の名前を冠した同思想を党規約に盛り込む ＊この年の年間訪日外国人客数（約 2800 万人）のうち中国約 730 万人，台湾約 460 万人，香港約 220 万人	1.20 アメリカ，トランプ大統領就任 2.14 日本の小中学校の指導要領改定案，尖閣を日本の固有の領土と明記 4.6 米中首脳会談（−7） 5.9 韓国，文在寅大統領就任 5.19 イラン大統領選で現職のロウハニ師，強硬派を破り再選 6.12 上野動物園でパンダのシャンシャン誕生 6.14 日本，共謀罪法成立 7.6 日欧 EPA 大枠合意を発表，95% で関税撤廃 8.22 アメリカ，対北朝鮮の独自制裁で中国企業と個人を対象に追加 8.29 北朝鮮，中距離弾道ミサイル発射，北海道上空通過（9.16 再び日本通過） 9.11 国連安全保障理事会，アメリカ主導の北朝鮮への制裁強化案を決議，中国も賛成 9.25 クルド住民投票 10.1 アメリカ海軍駆逐艦，南シナ海で「航行の自由作戦」 10.27 カタルーニャ，独立宣言 10. IS の拠点陥落，壊滅状態に

年	中華圏	世界・日本
2018	1.1 環境保護税施行 2.1 新華社，日本語ニュースのサービス開始 3.5 第13期全国人大，国家主席の任期撤廃，習近平国家主席の思想を国の指導思想とすることを決定 5.3 パナソニック創業者松下幸之助の業績を紹介する松下記念館，北京でオープン 9.23 広深港高速鉄道開通 9.24 この年のアメリカの対中貿易制裁をめぐってトランプ政権を非難する白書公表 10.9 新疆ウイグル自治区，ウイグル人に対する再教育法制化 10.25 安倍晋三首相，訪中（−26） 11.18 APEC 首脳会談で中米対立，首脳宣言の採択断念	3.18 ロシア，プーチン大統領4選 3.25 金正恩，初訪中（26 習近平と会談） 4.22 米英仏，シリアに軍事攻撃 4.27 金正恩，初訪韓，南北首脳が会談 5.23 財務省，森友学園をめぐる文書を意図的に廃棄（6.4 公文書改竄調査結果を公表） 6.12 米朝首脳，史上初の会談 7.6 オウム真理教死刑執行終える 11.6 アメリカ中間選挙，民主党が下院で過半数 11.21 韓国，慰安婦財団解散，日本が韓国へ抗議 11.25 EU 首脳会議，英離脱合意案を正式決定 12.8 日本，改正出入国管理法成立 12.10 本庶佑京都大学特別教授，ノーベル医学・生理学賞受賞
2019	1.2「台湾同胞に告げる書」40周年座談会，習近平，一国二制度の台湾版構想を示し，武力使用に言及 1.3 無人月探査機（嫦娥4号），世界で初めて月の裏側に着陸 5.17［台湾］立法院，同性婚の権利を保障する特別法案可決 6.9［香港］逃亡犯条例改正案に反対する大規模デモ 6.20 習近平国家主席，就任後初めて北朝鮮訪問（−21） 9.4［香港］林鄭月娥行政長官，逃亡犯条例改正案の撤回表明 12.30 武漢市衛生健康委員会，原因不明の肺炎に関する緊急通知 12.31［台湾］立法院，反浸透法可決	1.28 アメリカ司法省，華為技術（ファーウェイ）最高財務責任者の孟晩舟を起訴 5.1 日本，令和に改元 8.2 中距離核戦力（INF）全廃条約失効 8.5 アメリカ，中国を為替操作国に認定（20.1.13 解除） 8.20 アメリカ，台湾へのF16戦闘機売却を発表 10.1 日本，消費税が10％に引き上げ，軽減税率導入 11.27 アメリカ，香港人権・民主主義法成立 12.10 吉野彰旭化成名誉フェロー，ノーベル化学賞受賞
2020	1.11［台湾］総統選挙，民進党の蔡英文再選（5.20 就任） 1.23 武漢市ロックダウン（4.8 解除） 5.14 共産党中央政治局常務委員会，経済の「双循環」提起 5.28 第13期全国人大第3回会議，初の民法典可決 6.4［香港］立法会，中国国歌の侮辱を禁じる国歌条例可決 6.6［台湾］韓国瑜高雄市長のリコール成立（12 罷免） 6.30 第13期全国人大常務委員会，香港国家安全維持法可決 8.31 内モンゴル自治区における中国語教育強化に対して抗議活動 10.12 共産党，習近平を「核心」とする共産党中央委員会工作条例発表	1.31 イギリス，EU から離脱 3.11 WHO，新型コロナウイルスのパンデミックを宣言 4.7 日本，初の緊急事態宣言を発令 6.17 アメリカ，ウイグル人権法成立 7.14 アメリカ，香港自治法成立 11.15 地域的な包括的経済連携（RCEP）協定署名（22.1.1 発効） 12.14 アメリカ，民主党のバイデン，大統領当選
2021	2.1 海警法施行	1.6 アメリカ，トランプ大統領支持者，

年	中華圏	世界・日本
	6.7 第13期全国人大常務委員会, 反外国制裁法可決 7.1 共産党結党100周年記念式典, 習近平, 「小康社会」実現を達成したと宣言 8.17 第13期全国人大第30回会議, 3人目の出産を認める人口・計画出産法改正案可決 9.16 中国, TPP加盟申請 (9.22 台湾, TPP加盟申請) 9.20 ユニバーサル・スタジオ・北京 (USB) 開業 10.23 第13期全国人大常務委員会, 不動産税の試験的導入決定, 家庭教育促進法可決 11.1 個人情報保護法施行 11.11 共産党第19期6中全会, 3回目となる歴史決議を採択 11.18 [台湾] リトアニアに欧州初の「台湾」名称を冠する代表処設立 12.4 白書『中国の民主』発表 12.18 [台湾] 住民投票, アメリカ産豚肉禁輸案否決	議事堂占拠 1.20 アメリカ, バイデン大統領就任 1.22 核兵器禁止条約発効 2.1 ミャンマー, 国軍がクーデター 4.16 日米首脳会談, 共同声明で台湾海峡の平和と安定の重要性を強調と明記 7.14 台湾出身の李琴峰, 第165回芥川賞受賞 7.23 新型コロナウイルスのため延期となった東京オリンピック開幕 (-8.8) 9.15 米英豪, AUKUS設立 9.24 ワシントンで日米豪印戦略対話 (Quad) 10.21 EU欧州議会, 台湾との関係強化を求める文書採択 12.6 アメリカ, 北京冬季オリンピックの外交ボイコット発表 12.6 真鍋淑郎プリンストン大学上席研究員, ノーベル物理学賞受賞 12.9 アメリカ, 民主主義サミット開催 (-10) 12.23 アメリカ, ウイグル強制労働防止法成立

(吉見　崇)

図表出所一覧

序章
図1：中村（2018）より作成．序-①：個人蔵，『玲瓏』第4巻第4期（1934年1月24日）．序-②：ユニフォトプレス．蔣介石：AP/アフロ．序-③：田中重樹/アフロ．序-④：Everett Collection/アフロ．図2：中村（2018）より作成．序-⑤：ユニフォトプレス．序-⑥：個人蔵：『西風』第93期（1947年3月5日）．序-⑦：ユニフォトプレス．

第一章
1-①：新華社/アフロ．1-②：AP/アフロ．1-③：akg-images/アフロ．1-④：Mary Evans Picture Library/アフロ．1-⑤：ユニフォトプレス．表1：独自作成．1-⑥：AP/アフロ．1-⑦：TopFoto/アフロ．1-⑧・1-⑨・1-⑩：ユニフォトプレス．図版解説1：Everett Collection/アフロ．1-⑪：picture alliance/アフロ．1-⑫：AP/アフロ．1-⑬：Legacy Images/アフロ．図版解説2：Universal Images Group/アフロ．1-⑭：個人蔵，『観察』創刊号（1946年9月1日）・『新観察』創刊号（1950年7月1日）．胡適：ユニフォトプレス．銭学森：AP/アフロ．1-⑮：Everett Collection/アフロ．費孝通：ユニフォトプレス．図版解説3：アフロ．

第二章
鄧小平：ユニフォトプレス．華国鋒：Universal Images Group/アフロ．胡耀邦・趙紫陽：ユニフォトプレス．2-①：東京大学データベース．2-②：ロイター/アフロ．江沢民：ユニフォトプレス．2-③：CHINESE NEWS SERVICE/AP/アフロ．2-④：AFPWAA/Mike FIALA．朱鎔基：ユニフォトプレス．2-⑤：ユニフォトプレス．表1：川島真・小嶋華津子編（2020）26頁の表を加工．胡錦濤・習近平：ユニフォトプレス．2-⑥：ロイター/アフロ．2-⑦：アフロ．2-⑧：ユニフォトプレス．図版解説4：梶谷懐（2018）63頁を加工．2-⑨：ユニフォトプレス．2-⑩：ロイター/アフロ．2-⑪：アフロ．図版解説5：百度．

第三章
図1：独自作成．サラザール：AFPWAA．3-①：AFPWAA/GIS/STR．張発奎：『良友』第138期（1938年6月）．マーク・ヤング：Wikipedia．3-②・3-③：個人蔵．3-④：『LIFE』1949年5月9日．3-⑤：『LIFE』1949年10月31日．李嘉誠：PA Images/Alamy Stock Photo．何賢：百度．スタンレー・ホー：個人蔵．胡蘭成：薛仁明『胡蘭成——天地之始』爾雅出版社，2015年．銭穆・唐君毅：Wikipedia．3-⑥：Marie Mathelin/Roger-Viollet/Roger-Viollet via AFPWAA．3-⑦：AFPWAA/SCMP/STR．3-⑧：AP/アフロ．3-⑨：akg-images/アフロ．3-⑩：個人蔵．図版解説6：（上）ロイター/アフロ．（下）個人蔵．図版解説7：高添強『彩色香港——1970s-1980s』三聯書店（香港），2014年．図版解説8：個人蔵．3-⑪：AFPWAA/STF．マクルホース：ユニフォトプレス．3-⑫：AFPWAA/PIERRE-ANTOINE DONNET．金庸：百度．パッテン：AFPWAA/KAZUHIRO NOGI．3-⑬・3-⑭：Wikipedia．3-⑮：Liang xiashun/Imaginechina/Imaginechina via AFPWAA．3-⑯：AFPWAA/PAUL LAKATOS．董建華：百度．3-⑰：PixelPro/Alamy Stock Photo．3-⑱：ZUMA Press, Inc./Alamy Stock Photo．3-⑲：ユニフォトプレス．3-⑳：SOPA Images Limited/Alamy Stock Photo．3-㉑：tse Pui Lung/Alamy Stock Photo．3-㉒：個人蔵．図版解説9：Jose Fuste Raga/アフロ．

第四章

4-①・4-②・陳誠・トルーマン：ユニフォトプレス．4-③：Shutterstock/アフロ．4-④：TopFoto/アフロ．ダレス：GRANGER.COM/アフロ．雷震：ユニフォトプレス．彭明敏・4-⑤：ZUMA Press/アフロ．図版解説 10：William Scott/Alamy Stock Photo．4-⑥：読売新聞/アフロ．蔣経国：UPI/アフロ．4-⑦：AP/アフロ．陳水扁：ロイター/アフロ．邱義仁：AFPWAA/PATRICK LIN．李登輝：AP/アフロ．4-⑧：AP/アフロ．4-⑨：ロイター/アフロ．4-⑩：Chien-Chi Chang/Magnum Photos/アフロ．4-⑪：ユニフォトプレス．4-⑫：ロイター/アフロ．4-⑬：新華社/アフロ．蔡英文：ユニフォトプレス．唐鳳：CTK Photobank/アフロ．台湾 TSMC：ロイター/アフロ．図版解説 11：ロイター/アフロ．殷海光：ユニフォトプレス．4-⑭：ZUMA Press, Inc./Alamy Stock Photo．4-⑮：毎日新聞社/アフロ．4-⑯：ユニフォトプレス．呂秀蓮：ロイター/アフロ．4-⑰：AP/アフロ．4-⑱：AFPWAA/SAM YEH．図版解説 12：AP/アフロ．

終章

終-①：個人蔵．

あとがき

　本書『概説　中華圏の戦後史』は，姫田光義ほか『中国20世紀史』（東京大学出版会，1993年初版），久保亨ほか『現代中国の歴史――両岸三地100年のあゆみ』（東京大学出版会，2008年初版／2019年第2版）の流れを汲むものである．本書の刊行は，"大学の垣根を越えて誰もが気楽に参加できる研究のプラットフォーム（東京の中国現代史研究会）"から巣立った研究者が最新の学術成果を社会に向けて発信し続けていることを意味している．

　本書が編纂された主な理由は，三つある．第一に，日本の中国近現代史研究者は，中華圏の政治と学術をめぐる緊張関係から距離を置いて民国史と人民共和国史との接点を解き明かし，それらをわかりやすく社会に還元することで，日本や世界の中国認識を更新していける，と考えているからである．第二に，1945年以降の戦後と（日本で）呼ばれてきた期間が約80年にも及び，戦後史に特化した概説書や学部生用教科書がさすがに現場から求められるようになったからである．第三に，大陸中国と香港と台湾の現在の状況へとつながる歴史的淵源を中華圏という括りで整理した本書がこれからの社会の知的関心に応えることになると予想されるからである．

　私たちは，以上のことを念頭において，本書を約3年の月日を費やして準備してきた．私（中村）はまえがき・序章・第二章・終章を，森川は第一章を，関は第三章を，家永は第四章をそれぞれ主に担当したが，私たち4人は打ち合わせを定期的に重ね，全体の草稿を確認し合いながら4本のコラムを加えて，一冊の本としての整合性を最大限に図った．この作業過程において，年表と索引の正確さが決定的に重要になるわけだが，その精度の高い作業は吉見が担当した．

　本書は，戦後史に特化したがゆえに，20世紀前半の民国史を必要最低限におさえた．もし20世紀前半の民国史もあわせて知りたいと思われた場合には，『現代中国の歴史〔第2版〕』を是非手に取っていただきたい．二冊を併読すれば，近代をめぐる中国の様々な葛藤を理解でき，グローバル時代に相応しい冷静な中国観を各自で涵養できることだろう．その際に，史資料に基づいた実証的根拠が少

しでも可視化されていれば理想的である．そのため，私たちは，各章各節の叙述内容にかかわる主要な史資料も紹介することにした．これらも参考にして下されば幸いである．

　最後に，本書の「最大の難所」に根気よくお付き合い下さった東京大学出版会編集部の山本徹氏にも，深く感謝申し上げたい．ここでいう「最大の難所」とは，中華圏の戦後史を扱ったことで自動的に発生することになった台湾の自称・他称にかかわる「すこぶる現実的な問題」である．共産党からすれば，国家としての中国は人民共和国政府によって担われており，その統治範囲に台湾が含まれる．しかし，戦後台湾の歴代の政権は，そのようには捉えていない．そのため，台湾を主語にして大陸中国や香港との関係史を整理した第四章は，文脈に応じて，中国，大陸中国，台湾，民国，民国政府（国府）などの用語を使い分けるほかなかった．そのような現実政治の複雑さを反映した表記の調整に最後まで御尽力下さった山本氏には，文字どおり，感謝の言葉しか見当たらない．

　本書の内容は，今後の中華圏の動きを考える上で基盤となる．今後の情勢が10年後，20年後，30年後に大きく変化したとしても，本書の改訂版で十分に対応できるだろう．ただし，中国近現代史研究は日々進化している．それらの最新の成果をとりいれることは，いずれ必要になってくる．その作業は，私の次の世代の中国近現代史研究者が責任をもって引き継いでくれると信じている．

2022 年 7 月 7 日

盧溝橋事件を振り返りつつ駒場の研究室にて

中村元哉

索　引

人名索引

(配列は日本語の音読み五十音順を基準とするが，頭文字が同音漢字の場合に限り，見やすさを考慮して同じ漢字をまとめた)

事項索引

執筆者一覧（執筆順）

中村元哉（なかむら・もとや） 1973 年生まれ，東京大学大学院総合文化研究科教授
　主要著作
『中国，香港，台湾におけるリベラリズムの系譜』有志舎，2018 年
『対立と共存の日中関係史——共和国としての中国』（叢書　東アジアの近現代史第 2 巻）講談社，
　2017 年
『超大国・中国のゆくえ 1　文明観と歴史認識』共著，東京大学出版会，2022 年
『日中の「戦後」とは何であったか——戦後処理，友好と離反，歴史の記憶』共編，中央公論新社，
　2020 年

森川裕貫（もりかわ・ひろき） 1979 年生まれ，関西学院大学文学部教授
　主要著作
『政論家の矜持——中華民国時期における章士釗と張東蓀の政治思想』勁草書房，2015 年
『中国近代の巨人とその著作——曾国藩，蔣介石，毛沢東』京都大学人文科学研究所附属東アジア人文
　情報学研究センター編，共著，研文出版，2019 年
『毛沢東に関する人文学的研究』石川禎浩編，分担執筆，京都大学人文科学研究所，2020 年
『孫文とアジア太平洋——ネイションを越えて』日本孫文研究会編，分担執筆，汲古書院，2017 年

関　智英（せき・ともひで） 1977 年生まれ，津田塾大学学芸学部准教授
　主要著作
『対日協力者の政治構想——日中戦争とその前後』名古屋大学出版会，2019 年
『「明治日本と革命中国」の思想史——近代東アジアにおける「知」とナショナリズムの相互還流』楊際
　開・伊東貴之編，分担執筆，ミネルヴァ書房，2021 年
『中国の「よい戦争」——甦る抗日戦争の記憶と新たなナショナリズム』ラナ・ミッター著，監訳，みす
　ず書房，2022 年
『日中戦争期「対日協力政権」』監修，全 10 巻，ゆまに書房，2020-21 年

家永真幸（いえなが・まさき） 1981 年生まれ，東京女子大学現代教養学部准教授
　主要著作
『中国パンダ外交史』講談社選書メチエ，2022 年
『国宝の政治史——「中国」の故宮とパンダ』東京大学出版会，2017 年
『台湾研究入門』共編，東京大学出版会，2020 年
『台湾を知るための 72 章　第 2 版』赤松美和子・若松大祐編，分担執筆，明石書店，2022 年

［年表・索引作成担当］

吉見　崇（よしみ・たかし） 1983 年生まれ，東京経済大学全学共通教育センター准教授
　主要著作
『中国司法の政治史 1928-1949』東京大学出版会，2020 年
『台湾研究入門』若林正丈・家永真幸編，分担執筆，東京大学出版会，2020 年
『中華民国史研究の動向——中国と日本の中国近代史理解』川島真・中村元哉編，分担執筆，晃洋書房，
　2019 年
『日中終戦と戦後アジアへの展望』（日中戦争の国際共同研究 6）波多野澄雄・久保亨・中村元哉編，分
　担執筆，慶應義塾大学出版会，2017 年

概説 中華圏の戦後史

2022 年 10 月 24 日　初　版

［検印廃止］

著　者　中村元哉・森川裕貫
　　　　関　智英・家永真幸

発行所　一般財団法人　東京大学出版会

代表者　吉見俊哉
153-0041　東京都目黒区駒場4-5-29
http://www.utp.or.jp/
電話 03-6407-1069　Fax 03-6407-1991
振替 00160-6-59964

組　版　有限会社プログレス
印刷所　株式会社ヒライ
製本所　誠製本株式会社